Mond
WISSEN

Zeichenerklärung

A. Die Mondphasen
- ● Neumond
- ◐ Zunehmender Mond
- ○ Vollmond
- ◑ Abnehmender Mond
- ⬤ Aufsteigender Mond
- ⬤ Absteigender Mond

B. Die Tierkreiszeichen
- Widder
- Stier
- Zwillinge
- Krebs
- Löwe
- Jungfrau
- Waage
- Skorpion
- Schütze
- Steinbock
- Wassermann
- Fische

C. Die Elemente
- Feuer
- Erde
- Luft
- Wasser

D. Die Pflanzenteile
- Frucht
- Wurzel
- Blüte
- Blatt

E. Die Tagesqualitäten
- Wärme
- Kälte
- Licht
- Feuchtigkeit

78	**Landwirtschaft und Tierhaltung mit dem Mond**
78	Mondregeln für den Ackerbau
81	Viehzucht, Tierhaltung und -pflege
84	**Special: Regeln für den Holzeinschlag**
86	**Beruf und Karriere – wie der Mond hilft**
86	Was die Mondphasen unterstützen
86	Die Impulse der Tierkreiszeichen
90	**Liebe und Partnerschaft – der Mond ist dabei**
90	Mond und Libido
91	Die Impulse der Tierkreiszeichen
94	**Mond und Freizeit – Erholung und Hobby**
94	Der Mond beeinflusst die Stimmung
95	Die Impulse der Tierkreiszeichen
100	**Die Mondpraxis**
102	**Die Anwendung der Mondregeln**
104	**Mondtipps für jeden Tag – die Mondphasen**
104	Bei Neumond
106	Bei zunehmendem Mond
110	Bei Vollmond
112	Bei abnehmendem Mond
116	**Mondtipps für jeden Tag – der Mondstand**
117	Der Mond im Widder
122	Der Mond im Stier
126	Der Mond in den Zwillingen
131	Der Mond im Krebs
136	Der Mond im Löwen
141	Der Mond in der Jungfrau
146	Der Mond in der Waage
151	Der Mond im Skorpion
156	Der Mond im Schützen
161	Der Mond im Steinbock
166	Der Mond im Wassermann
171	Der Mond in den Fischen
176	**Extra: Das Mondhoroskop**
178	**Was das Mondhoroskop verrät**
178	Bedeutung und Bestimmung des Geburtsmondes
182	Die zwölf Geburtsmonde
194	Die Bedeutung der Mondphasen bei der Geburt
196	**Anhang**

Vorwort

Liebe Leserin, lieber Leser!
Die Zusammenhänge zwischen den kosmischen Einflüssen des Mondes und dem Leben auf unserer Erde bewegen mich schon seit meiner Kindheit. Angeregt wurde ich dazu von Bauern und Forstleuten meiner Heimat Tirol, die noch über jenes uralte Wissen verfügten, das, seit Jahrhunderten überliefert, einen großen Teil ihres täglichen Denkens und Handelns bestimmte. Viele von ihnen wissen auch heute noch um die Wirkung des Mondes auf die Natur und wenden dies ganz bewusst in ihrer Arbeit in Haus und Hof, im Garten, auf dem Feld und bei der Forstwirtschaft an. Diese Erfahrungen haben mich fasziniert, und ich versuchte fortan, so viel wie möglich über ihre Ursprünge und ihre praktische Anwendung herauszubekommen. Bei meinen Studien, die ich immer wieder in der Praxis überprüfte und mit den Erkenntnissen anderer verglich, bestätigte sich, dass z.B. das Wachstum verschiedener Pflanzen eindeutig von den unterschiedlichen Mondphasen beeinflusst wird und dass der Erfolg vieler Pflegearbeiten, wie der Bewässerung, der Düngung, des Jätens und der Ungezieferbekämpfung, ganz wesentlich vom Stand des Mondes im Tierkreis bestimmt wird.

Die Autorin Helga Föger verbrachte ihre Jugend in Südtirol, wo sich das Wissen um die Mondkräfte bis heute erhalten hat.

Schon seit Jahrtausenden weiß man auch, dass der Mond seine Wirkungen auf den menschlichen (und tierischen) Körper hat. Ausgangspunkt dieser Überlegungen war sicher die Tatsache, dass der Zyklus der weiblichen Menstruation vom Mond bestimmt wird. Bald fand man weitere Zusammenhänge zwischen den Mondphasen und wichtigen organischen Rhythmen, die für körperliche Entwicklung und Gesundheit einerseits, andererseits aber auch für besondere körperliche Belastungen und Krankheiten von Bedeutung sind. Daraus wurden schon in der Antike einfache Regeln und Verhaltensweisen abgeleitet, die man sich in der Naturmedizin jener Zeit zunutze machte.

Auch die Medizin unserer Zeit kommt an diesen Erkenntnissen nicht mehr vorbei. Viele Homöopathen und Heilpraktiker wenden sie schon bei ihrer Arbeit an, und mancherorts berücksichtigt man sie auch in der so genannten Schulmedizin, z.B. wenn es um den Termin von Operationen geht. Es hat sich gezeigt, dass es zum Wohl der Patienten ist, wenn der Arzt das Wissen um den

Vorwort

Einfluss des Mondes anwendet. Diese Erfahrungen möchte ich Ihnen nahe bringen ebenso wie die Möglichkeiten, die Ihnen die Mondkräfte in den Lebensbereichen Haushalt, Garten, Bauen und Heimwerken, Beruf, Liebe und Partnerschaft sowie Freizeit und Erholung bieten, wenn Sie das Richtige zum richtigen Zeitpunkt tun wollen.

Vieles von dem, was Sie in diesem Buch zusammengefasst finden, habe ich bei der Arbeit an den jährlichen Mondkalendern erfahren, die ich nun schon seit sechs Jahren im LUDWIG Verlag herausgebe. Sie sind gewissermaßen die aktuelle Ergänzung zu einem Buch wie diesem – das praktische Handwerkszeug, um Tag für Tag im Einklang mit dem Mond zu leben.

Es gibt aber noch einen anderen wichtigen Grund, warum ich mich erneut entschlossen habe, Ihnen, liebe Leserin, lieber Leser, das Mondwissen nahe zu bringen. Bei meinen Studien, bei Vorträgen und Seminaren musste ich nämlich auch erfahren, dass dieses Wissen um die sanfte Kraft des Mondes verloren zu gehen drohte. Es wurde in der jüngeren Vergangenheit durch einen – wie ich meine – blinden Glauben an die scheinbar unfehlbare Kraft der Technik und Chemie verdrängt. Welchen Preis wir dafür bezahlen müssen, das beginnt man heute zu begreifen. Die geschundene Natur reagiert mit Verweigerung, die mancherorts schon zerstörte Umwelt lässt uns um unser Weiterleben fürchten. Es ist daher höchste Zeit zum Umdenken, zum Handeln. Immer mehr Menschen begreifen das. Sie wissen auch, dass man dabei nicht auf die Errungenschaften der modernen Technik verzichten soll und kann, sondern dass man sie im Einklang mit den natürlichen Prozessen mit Maß und Verantwortung einsetzen kann – ja muss. Dazu ist die Kenntnis der biologischen Rhythmen, die auch und vor allem durch den Einfluss des Mondes bestimmt werden, unverzichtbar. Verantwortung für unsere Umwelt tragen wir alle, und jeder von uns kann zu einer gesunden Umwelt beitragen – im Haushalt, bei der Arbeit, in der Freizeit. Auch dabei kann und soll das Wissen um die Wechselwirkungen zwischen Mond und Natur Helfer und Ratgeber sein. Möge es Ihnen nützlich sein und Freude bereiten, das wünscht

Ihre Helga Föger

München, im Januar 2002

> Die Anwendung des Mondwissens im täglichen Leben kann dazu beitragen, die Belastung der natürlichen Umwelt zu vermindern.

»*Warum wirkt der Anblick des Mondes so wohlthätig (...)*

... Bei seinem Anblick schwindet daher der Wille, mit seiner steten Noth, aus dem Bewusstseyn, und lässt es als ein rein erkennendes zurück. Vielleicht mischt sich auch noch ein Gefühl bei, dass wir diesen Anblick mit Millionen theilen, deren individuelle Verschiedenheit darin erlischt, so dass sie in diesem Anschauen Eines sind; welches ebenfalls den Eindruck der Erhabenheit erhöht. – In Folge dieses ganzen wohlthätigen Eindruckes auf unser Gemüth wird der Mond allmälig der Freund unseres Busens, was hingegen die Sonne nie wird, welcher, wie einem überschwänglichen Wohlthäter, wir gar nicht ins Gesicht zu sehen vermögen. «

Arthur Schopenhauer (1788–1860)
In: Die Welt als Wille und Vorstellung, 1859

Was wir vom Mond wissen

Obwohl der Mond der erste fremde Himmelskörper ist, der von Menschen betreten wurde, gibt uns der Erdtrabant noch immer einige Rätsel auf. Bis heute wissen die Wissenschaftler nicht genau, wann und wie der Mond entstand und wie er von der Erde »eingefangen« wurde.

Eines ist aber sicher: Ohne den stabilisierenden Einfluss des Mondes würde unsere Erde auf einer taumelnden Bahn um die Sonne ziehen – Leben wäre hier unmöglich. Der Mond hat aber nicht nur die Voraussetzungen für die Existenz des Lebendigen auf unserem Planeten mit geschaffen; er sorgt auch dafür, dass es wächst und gedeiht. Wie das allerdings geschieht – das ist wieder eines der Rätsel, die uns der Mond immer noch aufgibt.

Lesen Sie in diesem Abschnitt

Der Mond als Himmelskörper und Erdtrabant

Der Mond in der Mythologie

Wie der Mond wirkt

Der Mond als Himmelskörper und Erdtrabant

Um zu verstehen, wie der Mond wirkt, sollten wir wenigstens einige astronomische Grundkenntnisse auffrischen. Wer mehr über das faszinierende Geschehen der Astronomie erfahren will, kann sich in entsprechender Literatur umfassender informieren.

Wie der Mond entstanden ist

Schon bei dem Versuch, diese Frage zu beantworten, zeigt der Mond sein geheimnisvolles Wesen. Noch immer weiß man nicht genau, welchen Ursprung unser Erdbegleiter hat. Bis heute stehen drei Theorien, besser Hypothesen nebeneinander, von denen keine endgültig bestätigt oder widerlegt werden konnte.
Die eine geht davon aus, dass er vor etwa vier Milliarden Jahren durch ein gewaltsames Ereignis – etwa durch den Einschlag eines gewaltigen Meteoriten – aus der Erde herausgesprengt wurde und dann auf seine Umlaufbahn um unseren Planeten geriet. Eine zweite Hypothese vermutet, dass der Mond einst ein durch das Weltall »vagabundierender« Himmelskörper war und während der Herausbildung unseres Sonnensystems von der Erde »eingefangen« wurde. Schließlich vertreten Astronomen die Auffassung, dass sich Sonne und Mond während der Entstehung unserer Galaxis zusammen und etwa gleichzeitig aus dem Urnebel gebildet haben – der Mond also ein »Planet« unserer Erde ist. Wie gesagt, eine schlüssige Antwort fällt immer noch schwer, doch scheint die Hypothese von der gemeinsamen Bildung mit den neuesten Forschungsergebnissen noch am besten übereinzustimmen.

Die Oberfläche des Erdmondes ist von Kratern zerklüftet.

Noch immer gibt uns der Mond Rätsel auf. Man weiß nicht genau, wie der Erdbegleiter entstanden und in den Bannkreis der Erde geraten ist.

Mondbahn und Mondphasen

Die Differenz zwischen der siderischen Umlaufzeit von 27,3 Tagen, während der unser Mond einmal die Erde umkreist, und der synodischen Umlaufzeit von 29,5 Tagen, die der Mond benötigt, um den Phasenwechsel von Neumond zu Neumond zu vollziehen, rührt daher, dass sich die Erde selbst auf ihrer Umlaufbahn um die Sonne bewegt. Die Mondphasen aber, um die es in diesem Buch vor allem geht, werden durch die verschiedenen Positionen bedingt, in der sich Sonne, Mond und Erde zu bestimmten Zeitpunkten befinden.

Die Mondphasen

So wie auch unsere Erde strahlt der Mond kein eigenes Licht aus, beide erhalten es von der Sonne. Beim Mond kommt eine Besonderheit dazu: Weil seine Eigendrehung (Rotation) etwa ebenso lange dauert wie seine Erdumlaufzeit, können wir von ihm immer nur eine, die gleiche, Seite sehen.

Unsere Illustration (siehe Seite 12) verdeutlicht, wie die einzelnen Mondphasen zustande kommen.

● Wenn Sonne, Mond und Erde etwa auf einer Linie stehen, wobei sich der Mond zwischen Sonne und Erde befindet, beleuchtet die Sonne die uns abgewandte, unsichtbare Seite des Mondes. Er bleibt für uns dunkel – es herrscht Neumond.

☾ Auf seiner weiteren Umlaufbahn tritt der Mond allmählich aus der Linie heraus, und er wird zunehmend, vom rechten Rand her, beleuchtet. Wir sehen eine schmale, nach links geöffnete Sichel – es ist zunehmender Mond.

Wichtige Monddaten

Mittlere Erdentfernung	384.405 km
Größte Erdentfernung (Apogäum)	406.700 km
Kleinste Erdentfernung (Perigäum)	356.400 km
Umlaufzeit, siderische (um die Erde)	27,3 Tage
Umlaufzeit, synodische (von Neumond zu Neumond)	29,5 Tage
Bahnneigung gegen die Ekliptik	5° 9'
Rotationszeit	27,32 Tage
Masse	1/81 der Erdmasse
Umfang	10.920 km (ca. 1/4 der Erde)
Massenanziehung an der Oberfläche	1/6 der Erdanziehung
Oberflächentemperatur, Tagseite	ca. +130 °C
Oberflächentemperatur, Nachtseite	ca. –160 °C

Der Mond als Himmelskörper und Erdtrabant

◐ Nach einem Viertel seiner Umlaufzeit (also nach etwa 7,5 Tagen) beleuchtet die Sonne die rechte Hälfte der für uns sichtbaren Mondseite – der zunehmende Halbmond steht am Himmel.

◐ Der Mond setzt nun (im zweiten Viertel) seinen Umlauf fort, wobei die beleuchtete Fläche immer größer wird, er nimmt weiter zu.

○ Nach der Hälfte der Mondumlaufzeit (nach etwa 14 Tagen) stehen Sonne, Erde und Mond wieder ungefähr auf einer Linie, nur befindet sich jetzt die Erde zwischen Sonne und Mond. Die Sonne beleuchtet die ganze uns zugewandte Mondseite – leuchtend steht der Vollmond am Firmament.

◐ Wieder wandert der Mond aus dieser Linie heraus, und die Sonne beleuchtet immer weniger der für uns sichtbaren Mondseite. Die Helligkeit nimmt vom rechten Rand her ab – es ist abnehmender Mond.

◐ Wenn der Mond (nach etwa 22,5 Tagen) drei Viertel seiner Umlaufbahn zurückgelegt hat, ist nur noch die linke Hälfte der Mondscheibe beleuchtet – wir haben abnehmenden Halbmond.

● Der Mond vollendet nun im letzten Viertel weiter abnehmend seine Bahn. Nach etwas mehr als 29 Tagen verschwindet die nach rechts geöffnete Sichel – es ist wieder Neumond. Und alles beginnt von vorn.

Der Mondzyklus wird in vier Viertel eingeteilt: beginnend mit dem Neumond, über den zunehmenden Mond bis zum Vollmond und abnehmenden Mond.

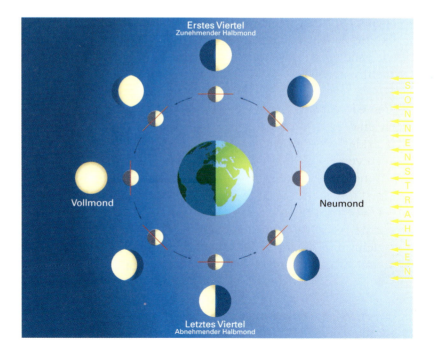

Auf- und absteigender Mond

Mondfinsternisse

Unheil erwarteten unsere frühen Vorfahren, wenn sich die leuchtende Scheibe des Vollmondes plötzlich verfinsterte. Sie wussten noch nicht, dass dies ein erklärbares astronomisches Phänomen darstellt, das ebenfalls durch die Position von Sonne, Erde und Mond bedingt ist. Befinden sich nämlich die drei Himmelskörper genau auf einer Linie (und auch auf einer Ebene), dann wird die Beleuchtung des Mondes durch die Sonne vom Erdschatten, der auf den Mond fällt, teilweise oder sogar ganz überdeckt, sozusagen für eine gewisse Zeit (bis zu 1,7 Stunden) ausgeschaltet. Wie kommt es dazu, und warum sind diese Ereignisse relativ selten? Wie wir aus der Tabelle (Seite 11) ersehen können, ist die Mondbahn um etwas mehr als fünf Grad gegen die Ekliptik (das ist die Bahnebene, auf der die Erde um die Sonne läuft) geneigt. Dadurch – weil sich der Mond zumeist über oder unter dieser Ebene bewegt – tritt der Fall, dass sich unser Erdbegleiter genau im Schnittpunkt mit der Ekliptik befindet, nur zweimal im Monat ein. Aber auch dann befindet er sich ganz selten in seiner »Vollmondposition«, wie sie oben beschrieben worden ist. So gibt es in einem Jahrhundert nur etwa 150 Mondfinsternisse, davon ca. 80 totale. Wann sie eintreten, lässt sich genau berechnen. Die Finsternisse der letzten (ab 1964) und der kommenden Jahre (bis 2012) sind in einer Tabelle (siehe Seite 219f.) zusammengestellt. Übrigens: Tritt der Fall ein, dass sich der Neumond im Schnittpunkt mit der Ekliptik befindet, dann kann der Mondschatten die Sonne ganz oder teilweise bedecken – so kommt es dann zu einer Sonnenfinsternis.

Bei seinem Erdumlauf durchquert der Mond zweimal die Ekliptik, d. h. die Bahnebene von Sonne und Erde.

Aufsteigender und absteigender Mond

Noch eine Besonderheit der Mondbahn soll hier erwähnt und kurz erklärt werden, weil sie bei der Beurteilung der Mondwirkungen von Bedeutung ist. Im vorangegangenen Abschnitt über die Mondfinsternisse wurde bereits erwähnt, dass der Mond zweimal je Umlauf die Ekliptik überquert. Er heißt aufsteigender Mond, wenn er die Erdbahn in Süd-Nord-Richtung überschreitet; der absteigende Mond schneidet die Ekliptik dagegen in Nord-Süd-Richtung. Die entsprechenden Schnittpunkte mit der Ekliptik nennt man demgemäß aufsteigende bzw. absteigende Mondknoten.
Aufsteigender und absteigender Mond sowie die Mondknoten spielen in der Mondpraxis, aber auch in der Astrologie eine wichtige Rolle.

Der Mond in der Mythologie

Angesichts der Größe und der Helligkeit der Sonne scheint es dem modernen Menschen recht merkwürdig, dass in früheren Kulturen der eher bescheiden wirkende Mond mehr Aufmerksamkeit erhielt als das strahlende Tagesgestirn.
Es muss die große Wandlungsfähigkeit des Erdbegleiters, seine regelmäßig wechselnde Gestalt sein, die ihn immer wieder in den Mittelpunkt kultischer sowie religiöser Anschauungen und Rituale stellte. Und nicht zuletzt wohl auch seine Kraft, die er auf Mensch und Natur ausübt und die damals den Menschen viel bewusster war als heute.

Am Anfang war der Mondkalender

Als man vor einigen Jahren Gerätschaften aus Elfenbein fand, die etwa 40.000 Jahre vor unserer Zeitrechnung entstanden waren, fand man darunter auch einen in den Knochen geritzten Mondkalender.
Man kann davon ausgehen, dass der Mondzyklus über Jahrtausende hinweg die Grundlage der Zeitrechnung der allermeisten Zivilisationen bildete. Auch die überwiegende Mehrzahl megalithischer Kultstätten – wie etwa das berühmte Stonehenge – sind nach der Umlaufbahn des Mondes angelegt. Und wie man weiß: Noch heute gilt der Mondkalender in einigen arabischen und asiatischen Kulturen.

Der Mondzyklus diente über viele Jahrtausende hinweg den Menschen als Grundlage für den Kalender.

Mondgötter und -göttinnen

Im Zusammenhang mit der Zeitrechnung nach dem Mond steht auch der Mondgott Thot aus dem alten Ägypten, welcher uns auf erhaltenen Reliefs in Gestalt eines Hundes begegnet, der den aufgehenden Mond auf seinem Kopf trägt. Thot – das Pendant zum Sonnengott Re – war nicht nur für das Kalenderwesen im Nilland zuständig; er war auch der Gott für die Wissenschaft und die schönen Künste, die durch seine Priester verbreitet wurden. Die alten Griechen haben diesen Mondgott gewissermaßen von den Ägyptern übernommen und ihn als Hermes verehrt. Dieser

Das chinesische Mondfest

wiederum inspirierte die hermetische Tradition, eine Form des Okkultismus, die ihren Niederschlag in der Alchimie und Astrologie fand und bis ins Mittelalter reichte.

Weil der Mondzyklus im engen Zusammenhang mit dem weiblichen Menstruationszyklus steht, wurde der Erdtrabant in vielen frühen Kulturen mit der Fruchtbarkeit und damit mit der Weiblichkeit in Verbindung gebracht. Der Mond wurde zur Mondin, seine Götter zu Göttinnen.

In den frühen Hochkulturen der Menschheit wurden dem Mond weibliche Attribute zugeordnet – er wurde als Göttin verehrt.

Das Mondfest der Heng-gno

Noch heute feiern die Chinesinnen am ersten Vollmond nach dem Herbstanfang ein großes Mondfest, das der Mondgöttin Heng-gno (oder Chang-gno) gewidmet ist. Die Frauen und Mädchen – Männer dürfen an dem Fest nicht teilnehmen – backen Hasenfiguren, die dem aufgehenden Mond geopfert werden. Das Fest hat seinen Ursprung in der chinesischen Mythologie, nach der Heng-gno die Gattin des Kriegers Yi war, dem es gelang, mit seinem Bogen neun der zehn Sonnen vom Himmel zu schießen, um eine große Dürre von der Erde abzuwenden. Dafür erhielt der wackere Yi ein Elixier, das ihn unsterblich werden ließ. Als Yi eines Tages bemerkte, dass seine Gemahlin von dem Elixier getrunken hatte, wurde er sehr zornig und verbannte sie auf den Mond. Dort fand sie beim Mondhasen Asyl und lebt nun für alle Zeiten auf dem Erdbegleiter. Bei Vollmond kann man sie von der Erde aus sehen. Unser »Mann im Mond« ist also eine Frau.

Im Reich der Toten

In der Mythologie der indischen Brahmanen finden wir den Mond beispielsweise als Zufluchtsort für die Seelen der Verstorbenen, die dort ihre Ruhe finden. Der Gegensatz zwischen Leben und Tod inspirierte gewiss auch die Vorstellung von einem Mond als dreifache Göttin, die in vielfältiger Form in der Geschichte vieler Kulturen erscheint. Im alten Griechenland war es die Göttin Artemis, die als Göttin der Jagd verehrt wurde, aber auch als Mondgöttin Selene sowie als Hekate, die Göttin der Unterwelt, in Erscheinung trat. Wenn nachts die Hunde den Mond anheulen, dann wandert Hekate durch das Totenreich und verzaubert die Lebenden.

Thot – Gott des Mondes und der Wissenschaften – mit einem Schreiber (um 1340 v. Chr.).

Die Mondphasen als Sinnbilder

Die dreifache Göttin der alten Griechen symbolisierte aber auch die wechselnden Phasen des Mondes. Während Artemis mit

Der Mond in der Mythologie

Die Mondgöttin Selene nach einer Darstellung von Moritz von Schwind (1831).

ihrem Jagdgerät, einem silbernen Bogen, die Phasen des zunehmenden und abnehmenden Mondes verkörperte, war Selene, die in einem silbernen Wagen über den Himmel zog, der Vollmond. Hekate, die Herrscherin der Finsternis, war zugleich die Herrin des Neumondes.

Eine Analogie zu den Mondphasen findet man auch in der Kulturgeschichte der Maori – der aus Polynesien stammenden Ureinwohner Neuseelands. Ihre Mythologie berichtet davon, dass der Mond vor langer Zeit die Gattin des Gottes Rona entführte. Seitdem versucht Rona in regelmäßigen Abständen, seine Gemahlin dem Mond wieder zu entreißen. So sind beide – Rona und der Mond – zu einem ewig währenden Kampf verdammt, den man am Himmel auch beobachten kann. Nimmt der Mond ab, dann schwindet seine Kampfkraft, nimmt er zu, so gewinnt er wieder die Oberhand. Und jedes Mal bei Vollmond entbrennt der erbitterte Kampf aufs Neue.

Die Legende von der dreifachen Gottheit des Mondes beruht auf der Vorstellung von den verschiedenen Phasen des Erdbegleiters.

Die Mutter der Natur

Schon sehr früh wurde der Mond – meist in seiner weiblichen Charakterisierung – in Verbindung mit dem Werden und Wachsen in der Natur gebracht. Die Menschen waren fasziniert von der spürbaren Übereinstimmung der Mondrhythmen mit den Naturvorgängen. So nimmt es nicht Wunder, dass die Bewohner des alten Mesopotamien fest daran glaubten, dass der Mond jene Wärme erzeugte, die das Wachstum der Feldpflanzen beförderte.

Mond und Natur

Sie verehrten die Mondin als mütterliche Göttin der Fruchtbarkeit des Ackerbaus und entwickelten Anbaumethoden, die sich am Mondzyklus orientierten.

Ähnlich war es in weiten Teilen des südamerikanischen Subkontinents, wo die frühen Kulturvölker die Mondin als die Mutter der Pflanzen in Ehren hielten. Bei Neumond brachte man ihr Opfer dar, um sie zu bewegen, ihr segensreiches Licht wieder erstrahlen zu lassen.

Alte Mythen im neuen Gewand

Als mit der Christianisierung die heidnischen Götter gestürzt wurden, hat man dennoch nicht ganz auf die alten Mondmythen verzichten wollen.

Zwei Beispiele belegen das: Anstelle des heidnischen Frühlingsfestes, das alljährlich am ersten Vollmond nach der Tagundnachtgleiche am Frühlingsanfang gefeiert wird, begehen die Christen heute am Sonntag nach dem ersten Frühlingsvollmond das Osterfest und feiern die Auferstehung des Gottessohnes. Und das einstige Fest der Mondgöttin Selene am 15. August wird nun als Fest der Himmelfahrt Mariens begangen. Übrigens: Wer genau hinschaut, kann auf vielen Marienbildern und -figuren des Mittelalters eine Darstellung der Mondsichel entdecken. Vielleicht ein Hinweis auf die heidnischen Vorgängerinnen der christlichen Königin des Himmels?

Schon sehr früh wurde die wachstumsfördernde Wirkung der Mondkräfte mit einem Fruchtbarkeitskult in Verbindung gebracht.

Der Halbmond zu Füßen der Jungfrau Maria erinnert an alte Mythen aus heidnischer Zeit.

Wie der Mond wirkt

Der Mond – eigentlich die Mondin, denn nur in unserer Sprache ist er männlich – hat zu allen Zeiten das Denken und die Phantasie der Menschen herausgefordert. Doch er bewegte und bewegt nicht nur die Gefühle. Lange bevor sich die Wissenschaft der Astronomie herausbildete, war der Mond Gegenstand sehr praktischer Beschäftigung. So gleichmäßig, wie er seine Bahn am nächtlichen Himmel zieht, so regelmäßig, wie er dabei scheinbar seine Gestalt ändert, so ideal schien er dafür geeignet, den Ablauf der Zeit zu bestimmen, als Kalender zu dienen. So geschah es denn auch, und bis heute hat sich diese Praxis in manchen Kulturen erhalten.

Vom Mythos zur Praxis

Bald entdeckte man weitere Zusammenhänge zwischen dem lunaren Zyklus und dem Geschehen auf der Erde. Als die Menschen begannen, Felder zu bestellen und Tiere zu züchten, stellten sie fest, dass vieles in der Natur – das Wetter, das Pflanzenwachstum, die Fruchtbarkeit der Menschen und der Tiere, ja auch Gesundheit, Krankheit, Geburt und Tod – in rätselhafter Weise mit dem Kommen und Gehen des Mondes verbunden ist. Manches war einleuchtend und wurde mit zunehmender Erfahrung zur Regel, die praktischen Nutzen bot; anderes blieb unerklärlich und wurde zum Mythos.

Das Wissen um die Wirkung des Mondes hat sich unmittelbar aus der praktischen menschlichen Tätigkeit entwickelt – vor allem in den Bereichen des Ackerbaus und der Viehzucht.

Bereicherung durch die Astrologie

Eine erhebliche Bereicherung erfuhr das Wissen um den Mond durch die Astrologie, die als Vorläuferin und Wegbegleiterin der Astronomie gelten kann. Nun erkannte man, warum manche Wirkungen des Mondes scheinbar nicht im Einklang mit anderen standen, sich zum Teil sogar widersprachen. Man fand heraus, dass der Mond bei jedem 28-tägigen Erdumlauf alle zwölf Sternbilder des Tierkreises durchwandert, wie das die Sonne im Verlauf eines Jahres tut. Jedes dieser Tierkreiszeichen, in dem der Mond auf seiner Umlaufbahn für zwei bis drei Tage verweilt, verleiht den Impulsen des Mondes einen bestimmten Charakter, gewissermaßen eine Färbung, die diese Impulse in recht genau

Mythos und Realität

definierter Weise moduliert. Es sind diese Impulse, die – viel schwächer als die Sonnenimpulse – in Wechselwirkung mit der Natur treten und sie beeinflussen.

Die Kraft des Mondes

Dass der Mond wirkt, dass er in Abhängigkeit von seiner Phase und seiner Stellung im Tierkreis Einfluss auf die gesamte Natur – und damit auch auf uns Menschen – nimmt, das ist kaum ernsthaft zu bestreiten. Dafür sprechen die jahrhundertealten Erfahrungen ebenso wie ganz praktische Ergebnisse, die jederzeit und von jedem nachprüfbar sind. Darüber wird in diesem Buch noch ausführlich zu berichten sein.

Wie aber der Mond wirkt, auf welchem Weg und mit welchen Mitteln er seine wechselnden Kräfte zu uns sendet, darüber streiten sich die Experten bis heute. Eine grundsätzliche Klärung ist noch nicht in Sicht.

Der Mond wirkt einerseits über die von ihm ausgehenden Gravitationskräfte auf alles irdische Leben. Andererseits übt er aber offenbar auch einen astrologischen Einfluss aus, wenn er durch den Tierkreis wandert.

Gewaltige Gezeitenkräfte

Kein Zweifel herrscht über die physikalisch eindeutig begründeten Einflüsse, die unser Erdbegleiter aufgrund der Gravitationskräfte innerhalb des Systems Sonne, Erde, Mond ausübt. Dazu gehören zweifellos die Gezeiten (der rhythmische Wechsel von Ebbe und Flut), die den Meeresspiegel in manchen Gebieten um mehrere Meter sinken bzw. steigen lassen. Sie werden im Wesentlichen durch die Anziehungskräfte des Mondes hervorgerufen. Ihre Höhe hängt von der Position des Mondes im Verhältnis zu Erde und Sonne ab – also von den Mondphasen (siehe ab Seite 26). Bei Neu- und Vollmond verstärkt die Sonne die Anziehungskräfte des Mondes, wenige Tage danach treten zur Flutzeit die höchsten Wasserstände und dementsprechend bei Ebbe auch die tiefsten Niedrigwasserstände auf. Man spricht von der Springzeit. Etwa 7,5 Tage später – wenn Halbmond ist – heben sich die Kräfte von Mond und Sonne teilweise auf; es kommt zu weit geringeren Hebungen und Senkungen der Wasserstände. Jetzt herrscht die so genannte Nippzeit.

Doch der Mond setzt nicht nur riesige Wassermassen in Bewegung; seine Kräfte erzeugen auch Gezeiten in der Erdatmosphäre. Dabei wird der Luftdruck um bis zu 1,5 Millibar erhöht bzw. gesenkt. Sogar der feste Erdkörper erfährt durch die Gravitationswirkung eine Deformation, die in Äquatornähe etwa einen halben Meter erreichen kann.

Die Gezeiten werden durch Mondkräfte hervorgerufen.

Die Biologische Gezeitentheorie

Nun sind einige Wissenschaftler der Meinung, dass diese offensichtlichen Kräfte nicht nur im Großen, sondern auch im Kleinen wirksam sein könnten. Sie entwickelten einen hypothetischen Ansatz, aus dem heraus die so genannte Biologische Gezeitentheorie entstand, die vor allem mit den Arbeiten von Prof. Dr. Arnold L. Lieber von der Universität Miami, USA, verbunden ist. Die Theorie untersucht das Problem der Einflussnahme des Mondes auf die belebte irdische Natur von zwei Seiten. Zum einen wird der Versuch unternommen, die unmittelbare Schwerkraftanziehung des Mondes auf die lebendigen Mechanismen nachzuweisen. Zum anderen erforscht sie die mittelbaren Wirkungen des Mondes, die durch das elektromagnetische Feld der Erde aufgenommen und übertragen werden sollen.

Lieber und seine Mitarbeiter gehen davon aus, dass man jedes natürliche Lebewesen – also Pflanzen, Tiere und auch den Menschen – als einen Mikrokosmos begreifen kann, der im Wesentlichen und in vergleichbarer Proportion aus denselben Elementen besteht wie die Erdoberfläche. Diese Auffassung steht im Einklang mit uralten philosophischen und religiösen Betrachtungsweisen, für die sich der Kosmos im Menschen widerspiegelt. Dazu Prof. Lieber: »Ich glaube, dass die Anziehungskraft des Mondes im Verein mit anderen großen Kräften des Universums genauso einen Einfluss auf das Wasser im menschlichen Körper ausübt, wie sie es auf die Ozeane tut. Das Leben kennt eine vom Mond beherrschte biologische Ebbe und Flut. Bei Neu- und Vollmond herrscht Flut – und ist die Mondwirkung auf unser Verhalten am größten. Die biologische Flut wirkt als Stressauslöser, die aggressives Verhalten (beim Menschen) zwar nicht verursacht, aber sehr viel wahrscheinlicher macht.«

Alarm bei Vollmond

Prof. Lieber, der als Psychologe und Psychiater arbeitet, sammelte zunächst Beweismaterial für diese These aus seinem unmittelbaren Fachgebiet. Dabei konnte er zweifelsfrei feststellen, dass vor allem bei Vollmond, aber auch bei Neumond, die Zahl aggressiver und durch starken Stresseinfluss verursachter Handlungen (Tötungsdelikte, Körperverletzungen, Selbstmorde, Unfälle, psychiatrische Notfälle) rapide anwächst und im Extremfall das Doppelte des üblichen Monatsdurchschnitts erreichte. Praktiker bestätigen dieses Ergebnis immer wieder. Polizisten, Ärzte und Anwälte wissen zu berichten, dass zu diesen »Mondzeiten« in

---

Der Mond setzt riesige Wassermassen in Bewegung, seine Kräfte erzeugen aber auch Gezeiten in der Erdatmosphäre. Dabei wird der Luftdruck um bis zu 1,5 Millibar erhöht oder gesenkt.

Signale des Mondes

den Polizeirevieren und Notfallambulanzen Alarmstimmung herrscht. Immer wieder gab es auch Vorschläge, das entsprechende Personal zu diesen Zeiten zu verstärken.

Die Untersuchungen von Prof. Lieber sowie weitere unabhängige Forschungen führten dann zu der Behauptung, dass alle fundamentalen Lebensfunktionen einem monatlichen Rhythmus unterworfen sind, der mit der Mondumlaufzeit – und damit mit den wechselnden Mondphasen – zusammenspielt. Diese Schlussfolgerung erscheint plausibel, ein Beweis ist sie (noch) nicht. Darauf weisen auch die Kritiker der Biologischen Gezeitentheorie hin, die vor allem einwenden, dass es bisher keinen physiologischen – also naturwissenschaftlich exakten – Nachweis für das Auftreten von Gezeitenwirkungen in lebenden Organismen gibt.

Geheimnisvolle Signale

Man weiß seit langem, dass Leben ein rhythmischer Prozess ist. Einige dieser Naturrhythmen sind gut bekannt – sie stehen ganz offensichtlich im Zusammenhang mit dem Tag-Nacht-Rhythmus, der von der Sonne gesteuert wird. Aber – so die These einiger Forscher, die sich mit der Biologischen Gezeitentheorie auseinander setzen – auch die vom Mond ausgehenden Kräfte (z.B. der rhythmische Wechsel von Ebbe und Flut) steuern das Verhalten von Tieren und Pflanzen, wirken als Taktgeber der inneren Uhr, die jede Zelle eines jeden Lebewesens enthält. Dazu muss der Mond Signale aussenden, die von den lebenden Zellen empfangen und verarbeitet werden können. Gibt es diese Gezeitensignale, und welcher Art sind sie?

Rätselhafte Austern

Es war der amerikanische Naturwissenschaftler Dr. Frank Brown, der vor wenigen Jahren ein erstaunliches und überzeugendes Experiment durchführte, welches die Existenz solcher Gezeitensignale nachweisen sollte.

Dr. Brown ließ eines Tages einige Austern vom Meeresufer im US-Staat Connecticut mit dem Flugzeug in sein viele Hunderte Kilometer vom Meer entferntes Labor in Evanston (Illinois) bringen. Dort wurden die Tiere in Meerwasserbehältern so untergebracht, dass eigentlich kein von außen kommendes Signal zu ihnen gelangen konnte. Die Versuchsbedingungen wurden peinlich genau überwacht.

Es ist allgemein bekannt, dass die Austern ihre Schale bei Flut öffnen. So auch die Labortiere des Dr. Brown. Doch es geschah

Auch der feste Erdkörper erfährt durch die Gravitationswirkung des Mondes eine Deformation, die in Äquatornähe etwa einen halben Meter erreichen kann. Dieser Gezeiteneffekt wird allerdings meist durch Schollenverbiegungen innerhalb der Erdkruste kompensiert.

Wie der Mond wirkt

etwas Merkwürdiges: Während der ersten Zeit öffneten die Austern ihre Schalen jeweils dann, wenn in ihrem Herkunftsgebiet, in Connecticut, Flut herrschte. Sie setzten also ihren gewohnten Rhythmus fort. Doch schon nach wenigen Wochen, änderte sich ihr Zeitverhalten. Jetzt öffneten sie ihre Schalen, wenn der Mond in ihrer neuen Heimat Illinois im Zenit stand. Hätte Evanston am Meer gelegen, so hätte jetzt dort Flut geherrscht. Diese Verhaltensänderung ließ für Dr. Brown nur einen Schluss zu: Die Austern mussten die Signale, die ihren Zeittakt dermaßen beeinflussten, unmittelbar durch die Gravitationskraft des Mondes erhalten haben!

Eine gewagte Hypothese

Doch wie konnten die Austern die Anziehungskraft des Mondes überhaupt spüren, wo sie doch eigentlich völlig von der Außenwelt abgeschottet waren? Hier lautet nun die Annahme Browns, dass die Schwerkraft des Mondes die elektromagnetischen Felder verändert, die jeden lebenden Organismus umgeben: Die Austern spüren die Veränderung und passen sich ihr an, ein Teil ihres Nervensystems erhält Feldveränderungssignale.

So weit, so gut – doch wenn es sie wirklich gibt, dann sind diese Signale so schwach oder so »exotisch«, dass man sie bisher auch mit den feinsten Messinstrumenten nicht erfassen konnte. Ein direkter Nachweis fehlt also, doch das muss nicht so bleiben. Man arbeitet gegenwärtig an hoch empfindlichen Messmethoden, die möglicherweise schon bald Browns Hypothese bestätigen oder widerlegen könnten. Aber auch wenn diese Messungen vielleicht negative Ergebnisse zeitigen sollten, gibt es immer noch die Austern und ihr merkwürdiges Verhalten. Es bleibt also auf alle Fälle spannend.

Und: Wie auch immer sie die Kräfte wahrnehmen – viele andere Meerestiere werden ebenfalls von den Rhythmen des Mondes berührt. Exakte Mondrhythmen sind beispielsweise in den Reproduktionszyklen von Fischen nachgewiesen worden. Der kalifornische Ährenfisch (Leuresthes tenuis) bringt nur in Nächten unmittelbar nach Voll- und Neumond Nachkommenschaft hervor. Die europäischen Aale treten ihre Wanderschaft zu den Laichgründen nahezu alle gleichzeitig an, immer bei abnehmendem Mond. Eine Liste, die man fortsetzen könnte. Die Frage ist also erlaubt, ob nicht auch andere Lebewesen – Pflanzen, höhere Tiere und auch wir Menschen – solche Signale empfangen. Erfahrung und Praxis sprechen dafür.

> Exakte Mondrhythmen wurden z. B. in den Reproduktionszyklen von Fischen nachgewiesen. Der kalifornische Ährenfisch bringt nur in den Nächten kurz nach Voll- und Neumond Nachkommenschaft hervor. Die europäischen Aale treten ihre Wanderschaft zu den Laichgründen immer bei abnehmendem Mond an.

Offene Fragen

Wirkende Kraft oder Uhrzeiger?

Es muss also vorläufig noch eine offene Frage bleiben, ob es stoffliche oder energetische Impulse sind, die vom Mond ausgehen und über die terrestrischen Elemente Erde, Wasser, Luft und Feuer auf die Natur, auf alles Lebende wirken, oder ob der Mond sozusagen nur als der Zeiger einer Uhr angesehen werden kann, die durch einen verborgenen inneren Rhythmus der Natur in Gang gehalten wird.

Neue Erkenntnisse der Chronobiologie

Doch in den Naturwissenschaften gibt es inzwischen weitere interessante Entwicklungen. Jüngste Erkenntnisse der Chronobiologie scheinen jene oben genannte Hypothese zu unterstützen, wonach die zwölf Zeichen des Tierkreises gewissermaßen das Zifferblatt einer Uhr darstellen, die der Mond als Zeiger durchmisst. Immer mehr Experimente und langfristige Beobachtungen bestätigen mit einiger Sicherheit: Allem Natürlichen wohnen bestimmte Rhythmen inne, die miteinander in Wechselwirkung stehen und die – kaum wahrnehmbar, jedoch außerordentlich wirksam – viele, wenn nicht alle Entwicklungs- und damit Lebensvorgänge beeinflussen. Wenn das so ist, scheint es offensichtlich, dass alles, was in Übereinstimmung mit diesen Rhythmen geschieht, der Entwicklung, dem Leben und Wachsen förderlich ist, und alles, was diese Rhythmen stört, der Entwicklung schadet, sie hemmt oder gar unterbindet.

Es muss bis auf weiteres offen bleiben, woraus sich die Mondkräfte tatsächlich speisen – ob sie stofflicher oder energetischer Natur sind.

Im kritischen Dialog

Wie auch immer, ob wirkende Kraft oder empfindlicher Anzeiger oder beides – die Mondphasen und die Stellung des Mondes in den Zeichen des Tierkreises sind von großer Bedeutung für alles Leben auf dieser Erde. Auch wenn diese Feststellung nach dem strengen Maßstab der Naturwissenschaften nicht als gesichertes Wissen gelten darf, so beruht sie doch auf der Erfahrung, die in der Jahrtausende währenden Menschheitsgeschichte entstanden und gewachsen ist. Diese Erfahrungen sollen weitergegeben werden, aber auch zur kritischen Diskussion stehen. Sie, liebe Leserin, lieber Leser, sind aufgefordert, aus dem Gelesenen und Erprobten Ihre eigenen Erfahrungen zu gewinnen. Betrachten Sie die folgenden Regeln und Ratschläge nicht als Dogmen, als strenge Richtschnur für Ihr Denken und Handeln. Nehmen Sie sie als Anregung, schärfen Sie Ihr Gefühl und Ihren Verstand für ein selbstbestimmtes Leben im Einklang mit der Natur.

> *Wenn des Mondes still lindernde Tränen*
> *Lösen der Nächte verborgenes Weh;*
> *Dann wehet Friede. In goldenen Kähnen*
> *Schiffen die Geister im himmlischen See.*

Clemens Brentano (1778–1842)
1799

Im Rhythmus des Mondes

Seit jeher sind die Menschen von dem immer wiederkehrenden Gestaltwandel unseres Mondes fasziniert. Zugleich spüren sie, dass sich mit den Wechseln der Mondphasen auch die Kräfte verändern, die – unsichtbar und doch spürbar – den Mond und das Leben auf der Erde verbinden. Woher kommen diese Kräfte, und wie kann man sie erkennen? Welchen Regeln, welchem Rhythmus sind sie unterworfen? Das sind Fragen, die – seit Jahrtausenden gestellt – auch uns bewegen. Auf viele davon hat man inzwischen eine Antwort gefunden, andere bleiben bis heute ungeklärt.

Inhalt

Lesen Sie in diesem Abschnitt

Der Einfluss der Mondphasen

Der aufsteigende und absteigende Mond

Der Mond in den Tierkreiszeichen

Der Einfluss der Mondphasen

Nimmt man alles in allem, dann sind es sieben Grundimpulse, über die sich die Wirkung des Mondes auf die Natur mitteilt: die vier verschiedenen Mondphasen, der aufsteigende und der absteigende Mond und der Stand des Mondes in den Tierkreiszeichen.

Daran orientiert sich dieses Buch, wobei nach Möglichkeit auch die verschiedenen Kombinationseffekte berücksichtigt werden. Letzteres ist zuweilen recht kompliziert, wenn man etwa bedenkt, dass z. B. der zunehmende Mond in den ersten Tagen noch unter dem Einfluss des Neumondes steht, während zum Ende seiner Periode der bevorstehende Vollmond schon seine Wirkung ankündigt. In dieser Zeit von etwa 13 Tagen durchwandert er aber auch sechs Tierkreiszeichen, die ihm jeweils wieder einen anderen Charakter verleihen.

Aber Sie können beruhigt sein. Sie müssen nicht befürchten, dass alles womöglich zu kompliziert wird; es gibt vielfach bewährte Konstellationen für die wichtigsten Naturvorgänge und Lebenssituationen, die im Kapitel »Die Mondpraxis« ab Seite 100 übersichtlich zusammengestellt sind und Ihnen eine sichere Orientierung bieten können.

Die Neumondzeit ist wie keine andere für eine Fastenpause geeignet. Auch wenn man schlechte Angewohnheiten aufgeben will, sollte man bei Neumond damit beginnen.

Der Neumond ●

Wenn die der Erde zugewandte Seite des Mondes fast völlig verdunkelt ist, sprechen wir vom Neumond. Der Erdbegleiter steht dann für zwei bis drei Tage ziemlich genau zwischen Erde und Sonne. Dabei tritt der Fall ein, dass der Mond in dieser Zeit in demselben Tierkreiszeichen steht wie die Sonne.

Bei Neumond wirken kräftige Impulse auf Mensch und Natur. Man kann sie als Kräfte der Neuorientierung bezeichnen. Die Energien sind frisch und ursprünglich, regen dazu an, Vorhaben zu planen, die in der Folge wachsen und reifen sollen.

In der Natur kündigen die Impulse des Neumondes Beginnendes an. Die Erde beginnt auszuatmen, die Säfte regen sich.

Der wechselnde Mond

Für den menschlichen und tierischen Organismus verstärken die Neumondimpulse die Fähigkeit zur Entgiftung und Entschlackung. Auf chirurgische Eingriffe sollte man nach Möglichkeit während der kurzen Phase des Neumondes verzichten.

Der zunehmende Mond

Sobald nach Neumond die schmale, nach links geöffnete Mondsichel zu erkennen ist, beginnt die Phase des zunehmenden Mondes. In dieser Phase steht alles im Zeichen der Aufnahme, des Wachsens. Positive Einflüsse überwiegen, die Energien werden aufgenommen und gespeichert.

In der Natur dominiert das oberirdische Wachstum, die Säfte steigen nach oben. Jetzt ist die günstigste Zeit für die Aussaat und das Pflanzen von allem, was nach oben wächst und Früchte trägt, also für Blattgemüse, Obst und Blumen.

Der Körper kann in der Zeit des zunehmenden Mondes alles, was ihm an Kräftigendem, Aufbauendem, Heilendem zugeführt wird, besonders gut aufnehmen, speichern und verwerten. Seine Selbstheilungskraft ist ebenfalls sehr groß. Eine gute Zeit also, um sich zu erholen und zu kräftigen.

Gespeichert werden allerdings auch die Nährstoffe. Deshalb sollte jeder, der auf sein Gewicht achten muss, in dieser Zeit etwas zurückhaltender mit dem Essen sein.

Man sollte auch bedenken, dass sich mit fortschreitender Zunahme des Mondes der Heilungsprozess von Wunden verzögert; deshalb ist es angebracht – vor allem in der Nähe des Vollmondes –, auf chirurgische Eingriffe zu verzichten, wenn das möglich ist.

Je näher der zunehmende Mond dem Vollmond kommt, desto schwerer heilen Verletzungen und Wunden. Deshalb sollte man um diese Zeit möglichst auf chirurgische Eingriffe verzichten.

Der Vollmond

Wenn der Mond die Hälfte seines Erdumlaufes zurückgelegt hat, steht er der Sonne direkt gegenüber, in Opposition zu ihr. Seine sichtbare Oberfläche ist voll beleuchtet, er steht für ein bis zwei Tage als kreisrunde, leuchtende Scheibe am nächtlichen Himmel. Zu keiner anderen Zeit sind die Impulse des Mondes so deutlich zu spüren wie in der Vollmondphase.

Es ist für die Menschen eine Zeit starker Gefühle, positiver wie negativer. Zahlreiche Statistiken vermerken für die wenigen Stunden des Vollmondes nicht nur besonders hohe Geburtenzahlen, sondern auch überdurchschnittlich viele Unfälle und Gewaltverbrechen.

Der Vollmond bewegt die Gefühle.

Der Einfluss der Mondphasen

In der Natur bewirken die kräftigen Impulse während des Vollmondes eine ganz besondere Stimmung. Einerseits erreicht die Natur jetzt den Höhepunkt ihrer Aufnahmefähigkeit, weshalb der Zeitpunkt für eine optimale Pflanzenernährung durch Düngung bei Vollmond geradezu ideal ist. Andererseits kann es geschehen, dass Gehölze absterben, wenn auch nur wenige Zweige abgebrochen oder weggeschnitten werden.

Der Organismus reagiert auf die Energien des Vollmondes häufig mit Unruhe und Nervosität. Sensible Menschen haben Schlafstörungen, andere berichten von besonders eindrucksvollen Träumen und Visionen während dieser Zeit.

Weil Wunden stärker und länger bluten, Verletzungen langsamer und schlechter heilen, ist es ratsam, bei Vollmond nach Möglichkeit auf chirurgische Eingriffe zu verzichten.

Der abnehmende Mond ◐

Der Mond setzt seinen Erdumlauf fort und vollendet ihn. Er nähert sich jetzt wieder der Erde, wobei die Größe der von der Sonne beleuchteten Oberfläche von rechts nach links allmählich geringer wird, bis die Neumondphase erreicht ist.

Die Impulse des abnehmenden Mondes sind auf Abgabe gerichtet, auf das Freisetzen von Kräften und Energien. Dieser balsamische oder aussäende Mond, wie ihn die Astrologen nennen, befreit von Zweifeln und Ängsten, vollendet und bündelt die positiven Gefühle für den nun bald beginnenden neuen Zyklus. In der Natur fließen die Säfte abwärts, die Energien gehen zu den Wurzeln. Die Erde ist aufnahmebereit, das Wachstum unter der Oberfläche ist begünstigt. Jetzt ist es an der Zeit, all das zu pflanzen oder zu säen, was vorwiegend in die Erde hineinwächst, also z.B. Wurzelgemüse und -kräuter. Nährstoffe und Feuchtigkeit werden vom Boden während der Phase des abnehmenden Mondes besonders gut aufgenommen, deshalb sind Düngung und Bewässerung der Pflanzen jetzt besonders wirkungsvoll und noch dazu weniger umweltbelastend.

Der Organismus ist in der Zeit des abnehmenden Mondes in seiner besten Form. Körperliche wie auch geistige Höchstleistungen gelingen viel müheloser als während der anderen Mondphasen. Ausspülen und Ausschwitzen, das ist eindeutig die Devise des abnehmenden Mondes, deshalb wird auch alles, was mit Entgiftung und Entschlackung zu tun hat, bei abnehmendem Mond gute Erfolge zeitigen.

Der abnehmende Mond ist die Zeit, in der Operationen besser gelingen und Wunden schneller heilen.

Der siderische Umlauf des Mondes

Der aufsteigende und absteigende Mond

Es gibt noch zwei weitere Mondqualitäten, die vor allem für die Pflanzenwelt von Bedeutung sind, aber unter Umständen auch Beachtung finden können, um einen nicht ganz idealen Zeitpunkt für eine gesundheitliche Maßnahme zu optimieren. Diese Mondqualitäten, die nichts mit den oben beschriebenen Mondphasen zu tun haben, ergeben sich aus dem siderischen, also auf die Sterne bezogenen, Umlauf des Mondes, wobei der Erdtrabant die zwölf bekannten astrologischen Zeichen des Tierkreises durchläuft.

Der aufsteigende Mond

Aufsteigend durchquert der Mond dabei alle Tierkreiszeichen zwischen der Winter- und der Sommersonnenwende, also von Schütze über Steinbock, Wassermann, Fische, Widder bis Stier bzw. Zwillinge, wo er seinen Wendepunkt erreicht.

Der Zeitraum des aufsteigenden Mondes kann als eine Phase des Ausatmens der Erde betrachtet werden. Wachstum, Reife und Ernte (Erntemond) sind bestimmend. Die Entwicklung über der Erdoberfläche ist der bei zunehmendem Mond ähnlich.

Der absteigende Mond

Absteigend durchwandert der Mond bei seinem Erdumlauf alle Tierkreiszeichen der Monate Juni bis Dezember, also Zwillinge, Krebs, Löwe, Jungfrau, Waage sowie schließlich Skorpion und Schütze, wo er wieder an seinem Wendepunkt angelangt ist.

Der Zeitraum des absteigenden Mondes kann als eine Phase des Einatmens der Erde interpretiert werden. Vor allem Pflanzarbeiten (Pflanzmond) sind nun begünstigt. Die Entwicklung unter der Erdoberfläche ist der bei abnehmendem Mond ähnlich. Über der Erdoberfläche herrscht jetzt eine gewisse Ruhe, weshalb diese Zeit auch für die Vermehrung durch Stecklinge und das Schneiden von Gehölzen besonders günstig ist.

Welche Konsequenzen und praktischen Möglichkeiten sich aus diesem Mondrhythmus für die verschiedensten Lebens- und Tätigkeitsbereiche ergeben, wird in den speziellen Abschnitten des Kapitels »Mit dem Mond leben« dargestellt, das auf Seite 40 beginnt.

Zunächst ist aber noch ein Blick auf die Rolle der Tierkreiszeichen nötig, die der Mond bei seinem Lauf um die Erde in den verschiedenen Phasen durchwandert.

Beim aufsteigenden bzw. absteigenden Mond handelt es sich nicht um »klassische« Mondphasen, sondern um die Beschreibung der Mondposition im Hinblick auf die Ekliptik.

Der Mond in den Tierkreiszeichen

Die Impulse des Mondes auf alles irdische Leben wirken einerseits über direkte Energieeinflüsse, die durch die verschiedenen Mondphasen ausgeübt werden, und andererseits durch eher indirekte astrologische Einflüsse, die von den Tierkreiszeichen ausgehen, die der Mond auf seinem Erdumlauf gerade durchwandert. Die dabei ausgeübten spezifischen Wirkungen gehen auf die unterschiedlichen Qualitäten der Tierkreiszeichen zurück.

Die vier Trigonen

Bei der üblichen Aufzählung der Tierkreiszeichen beginnt man stets mit dem Widder und endet bei den Fischen.

Die zwölf Tierkreiszeichen werden in vier Gruppen eingeteilt; jede Gruppe ist einem so genannten Urelement zugeordnet, über welches die Sternzeichen astrologisch wirken.

Dem Element Feuer werden die Tierkreiszeichen Widder, Löwe und Schütze zugeordnet.

Zum Element Erde gehören die Tierkreiszeichen Stier, Jungfrau und Steinbock.

Das Element Luft bestimmt die Tierkreiszeichen Zwillinge, Waage und Wassermann

Das Element Wasser wirkt durch die Tierkreiszeichen Krebs, Skorpion und Fische

Elemente und Temperamente

Durch die beschriebene Zuordnung der Tierkreiszeichen zu den Urelementen entstehen vier Trigonen (Elementegruppen), die bestimmte Grundmuster in verschiedenen Bereichen des Lebens und der Natur angeben. In diesem Sinn wirkt auch der Mond, wenn er durch das entsprechende Zeichen wandert.

Feuertrigone

Auf die Feuertrigone bezieht man die Eigenschaften »warm« und »trocken«. Sie entsprechen einem leicht aufbrausenden Temperament. Die entsprechenden körperlichen Reaktionen sind spontan, schnell und markant, die Erkenntnisfähigkeit ist hoch. Cha-

Einfluss der Elemente

rakterlich auffallend sind Energie, Mut und Pioniergeist. Die aktive Handlungsfähigkeit ist sehr ausgeprägt. Aber auch Ungeduld, Übereifer und mangelnde Vorsicht kommen zum Tragen.

Erdtrigone

Die Erdtrigone steht für »trocken« und »kalt«. Dem entspricht ein eher melancholisches, beständiges Temperament. Damit verbunden sind langsame, aber starke und nachhaltige körperliche Reaktionen. Dazu kommen solche Charaktereigenschaften wie Umsichtigkeit, Treue und Beharrlichkeit. Negativ können übertriebene Ängstlichkeit und eine gewisse Starrköpfigkeit wirken.

Darstellung des Tierkreises aus dem 16. Jahrhundert.

Lufttrigone

Der Lufttrigone ordnet man die Attribute »warm« und »feucht« zu. Diese Eigenschaften weisen auf ein sanguinisches, also ein lebhaftes, leichtes Temperament hin. Typisch dafür sind rasche Körperreaktionen und eine gute Auffassungsgabe. Als charakterliche Merkmale gelten hier Lebhaftigkeit, Empfänglichkeit sowie Begeisterungsfähigkeit. Dazu können aber auch nervöse Unruhe, Reizbarkeit und eine gewisse Unbeständigkeit gehören.

Wassertrigone

Mit der Wassertrigone werden die Eigenschaften »feucht« und »kühl« verbunden. Sie entsprechen dem phlegmatischen Temperament. Dies äußert sich in relativ langsamen und verhältnismäßig schwachen körperlichen Reaktionen. Als besondere Charaktereigenschaften gelten starkes Einfühlungsvermögen, eine lebhafte Phantasie, Toleranz sowie der Hang zur Schwärmerei und Träumerei. Auf der anderen Seite findet man aber auch übergroße Empfindlichkeit, überschießende Gefühle und Lebensangst.

Die Wirkung auf die Stimmung

Es sind diese Eigenschaften, die an den Tagen, an denen der Mond in dem entsprechenden Tierkreiszeichen weilt, besonders »angesprochen« werden.
Zusätzlich verleiht jedes Tierkreiszeichen dem Tag, an dem es vom Mond »berührt« wird, eine gewisse Grundstimmung:

Die Tagesstimmung, die der Mond über die Tierkreiszeichen vermittelt, spüren wir vor allem beim Umgang mit anderen Menschen.

 Die Menschen haben ein erhöhtes Kontaktbedürfnis, außerdem viel Energie. Der Enthusiasmus ist jedoch eher kurzlebig.

 Jetzt getroffene Entscheidungen sind nur schwer wieder rückgängig zu machen – also sollten Sie gut überlegen. Solch ein Tag ist vor allem günstig für finanzielle Aktivitäten.

Der Mond in den Tierkreiszeichen

♊ Ein Austausch von Gedanken und Ideen findet statt. Bahnbrechendes Handeln ist an diesen Tagen nicht angesagt, aber es besteht viel Sinn für die Familie.

♋ Empfindsamkeit, eventuell auch Überempfindlichkeit zeichnen Krebstage aus. Menschen, die sich sehr leicht beeinflussen lassen, sollten auf der Hut sein.

♌ Unterhaltung, Spaß, Lebensfreude, Selbstdarstellung heißen die Mottos. Andererseits weckt Löwe auch Beschützerinstinkte – man sollte aufpassen, dass diese sich nicht zu übertriebenen Besitzansprüchen entwickeln.

♍ Einerseits besteht großes Kontaktbedürfnis, andererseits aber auch die Tendenz zur Enthaltsamkeit. Solch ein Tag ist gut für die Erledigung von Kleinkram und Routineangelegenheiten ohne kreativen Anspruch.

♎ Romanzen, Freundschaft, Partnerschaft werden besonders groß geschrieben. Doch Vorsicht vor emotionalen Konflikten, denn es besteht die Gefahr der Eifersucht.

♏ Man neigt zu Kritik und Misstrauen. Empfindlichkeit und Verletzbarkeit sind erhöht. Übersinnliches ist begünstigt.

Wenn der Mond in einem Wasserzeichen steht, dominiert das Gefühl. Eine gute Gelegenheit, einmal das eigene Unterbewusste zu erforschen!

♐ Unruhe, Sehnsucht nach dem Fremden und Unbekannten sowie eine übergroße Reiselust sind die Impulse, die man jetzt am stärksten wahrnimmt.

♑ Tradition, Autorität, Regeln, Disziplin, Beruf und Geschäft sind wichtig. Man tendiert aber auch leichter zu Pessimismus und Frustration.

♒ Soziales Engagement, Rationalität, neue Ideen und Zukunftsplanung haben Vorrang. Zu viel Idealismus wird enttäuscht. Frauen sind jetzt besonders stark.

♓ Die Menschen ziehen sich zurück, suchen den Kontakt zum Partner oder zur Familie. Solch ein Tag ist gut für die Beschäftigung mit Spirituellem.

Tierkreiszeichen und Pflanzen

Durch seinen jeweilgen Stand in den Tierkreiszeichen beeinflusst der Mond vor allem auch den Wuchs der unterschiedlichsten Pflanzenteile.

Feuertage ♈ ♌ ♐ **sind Fruchttage** 🍒

Der Mond in einem Feuerzeichen beeinflusst die Fruchtpflanzen – die Gewächse, deren Produktivität auf den Aufbau des Fruchtkörpers gerichtet ist. Dazu zählen u. a. Erdbeeren, Baum- und

Wirkung auf Stimmung, Pflanzen und Wetter

Strauchobst, Getreide, Bohnen, Erbsen, Gurken, Kürbis, Auberginen, Zucchini, Mais, Paprika, Tomaten.

Erdtage sind Wurzeltage
Der Mond in einem Erdzeichen wirkt auf Gewächse, die mit ihrem Hauptteil in den Boden hineinwachsen. Dazu gehören u. a. Knoblauch, Wurzelpetersilie, Zwiebeln, Kartoffeln, Karotten, Pastinaken, Radieschen, Rettich, Sellerie, Rote Bete, Schwarzwurzel.

Lufttage sind Blütentage
Der Mond in einem Luftzeichen wirkt auf alle Blütenpflanzen. Dazu zählen u. a. Brokkoli, Sommerblumen, Blütenstauden.

Wassertage sind Blatttage
Der Mond in einem Wasserzeichen beeinflusst die Blattpflanzen, also alle Pflanzen, die wegen ihrer Blattbildung angebaut werden. Dazu gehören u. a. Chicorée, Endivien-, Feldsalat, Kopf-, Eis-, Schnitt-, Pflücksalat, Fenchel, Mangold, Spargel, Spinat, Wirsing, Kohlrabi, Blumen-, Rosen-, Rot-, Weißkohl, Blattpetersilie, alle anderen Blattkräuter.

Die Wirkung der Tierkreiszeichen auf die Pflanzen spielen beim Gärtnern nach dem Mond die entscheidende Rolle.

Für erfolgreiches Gärtnern und viele Arbeiten in der Landwirtschaft ist die Kenntnis dieser Einflüsse sehr bedeutend. Daraus lassen sich z. B. optimale Termine für Aussaat, Pflege und Ernte der verschiedenen Pflanzen und Feldfrüchte ableiten. Mehr dazu im Abschnitt »Erfolgreich gärtnern mit dem Mond« (ab Seite 66).

Tierkreiszeichen und Wetter

Die Wirkung, die von den Tierkreiszeichen ausgeht, in denen sich der Mond während seines Umlaufs gerade befindet, prägt in gewissem Ausmaß auch die Witterungsqualität des betreffenden Tages. Man braucht allerdings eine gute Beobachtungsgabe und ein feines Gespür, um diese Einflüsse zu bemerken, da sie allzu leicht von den langfristigen Klima- und Wetterentwicklungen überdeckt werden. Dennoch sind sie für Tiere und Pflanzen von nicht zu unterschätzender Bedeutung und können auch uns helfen, scheinbar rätselhafte Naturereignisse und ihre Wirkungen besser zu verstehen.

Feuertage sind Wärmetage
Eine angenehme, als verhältnismäßig warm oder mild empfundene Grundstimmung herrscht vor, wenn sich der Mond in einem

der drei Feuerzeichen befindet. Solche Tage laden zu Ausflügen in die Natur ein, auch dann, wenn der längerfristige Wettercharakter eher unfreundlich ist. Im Sommer sollte man an Löwetagen auf der Hut sein, denn nicht selten wird man von schweren Gewittern überrascht, die auch von Hagel begleitet sein können.

Erdtage 🐂 ♍ ♑ sind Kältetage ❄
An den Tagen, an denen der Mond in einem Erdzeichen steht, herrscht ein kühles Mikroklima vor, auch wenn die Lufttemperaturen hoch sein sollten. Ziehen Wolken auf, dann macht sich die Abkühlung deutlicher bemerkbar als an anderen Tagen. Man fröstelt leichter. Die Erde wirkt unverhältnismäßig kühl, und man tut gut daran, eine Decke oder einen Pulli mitzunehmen, wenn man sich an den Strand oder auf eine Wiese legen will.

Lufttage ♊ ♎ ♒ sind Lichttage ☀
Bestimmt ein Luftzeichen die Tagesqualität, wirkt die Lichteinstrahlung auf Pflanzen, Tiere und Menschen intensiver. Es ist dann heller als an anderen Tagen, und dieser Eindruck besteht auch, wenn sich die Sonne hinter Wolken versteckt. Manche Menschen empfinden das Tageslicht an diesen Tagen als besonders grell und tragen auch bei bedecktem Himmel eine Sonnenbrille. Aber in aller Regel wirkt diese Helligkeit auf viele eher aufmunternd und anregend.

Man muss schon ein feines Gespür haben, um die Einflüsse des Mondes auf die Witterung zu erkennen. Doch wenn man etwas genauer beobachtet und vergleicht, kann man die feinen Nuancen registrieren.

Wassertage ♋ ♏ ♓ sind feuchte Tage 🌧
Steht der Mond in einem Wasserzeichen, muss man häufiger mit Regen oder Schnee rechnen als an anderen Tagen. Aber auch wenn die Sonne scheint, sind Boden und Gras meist unangenehm feucht und kühl. Besonders deutlich wird dieser Witterungseindruck bei zunehmendem Mond, wenn die Aufnahmefähigkeit des Bodens relativ gering ist.

Man muss seine Sensibilität und den Blick für das Detail schon schärfen, um diese Witterungsqualitäten zu erkennen. Wer dies aber schafft, wird ein neues Verhältnis zur Natur entwickeln und vieles entdecken, was ihm zuvor verborgen war.

Tierkreiszeichen und Nahrung
Die täglich von den Tierkreiszeichen beeinflusste Nahrungsqualität kann für die Gesundheit durchaus von besonders großer

Wirkung auf die Nahrung

Wichtigkeit sein, auch wenn sie leider von der modernen Ernährungswissenschaft immer noch nicht anerkannt ist. Beobachtung und Erfahrungen haben gezeigt, dass der Organismus zu bestimmten Zeiten auf bestimmte Nährstoffe in besonderer Weise reagiert. Häufig werden diese dann besonders gut aufgenommen und verwertet. Manchmal ist leider aber auch das Gegenteil der Fall – die Nährstoffe bekommen nicht, und man sollte sie zu diesem Zeitpunkt besser meiden. Man sollte einmal darauf achten und eigene Erfahrungen bei der Speisenauswahl berücksichtigen. So kann man nicht nur Ernährungsfehler vermeiden, sondern auch verhindern, dass bestimmte Nährstoffe, zu einem bestimmten Zeitpunkt gegessen, wegen allzu guter Verwertung dick oder sogar krank machen.

Jeder hat es schon bemerkt: An manchen Tagen bekommen uns bestimmte Nahrungsmittel besonders gut, an anderen Tagen vertragen wir sie schlechter. Prüfen Sie doch einmal, inwieweit der Mond eine Rolle dabei spielt.

Feuertage sind Eiweißtage
Die Feuerzeichen bestimmen die Eiweißqualität. An den Tagen, da der Mond in diesen Tierkreiszeichen steht, wirken eiweißhaltige Nahrungsmittel in der Regel besonders günstig auf unseren Organismus. Sie fördern den Zellaufbau und stärken physische Kraft und geistige Energien. Man sollte aber bedenken, dass jede Einseitigkeit in der Ernährung die positive Wirkung bestimmter Nahrungsmittel abschwächen und unter Umständen sogar aufheben kann. Gerade ein Überangebot an Eiweißen kann nämlich zu Verdauungsstörungen führen, die den Organismus eher schwächen.

Erdtage sind Salztage
Die Erdzeichen beeinflussen die Salzqualität. Man sollte einmal beobachten, ob man an diesen Tagen besonders Appetit auf Salziges hat oder nicht. Wenn ja, sollte man diesem Verlangen ruhig einmal nachgeben, denn Salz braucht der Körper für die Bluternährung. An diesen Tagen ist die Wirkung dann entsprechend günstig. Aber wenn man aus gesundheitlichen Gründen, z.B. wegen Bluthochdrucks, salzarm essen muss, dann sollte man an diesen Tagen besonders vorsichtig mit dem Salz umgehen, denn auch geringere Mengen haben jetzt eine große, in diesem Fall negative Wirkung.

Lufttage sind Fetttage
Die Luftzeichen unterstützen die Nahrungsfette bei ihrer Wirkung auf den Organismus. Oft bekommt Fettes und Öliges an diesen Tagen recht gut und beeinflusst die inneren Drüsen positiv.

Der Mond in den Tierkreiszeichen

Wenn man es sich gesundheitlich problemlos leisten kann, sollte man an diesen Tagen einfach einmal seinem Appetit folgen und die leckere Schweinshaxe bestellen, bei deren Anblick einem das Wasser im Mund zusammenläuft. Aber Achtung: Gerade beim Fett scheiden sich im Allgemeinen die Geister am strengsten. Vermeiden sollte man Fettes gerade an den Lufttagen, wenn es einem grundsätzlich nicht bekommt. Man geht damit erfahrungsgemäß sehr effektiv einer ungünstigen Wirkung auf die Gesundheit aus dem Weg.

Es kann durchaus sein, dass man an Wassertagen einen besonderen Heißhunger auf Süßes verspürt. Wer es sich gesundheitlich leisten kann, sollte sich gelegentlich ruhig einmal damit »belohnen«.

Wassertage sind Kohlenhydrattage

Die Wasserzeichen bedingen eine besondere Kohlenhydratqualität. Viele bevorzugen an diesen Tagen Brot, Kuchen, Mehlspeisen und Süßigkeiten. Das muss nicht falsch sein, denn Kohlenhydrate gelten als Nervennahrung und werden benötigt. Aber Vorsicht: Wer unter Stoffwechselproblemen leidet und überdies etwas für die schlanke Linie tun will oder soll, hält sich an diesen Tagen besser zurück, denn kohlenhydratreiche Nahrungsmittel setzen dann besonders gut an.

Schlussfolgerungen für die Praxis

Es ist gewiss nicht falsch, wenn man die hier genannten Nahrungsqualitäten bei der Speisenauswahl beachtet, denn sie weisen für den entsprechenden Zeitpunkt recht eindeutig auf eine Übereinstimmung zwischen dem Organismus und den jeweiligen Nährstoffen hin. Falsch wäre es allerdings, daraus ein perfektes Rezept, sozusagen eine Speisekarte nach dem Mond, ableiten zu wollen. Richtiger ist vielmehr, seine Ernährungsgewohnheiten einmal unter diesem Aspekt zu überprüfen, Beobachtungen sowie Erfahrungen zu sammeln und mit den Signalen des eigenen Körpers zu vergleichen. Dann finden Sie vielleicht einen geeigneten Rhythmus, der Appetit, Geschmack und Bekömmlichkeit auf angenehme Weise miteinander verbindet. Und damit fängt gesunde Ernährung an. Mehr dazu im Abschnitt »Gesünder leben mit dem Mond« (ab Seite 42)!

Tierkreiszeichen und Körperregionen

Das »Tierkreiszeichenmännchen« – eine Darstellung aus dem 16. Jahrhundert.

Jedem Tierkreiszeichen werden bestimmte Bereiche des menschlichen (und tierischen) Organismus zugeordnet, auf die es eine spezifische Wirkung ausübt. Der Mond durchwandert somit in jedem Monat quasi den ganzen Körper, wobei er im

Wirkung auf den Körper

Laufe des Jahres wiederum verschiedene Kräfte entfaltet, je nachdem, in welcher Phase er sich befindet. Und so sieht die Zuordnung aus:

♈ Dem Widder werden der Kopf (Gehirn) und das Gesicht (Augen, Nase) zugeordnet.

♉ Der Stier wirkt auf den Kiefer (Zähne), den Hals (Mandeln, Schilddrüse), den Nacken und die Ohren.

♊ Die Zwillinge beeinflussen sowohl die Bronchien und die Schulterpartie als auch die Arme und die Hände.

♋ Der Krebs übt seine Wirkung auf die Brust, den Magen, die Lunge sowie auf Leber und Galle aus.

♌ Der Löwe nimmt Einfluss auf das Herz, den Kreislauf, den Blutdruck und den Rückenbereich.

♍ Der Jungfrau ordnet man den Stoffwechsel, die Verdauung und die Nerven zu.

♎ Die Wirkung der Waage zielt gleichermaßen auf die Hüftregion wie auf die Nieren und die Blase.

♏ Dem Skorpion werden die inneren und äußeren Sexualorgane sowie zusätzlich die ableitenden Harnwege zugeordnet.

♐ Der Schütze beeinflusst die Oberschenkel und ebenso die Venen.

♑ Der Steinbock bestimmt neben den Knien auch noch die Haut sowie den Knochenbau (Skelett).

♒ Der Wassermann nimmt ebenso Einfluss auf die Unterschenkel wie auf die Venen und die Knöchel.

♓ Den Fischen werden schließlich die Füße und Zehen zugeordnet.

Wenn der Mond durch das entsprechende Tierkreiszeichen geht, ist die dazugehörige Körperregion besonders empfänglich für Schonung und Pflege.

Schlussfolgerungen für die Praxis

Während der Mond ein bestimmtes Tierkreiszeichen durchläuft, sind die zugeordneten Körperregionen einerseits besonders anfällig für verschiedene starke Belastungen, andererseits besonders empfänglich für Entlastung, Pflege und Behandlung.
Chirurgische Eingriffe sollten aber, falls es irgendwie möglich ist, vermieden werden, da sie zuerst einmal eine besondere Belastung der betreffenden Körperregion darstellen.

Weitere Charakteristika

In der Astrologie werden den Tierkreiszeichen noch weitere spezifische Eigenschaften zugesprochen, die sich allerdings über den Mond kaum erkennen lassen. Sie spielen aber bei der Interpretation des Horoskops eine gewisse Rolle, weshalb sie hier – der Vollständigkeit wegen – noch kurz vorgestellt werden.

Kardinalzeichen
Die Zeichen Widder, Krebs, Waage und Steinbock stehen im Tierkreis jeweils am Beginn einer neuen Jahreszeit. Man bringt sie in Verbindung mit Aktion, Initiative und Beweglichkeit.

Fixe Zeichen
Die Zeichen Stier, Löwe, Skorpion und Wassermann stehen für Beständigkeit, Beharrlichkeit und konsequentes Handeln.

Veränderliche Zeichen
Die Zeichen Zwillinge, Jungfrau, Schütze und Fische werden mit Anpassung, Flexibilität und Unbeständigkeit in Zusamenhang gebracht.
Weitere Hinweise zu dieser Einordnung finden sich im Kapitel »Extra: Das Mondhoroskop« ab Seite 176.

Die hier aufgeführte Einteilung der Tierkreiszeichen wird hauptsächlich in der Astrologie zur Bearbeitung und Interpretation von Horoskopen benutzt.

Tag- und Nachtzeichen
Diese Einteilung der Tierkreiszeichen findet man in alten Gartenbüchern; sie wird heute kaum noch berücksichtigt.

Tagzeichen
Dazu rechnet man die Feuer- und Luftzeichen, also Widder, Zwillinge, Löwe, Waage, Schütze und Wassermann. Sie gelten als aktiv, trocken und eher unfruchtbar.

Nachtzeichen
Hierzu zählen die Erd- und Wasserzeichen, also Stier, Krebs, Jungfrau, Skorpion, Steinbock und Fische. Ihre Wirkung wird als passiv, feucht und sehr fruchtbar beschrieben.

Männliche und weibliche Tierkreiszeichen
Die Astrologie unterteilt die Tierkreiszeichen zuweilen auch noch nach dem Geschlecht und verleiht ihnen positive und negative Vorzeichen.

Männliche Tierkreiszeichen (positiv)
Männlich in diesem Sinn sind Widder, Zwillinge, Löwe, Waage, Schütze und Wassermann. Diese Zeichen sollen eher nach außen orientiert sein, voller Energie, Mut und Selbstbewusstsein.

Andere Kategorien der Zeicheneinteilung

Weibliche Tierkreiszeichen (negativ)
Weiblich sind demnach Stier, Krebs, Jungfrau, Skorpion, Steinbock und Fische. Diese Zeichen sind scheinbar eher nach innen gekehrt, schüchtern, ängstlich und wechselhaft in ihren Stimmungen.

Junge oder Mädchen – Geschlechtsbestimmung nach dem Mond

In diesem Zusammenhang soll auf eine in den siebziger Jahren des vergangenen Jahrhunderts stark beachtete Theorie hingewiesen werden, die dem tschechischen Arzt und Psychiater Dr. Eugen Jonas zugeschrieben wird. Demnach ist es mit Hilfe astrologischer Daten offenbar möglich, durch den Zeitpunkt der Befruchtung auch das Geschlecht eines Kindes vorauszubestimmen. Dr. Jonas erfuhr bei der Befragung von etwa 30.000 Frauen, dass immer dann ein Junge geboren wurde, wenn der Mond im Augenblick der Zeugung in einem der sechs männlichen Tierkreiszeichen gestanden hatte, während im anderen Fall ein Mädchen zur Welt kam. Die Trefferquote soll bei über 98 Prozent der untersuchten Fälle gelegen haben.

Die Trefferquote der Jonas-Methode soll bei über 98 Prozent aller untersuchten Fälle gelegen haben.

Majestätisch und voller Geheimnisse – so zieht der Mond seine Bahn.

Der Mond

... bleich, treu und kalt,
im vorbestimmten Lauf
auf immer gleichen Straßen.
Nimmt ab, wird wieder hell,
ruft Ebb und Flut,
regiert der Frauen Blut,
ist immer neu und alt,
tut schwindend allem Bauholz gut,
gibt, wenn er wächst, dem Brennholz
rechte Glut
und reist und ruht.
Und ich, ich habe teil
an ihm und seinem Licht
und seinen unverrückten Maßen.
Schlaf ein im weißen Mondenschein.
Sei voller Zuversicht.
Schlaf wieder ein.

Werner Bergengruen (1892–1964)
Um 1945

Mit dem Mond leben

Wer die Regeln kennt, nach denen sich die Mondkräfte richten, kann diese Kräfte für sich und sein Leben erschließen. Er wird so erfahren, dass vieles leichter gelingt und manches, was bisher scheinbar rätselhaft war, eine einfache Erklärung findet. Wer allerdings Wunder erwartet, wird enttäuscht bleiben. Der Mond kann weder heilen noch den Hausputz erledigen. Aber er kann helfen, dass wir im Einklang mit der Natur leben und dadurch gesünder bleiben oder dass uns viele Dinge des Alltags einfach besser von der Hand gehen. Probieren Sie es aus, und erleben Sie, was der Mond möglich macht, wenn wir seinem Rhythmus folgen.

Inhalt

Lesen Sie in diesem Abschnitt

Gesünder leben mit dem Mond

Special: Heilkräuter

Schönheits- und Körperpflege mit dem Mond

Der Mond als Hilfe im Haushalt

Bauen und heimwerken mit dem Mond

Erfolgreich gärtnern mit dem Mond

Landwirtschaft und Tierhaltung mit dem Mond

Special: Regeln für den Holzeinschlag

Beruf und Karriere – wie der Mond hilft

Liebe und Partnerschaft – der Mond ist dabei

Mond und Freizeit – Erholung und Hobby

Gesünder leben mit dem Mond

Bevor in diesem Abschnitt die Einflüsse des Mondes auf den menschlichen Organismus näher beschrieben und entsprechende Verhaltensempfehlungen gegeben werden, muss noch eines klargestellt werden: Es wäre grundfalsch und entspräche ganz und gar nicht dem Anliegen dieses Buchs, nähme man an, Gesundheit und Wohlbefinden des Einzelnen hingen allein oder in bedeutendem Ausmaß von außerirdischen Kräften ab. Ganz im Gegenteil, jeder von uns ist für seine Gesundheit – die körperliche wie auch die seelische – vor allem selbst verantwortlich. Was er tut oder unterlässt, ist entscheidend.

Die Kräfte des Mondes können lediglich dabei helfen, das Richtige zu tun und das Schlechte zu unterlassen. Und sie können das Richtige, das zum rechten Zeitpunkt geschieht, unterstützen, noch wirksamer werden lassen. Der Mond heilt nicht, aber er kann beim Heilen helfen – und vor allem: Er kann uns helfen, gesund zu bleiben.

Für uns alle gilt, dass eine grundsätzlich positive Einstellung dem Leben gegenüber ausschlaggebend für die eigene Gesundheit ist. Doch natürlich hat auch die Lebensführung Bedeutung. Ein wichtiger Aspekt ist die Ernährung, außerdem Bewegung, Schlaf und Entspannung. Unser Körper sagt uns, was er braucht. Dazu ist es allerdings notwendig, ihm zuzuhören, also sensibel für seine Botschaften zu werden.

Wie der Mond hilft, gesund zu bleiben

Zunächst müssen die Einflüsse, die von den einzelnen Phasen des wechselnden Mondes ausgehen, betrachtet werden.

Bei Neumond ●

Bei Neumond ist die Entgiftungsbereitschaft des Körpers besonders groß. Der Zeitpunkt ist also passend, um damit zu beginnen, sich das Rauchen abzugewöhnen, seinen Alkoholkonsum zu reduzieren oder auch eine Fastenpause einzulegen.

Bei zunehmendem Mond ☽

Bei zunehmendem Mond kann der Körper alles, was er bekommt, besonders gut verwerten. Das betrifft alles, was auf den Körper heilend und aufbauend wirkt, also z. B. Medikamente, aber natürlich auch die Nährstoffe. Diese Phase ist gut geeignet, um sich zu erholen.

Einfluss von Mondphase und -stand

Bei Vollmond ○
Bei Vollmond sind viele Menschen unruhiger als sonst und neigen stärker zu Aggressionen. Schlafstörungen sind häufiger, und man träumt intensiver. Wunden bluten stärker und verheilen schlechter. Dies bedeutet, dass man sich bei Vollmond – außer in Notfällen – nicht operieren lassen sollte.

Bei abnehmendem Mond ☽
Bei abnehmendem Mond befindet sich der Organismus in Höchstform. Körper und Geist sind zu Höchstleistungen fähig. Günstig ist dies für die Entgiftung und Entschlackung des Körpers sowie für operative Eingriffe, denn Wunden heilen schneller. Auf die Psyche wirken Meditationen und Entspannungsübungen mit besonderer Intensität.

Bei keiner anderen Mondphase spürt man den Einfluss des Mondes so stark wie bei Vollmond. Nervosität und Schlafstörungen sind dann wesentlich häufiger.

Die Bedeutung der Tierkreiszeichen

Jedem der zwölf Tierkreiszeichen, die der Mond bei seiner Erdumrundung innerhalb von ca. 28 Tagen durchwandert, ist eine bestimmte Körperregion zugeordnet, so wie das auf Seite 27 bereits beschrieben wurde. Dementsprechend empfänglich ist dieser Bereich an diesen Tagen – sowohl für negative als auch für positive Einflüsse. Dies bedeutet für uns, dass wir darauf achten sollten, eine Region nicht zu sehr zu belasten, wenn der Mond sich gerade im ihr entsprechenden Zeichen befindet. Bei Empfindlichkeiten im jeweiligen Bereich ist die Schonung desselben angesagt.

Andererseits sind diese Tage optimal dafür geeignet, die entsprechende Körperregion, in welcher Form auch immer, zu pflegen. Dies kann beispielsweise im Fall von Verdauungsproblemen ein Fasttag sein. Auch Massagen wirken besonders nachhaltig, wenn sie an dem richtigen Tag erfolgen. Entspannungsübungen, Heilbäder, die Einnahme von Heilmitteln, Inhalationen, Hautpflege, Gymnastik – die Auswahl an Pflegemaßnahmen ist vielfältig. Die Mondphasen verstärken diese pflegenden Wirkungen, indem sie bestimmte Maßnahmen positiv beeinflussen: Bei zunehmendem Mond wirkt alles, was aufbaut, kräftigt und heilt. Bei abnehmendem Mond sind Maßnahmen zur Entgiftung und Entlastung besonders wirksam.

Chirurgische Eingriffe sollten aber möglichst vermieden werden, wenn der Mond gerade das entsprechende Tierkreiszeichen durchläuft, da sie erst einmal eine besondere Belastung sind.

Entspannende Massagen sind bei abnehmendem Mond besonders günstig.

Versuchen Sie es! Lernen Sie, die Zeichen Ihres Körpers zu erkennen und zu deuten. Die folgenden Richtlinien können dabei helfen. Detailliertere Informationen gibt es im umfangreichen Kapitel »Die Mondpraxis« (ab Seite 100), in dem Gesundheitstipps zu jedem »Mondtag« gegeben werden.

Abnehmen mit dem Mond

Wer abnehmen will oder muss, sollte bei Neumond stets einen Fasttag einlegen. Eine Fastenkur beginnt man am besten bei abnehmendem Mond, weniger günstig wäre das erste Viertel, in dem der Mond zunimmt. Fasttage an Vollmond bringen erfahrungsgemäß nichts, da man dann nur noch nervöser wird, als man ohnehin schon ist. Die Tierkreiszeichen spielen dabei übrigens kaum eine Rolle.

Den Bewegungsapparat stärken

Für die Stärkung des Bewegungsapparats durch Einreibungen, Massagen und leichte Gymnastik ist der zunehmende Mond eine gute Behandlungszeit, vor allem wenn man noch die Tierkreiszeichen beachtet, die einzelne Bereiche »regieren«: Zwillinge für die Arme, Waage für die Hüfte, Schütze für die Oberschenkel, Steinbock für Knie und andere Gelenke, Wassermann für Unterschenkel und Knöchel, Fische für Füße und Zehen.

Für ein eher strapazierendes Bewegungstraining ist allerdings eher der abnehmende Mond geeignet; dann allerdings sollte man extreme Belastungen für die Organe vermeiden, durch deren Tierkreiszeichen der Mond gerade läuft. Bei Neumond sollte man solche Belastungen grundsätzlich vermeiden.

Chirurgische Eingriffe sollten möglichst vermieden werden, wenn der Mond gerade das die Körperregion regierende Tierkreiszeichen durchläuft, da sie eine besondere Belastung darstellen.

Blutreinigung

Eine Brennnesselkur zur Blutreinigung und Entschlackung, die als jährlich wiederholte Frühjahrskur wahre Wunder wirkt, führt man am besten bei abnehmendem Mond durch, besonders günstig sind hierfür Waage- oder Schützetage. Im Herbst bieten sich die Löwetage bei abnehmendem Mond an.

Chirurgische Eingriffe

Auch chirurgische Eingriffe aller Art sollten, wenn möglich, bei abnehmendem Mond durchgeführt werden, weil in diesem Zeitraum Wunden weniger stark bluten und nachweislich schneller zuheilen. Allerdings sollte man darauf achten, dass ein bestimmtes Organ nicht gerade an dem Tag operiert wird, an dem der

Mond in dem Tierkreiszeichen steht, das diesem Organ zugeordnet ist. Wenn es irgend geht, soll man bei Voll- bzw. Neumond keine chirurgischen Eingriffe vornehmen.

Das gilt alles natürlich nicht für unbedingt erforderliche Eingriffe, wie z. B. Notoperationen bei akuten Krankheiten oder nach Unfällen bzw. Verletzungen. Kann man aber den Termin einer Operation vereinbaren, sollte man auf den Mondeinfluss schon Rücksicht nehmen.

Eingewachsene Nägel entfernen

Will man eingewachsene Zehennägel ziehen (lassen), wählt man dafür einen Tag bei abnehmendem Mond, der aber nicht in den Fischen stehen soll. Sehr schmerzhaft dürfte dieser Eingriff an einem Fischetag bei zunehmendem Mond sein.

Entspannung

Entspannungsübungen sind bei Neumond gut wirksam. Sie bringen aber auch bei abnehmendem Mond leichter und schneller das gewünschte Ergebnis, als das bei zunehmendem Mond der Fall sein dürfte. Bei Vollmond sollte man in diese Übungen nicht allzu große Erwartungen setzen.

Fußreflexzonenmassage

Die Fischetage im zunehmenden Mond sind sehr gut für eine aufbauende bzw. regenerierende Fußreflexzonenmassage geeignet, während eine entspannende, ausleitende Massage der Fußreflexzonen wirksamer ist an Fischetagen bei abnehmendem Mond. Wenn Vollmond herrscht, ist eine Fußreflexzonenmassage generell wenig günstig.

Heilende Bäder

Heilende Bäder haben bei zunehmendem Mond eine wohltuende Wirkung, besonders an den Erdtagen, also wenn der Mond im Stier, in der Jungfrau oder im Steinbock steht. Die Erdtage sind auch bei abnehmendem Mond noch einigermaßen günstig, während man ansonsten bei abnehmendem Mond den Badezusatz stärker dosieren muss, um die volle Wirkung zu erreichen.

Kräftigende Massagen

Heilende, d. h. kräftigende Massagen sind sehr wirksam bei zunehmendem Mond in dem Zeichen, das die betreffende Körperregion bestimmt. Bei abnehmendem Mond haben Massagen

Kann man den Termin einer Operation vereinbaren, sollte man auf die Mondkonstellation Rücksicht nehmen. Immer mehr Ärzte haben dafür Verständnis, immer mehr planen ihre Behandlungen, so weit es geht, nach dem Mondkalender.

eine stärker entspannende Wirkung. Für beide Formen ist der Vollmond eher wenig geeignet.

Schlechte Gewohnheiten aufgeben

Wer schädliche Gewohnheiten, z. B. das Rauchen oder allzu regelmäßigen Alkoholgenuss, aufgeben will, kann im Neumond einen Verbündeten finden. Wer den festen Willen dazu hat, sollte bei Neumond seine individuelle »Entziehungskur« beginnen. Ganz besonders gut soll das übrigens beim Märzneumond gelingen, so heißt es in alten Überlieferungen.

Warzen und Hühneraugen entfernen

Um lästige Warzen zu entfernen, sollte man eine entsprechende Behandlung unmittelbar nach Vollmond beginnen und bei abnehmendem Mond weiterführen. Dauert die Entfernung länger, ist es besser, die Behandlung ab Neumond zu unterbrechen und erst bei erneut abnehmendem Mond wieder aufzunehmen.

Nach überlieferten Auffassungen kommen Warzen, die bei zunehmendem Mond an einem Krebstag behandelt wurden, immer wieder. An einem solchen Tag soll man die Warze nicht einmal berühren.

Auch Hühneraugen entfernt man am besten bei abnehmendem Mond, günstigstenfalls beginnt die Behandlung, wenn der Mond im Wassermann steht. Bei zunehmendem Mond ist die Entfernung schwieriger, schmerzhafter und weniger erfolgreich.

Gegen Warzen hilft der Saft des Schöllkrauts (Chelidonium majus). Man betupft damit die Warze einen Tag nach Vollmond und setzt die Behandlung bis zum Neumond fort.

Zahnärztliche Behandlungen

Zahnärztliche Behandlungen sollte man ebenfalls lieber bei abnehmendem Mond durchführen lassen; sie sind dann weniger schmerzhaft, eventuell entstandene Wunden bluten weniger und schließen sich schneller. Wenn ein Zahn gezogen werden muss, sollte man allerdings die Lufttage (Zwillinge, Waage, Wassermann) nach Möglichkeit meiden. Geht es nur bei zunehmendem Mond, dann bitte nie an Lufttagen!

Auch für Zahnfüllungen, Kronen, Brücken usw. ist der abnehmende Mond die beste Behandlungszeit, aber nicht an einem Stiertag – da ist das Bohren noch unangenehmer als sonst. Steht eine Kieferoperation an, gilt das Gleiche: bei abnehmendem Mond, nicht an einem Stiertag. Wenn der Eingriff aber bei zunehmendem Mond durchgeführt werden muss, dann auf keinen Fall an einem Stiertag! Dass Voll- bzw. Neumond keine günstigen Operationstermine sind, trifft auch für diesen Bereich zu.

Kalkulierbare Risiken

Achtung Risiko!

So, wie jedes Organ an dem Tag besonders empfänglich für Pflege und Stärkung ist, an dem der Mond in dem Tierkreiszeichen steht, das für den entsprechenden Körperbereich »zuständig« ist, so sensibel reagiert es besonders an diesen Tagen auch auf Einflüsse, die zu einer Störung oder gar Krankheit führen. Im Allgemeinen wird man als gesunder Mensch keine Sicherheitsvorkehrungen für jeden Tag treffen müssen; wer aber den »schwachen Punkt« bei sich kennt, sollte die entsprechenden Termine beachten.

▶ Das Allergierisiko ist besonders hoch bei Vollmond, erhöht bei zunehmendem Mond.
▶ Das Risiko für Augenbeschwerden ist besonders hoch an den Widdertagen in der Nähe des Vollmonds.
▶ Blasen- und Nierenbeschwerden treten besonders häufig bei zunehmendem Mond an den Waagetagen auf.
▶ Frauenleiden zeigen sich mit einer gewissen Häufung an Skorpiontagen, relativ unabhängig von der Mondphase.
▶ Das Risiko für Fußbeschwerden ist besonders hoch bei zunehmendem Mond an den Fischetagen.
▶ Das Risiko für Halsschmerzen und Heiserkeit ist besonders hoch bei zunehmendem Mond im Stier.
▶ Herz-Kreislauf-Probleme treten besonders ausgeprägt bei Vollmond im Löwen in Erscheinung.
▶ Wer zu Ischias (Hexenschuss) neigt, sollte sich an Schützetagen bei zunehmendem Mond in Acht nehmen.
▶ Kopfschmerzen und Migräne treten häufig an Widdertagen auf.
▶ Beschwerden an Leber und Gallenblase sind vor allem an Krebstagen zu befürchten, besonders bei zunehmendem Mond.
▶ Auch das Risiko für Magenbeschwerden ist an Krebstagen erhöht.
▶ Muskelschmerzen treten bevorzugt an Zwillinge- und Schützetagen auf.
▶ Ohrenschmerzen zeigen sich öfter an Stiertagen.
▶ Rheumatische Beschwerden muss man besonders bei zunehmendem Mond an Zwillingetagen befürchten.
▶ Schlafstörungen treten besonders häufig um und bei Vollmond auf, auch an Löwetagen leidet man nicht selten darunter.
▶ Das Risiko für Venenbeschwerden ist erhöht, wenn der Mond im Schützen oder im Wassermann steht.
▶ Verdauungsprobleme zeigen sich häufiger als sonst bei zunehmendem Mond an Jungfrautagen.

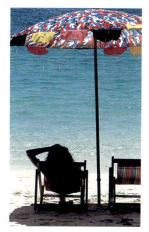

Wer seinen »schwachen Punkt« kennt, kann sich mit Hilfe der Mondregeln vor einigen gesundheitlichen Risiken schützen.

Special: Heilkräuter

Damit sich die Heilkräfte von Kräutern und Arzneipflanzen voll entfalten können, wird von vielen Kräuterkundigen und Heilpraktikern auch die heilsame Wirkung des Mondes genutzt. Das Wissen und jahrhundertealte Erfahrung haben zu zahlreichen Regeln geführt, die uns sagen, wann wir welche Pflanzen sammeln und verarbeiten sollten, um in den optimalen Genuss ihrer Wirkung zu kommen.

Wichtige Hinweise: Generell sollte man beachten, dass nur Pflanzen gesammelt und angewendet werden, die man wirklich kennt und deren Wirkung nachgewiesen ist. Im Zweifelsfall sollte man sich mit einem Arzt für Naturheilkunde oder einem Apotheker beraten. Um zu vermeiden, dass Schad- oder Fremdstoffe die Wirkung beeinträchtigen oder gar ins Gegenteil verkehren, sollte man Heilkräuter nicht in der Nähe stark befahrener Straßen oder auf gedüngten Wiesen bzw. Feldern sammeln.

Wurzeln sammeln bzw. ernten

Bei Vollmond an einem Steinbock- oder Jungfrautag (vor Sonnenaufgang oder nach Sonnenuntergang) gesammelt, entfalten sie ihre stärkste Heilwirkung. Kann man diesen optimalen Zeitpunkt nicht einhalten, sollte man die Wurzeln bei abnehmendem Mond bzw. Neumond an einem Steinbock- oder Jungfrautag ausgraben. Weniger günstig ist es bei zunehmendem Mond (auch in den Nächten), ganz ungünstig bei zunehmendem Mond an allen Krebstagen.

Blüten sammeln bzw. ernten

Sehr günstig ist es, blühende Kräuter bei zunehmendem Mond am späten Vormittag eines Blütentags (Zwillinge, Waage, Wassermann) zu sammeln. Auch bei Vollmond an einem Blütentag ist es noch günstig. Bei abnehmendem Mond sollte man Blüten möglichst nicht sammeln, auf keinen Fall an einem Blatttag (Krebs, Skorpion, Fische) in dieser Mondphase.

Blätter sammeln bzw. ernten

Wenn man die Blätter heilkräftiger Pflanzen sammeln bzw. ernten will, sollte man dies am besten bei zunehmendem Mond an einem Skorpiontag tun. Günstig sind auch noch Krebs- oder Fischetage, ebenfalls bei zunehmendem Mond. Weniger günstig ist es bei abnehmendem Mond, ganz ungünstig bei abnehmendem Mond an einem Wurzeltag (Stier, Jungfrau, Steinbock). Bei den Blattkräutern gibt es eine wichtige Ausnahme: Brennnesseln

Wurzeln, Blüten, Blätter, Samen

(zur Blutreinigung) sammelt man besser bei abnehmendem Mond, besonders günstig an einem Skorpiontag, aber auch an den anderen Wassertagen.

Früchte und Samen sammeln bzw. ernten

Hier gibt es – je nach Verwendungszweck – zwei in etwa gleichwertige Optionen: bei abnehmendem Mond an Fruchttagen (Widder, Löwe, Schütze), wenn man die Früchte bzw. Samen aufbewahren will; bei zunehmendem Mond an Fruchttagen (Widder, Löwe, Schütze), wenn man die Früchte bzw. Samen sofort verwenden will.

Weniger günstig ist es, Früchte oder Samen bei Vollmond bzw. an Steinbock-, Krebs-, Jungfrau- und Fischetagen zu sammeln bzw. zu ernten.

Heilkräuter trocknen und abfüllen

Kräuter bzw. Pflanzenteile werden möglichst an der Luft, aber nicht in praller Sonne getrocknet. Sehr günstig ist dazu die Zeit des abnehmenden Mondes, weniger geeignet die Phase des zunehmenden Mondes. Vollmondlicht sollten die trocknenden Kräuter nicht ausgesetzt werden. Zum Aufbewahren werden die getrockneten Kräuter in Papiertüten, besser noch in dunkle Gläser abgefüllt – Metall- oder Plastikbehälter sind weniger geeignet. Das Abfüllen sollte ebenfalls bei abnehmendem Mond vorgenommen werden, keineswegs aber an einem Vollmondtag.

Heilkräuter sind besonders wirksam, wenn man sie an den Tagen anwendet, an denen der Mond in dem Tierkreiszeichen weilt, das mit dem zu behandelnden Organbereich in Verbindung steht.

Kräutersalben herstellen und abfüllen

Wer Salben und Tinkturen selbst anrühren will, sollte dies bevorzugt bei aufsteigendem Mond (Schütze, Steinbock, Wassermann, Fische, Widder, Stier) tun, auch an Vollmondtagen ist dies noch günstig, weniger empfehlenswert sind Krebs- und Jungfrautage, denn dann wird die Haltbarkeit deutlich geringer sein. Das Abfüllen sollte in jedem Fall bei abnehmendem Mond erfolgen.

Kräuterkissen herstellen

Die Leinensäckchen mit verschiedenen Kräutermischungen sind in der Naturheilkunde sehr beliebt. Man kann sie ins Bad geben oder ihre heilende und entspannende Wirkung nachts unter dem Kopfkissen genießen. Die Kräuter sollten auf jeden Fall bei abnehmendem Mond, bevorzugt an Blütentagen (Zwillinge, Waage, Wassermann), eingefüllt werden, aber nicht, wenn der Mond gerade zunimmt.

Schönheits- und Körperpflege mit dem Mond

Bei zunehmendem Mond ist die Haut deutlich besser durchblutet als in der Phase des abnehmenden Mondes.

Dr. Richard Mead, ein berühmter Arzt im England des 18. Jahrhunderts, wusste Folgendes zu berichten: »Ich kannte eine junge Adlige, deren Schönheit von der Mondeskraft abhing, denn bei Vollmond war sie pausbackig und sehr hübsch, nahm aber der Trabant ab, so wirkte sie fahl und unansehnlich, dass sie sich schämte auszugehen, bis nach dem Neumond wieder ihr Gesicht sich füllte und ihre Reize nun zur Wirkung kamen.«

Wer also etwas für seine Schönheit, für ein noch gepflegteres Aussehen tun will, kann sich offenbar den Mond zum Verbündeten machen – und das mit großer Sicherheit nicht nur bei der Hautpflege.

Was der Haut gut tut

Auch wenn die Feststellung von Dr. Mead etwas übertrieben erscheint, sie enthält durchaus einen wahren Kern, wie Hautärzte und Kosmetikerinnen bestätigen. Die Mondphasen haben eine deutliche Wirkung auf die Haut.

Bei zunehmendem Mond ist sie gut durchblutet, feucht und aufnahmebereit für Nährstoffe. Die Zeit ist jetzt sehr geeignet für alle Masken, die zum Aufbau der Haut beitragen. Am günstigsten ist dafür erfahrungsgemäß die Zeit des Vollmonds.

Bei abnehmendem Mond hingegen ist die Haut eher trocken und schlechter durchblutet. Die Haut ist in dieser Phase bedeutend unempfindlicher gegen Schmerzen. Deshalb sind schmerzhafte Behandlungen, wie z.B. das Entfernen von Hautunreinheiten, weniger unangenehm. Entgiftung und Maßnahmen zur Tiefenreinigung der Haut sind nun begünstigt.

Tiefenreinigung der Haut

Sehr günstig ist es, wenn man sie bei abnehmendem Mond vornimmt, allerdings mit Ausnahme der Steinbocktage. Weniger erfolgreich ist sie bei zunehmendem Mond, ganz ungünstig bei zunehmendem Mond an einem Steinbocktag.

Hautpflege

Diese Empfehlungen gelten auch für die manuelle Entfernung von kleinen Pickeln, Pusteln oder Mitessern. Aber Vorsicht – dabei kann man der Haut oftmals mehr schaden als nutzen. Besser, man vertraut dabei einem Arzt oder der ausgebildeten Kosmetikerin. Bei der Terminvereinbarung sollte man sich aber schon nach dem Mond richten, wenn das möglich ist.

Peeling
Wenn man die Haut auf diese Weise von rauen, abgestorbenen Partikeln reinigen will, wählt man dafür die Zeit des abnehmenden Mondes, vermeidet dabei aber Krebs- und Fischetage. Ein Peeling bei zunehmendem Mond oder sogar bei Krebs oder Fische in dieser Mondphase kann zu starken Hautrötungen oder gar lokalen Entzündungen führen.

Aufbauende, ernährende Hautpflege
Diese Art der Hautpflege nimmt man am besten bei zunehmendem Mond an einem Steinbocktag vor, aber auch generell bei zunehmendem Mond wirkt sie sehr gut. Weniger befriedigend ist die Wirkung, wenn die Maßnahmen zur Hauternährung bei abnehmendem Mond durchgeführt werden. Sie werden den Unterschied spüren: Wenn der Mond zunimmt, zieht die Creme deutlich besser und schneller ein als bei abnehmendem Mond.

Gesichtsmasken zur Hautstraffung
Eine solche Maske kann bei zunehmendem Mond im Steinbock wahre Wunder bewirken. Auch an allen anderen Tagen bei zunehmendem Mond ist eine derartige Anwendung sehr günstig. Weniger Erfolg wird man bei abnehmendem Mond verspüren. In dieser Zeit ist eine Maske mit adstringierender Wirkung viel besser angebracht.

Kräutersalben für die Kosmetik herstellen
Wer ganz auf die Natur setzt und kosmetische Präparate selbst zusammenrühren will, sollte dies möglichst bei aufsteigendem Mond tun, also an Schütze-, Steinbock-, Wassermann-, Fische-, Widder- oder Stiertagen. Günstig ist es auch, wenn man für diese Tätigkeit einen Vollmondtag erwischt. Wenn der Mond allerdings durch die Tierkreiszeichen Krebs oder Jungfrau geht, sollte man besser darauf verzichten, da die Präparate dann nicht besonders lange haltbar sein werden. Es empfiehlt sich, die Kräutersalben bei abnehmendem Mond in die Vorratsbehälter abzufüllen.

> Wenn der Mond zunimmt, nimmt unser Organismus heilende und nährende Substanzen besonders gut auf. Das kann man sich auch bei der Hautpflege zunutze machen.

Schönheits- und Körperpflege mit dem Mond

Die wohltuende Kraft der Bäder

Nach einem stressigen Tag kann ein wohl temperiertes Bad mit den richtigen Badezusätzen herrlich entspannend sein und zugleich neue Kräfte wecken. Man kann die gewünschte Wirkung noch verstärken, wenn man die Impulse des Mondes mit ins Kalkül zieht. Probieren Sie es doch einfach mal aus!

Entspannende, beruhigende Bäder

Solche Bäder entfalten ihre besondere Wirkung bei abnehmendem Mond, besonders an den Wassertagen, also wenn sich der Erdtrabant im Krebs, Skorpion oder in den Fischen aufhält. Diese Tage sind auch bei zunehmendem Mond noch günstig. Weniger wirksam sind diese Bäder bei zunehmendem Mond an Feuertagen (Widder, Löwe, Schütze) und an Vollmondtagen.

Anregende, vitalisierende Bäder

Besonders viel Energie und Frische verleihen solche Bäder, wenn man sie bei zunehmendem Mond an den Lufttagen genießt, wenn also der Mond durch Zwillinge, Waage oder Wassermann wandert. Diese Tage sind auch in den anderen Mondphasen recht günstig, während die anregende Wirkung bei abnehmendem Mond an den Erdtagen (Stier, Jungfrau, Steinbock) nicht so deutlich zu verspüren sein dürfte.

Verwöhnen Sie sich und Ihren Partner doch einmal mit einem aphrodisischen Bad – das kann der Sinnlichkeit ungeahnte Impulse verleihen.

Aphrodisische Bäder

Will man die Sinne, vor allem aber die Sinnlichkeit durch ein Bad mit entsprechenden Zusätzen anregen, empfiehlt sich die Vollmondzeit oder der abnehmende Mond, wenn er in den Feuerzeichen (Widder, Löwe, Schütze) steht. Bei zunehmendem Mond an den Wassertagen (Krebs, Skorpion, Fische) wird die gewünschte Wirkung dagegen eher schwächer ausfallen.

Heilende Bäder

Heilende Badezusätze entfalten ihre Wirkung am besten bei zunehmendem Mond. Besonders günstig sind die Erdtage (Stier, Jungfrau, Steinbock). Nicht so gut eignet sich die Phase des abnehmenden Mondes, weil dann die heilenden Substanzen nicht so gut vom Organismus aufgenommen werden.

Saunabäder

Wer die reinigende, entspannende und dabei anregende Wirkung eines Saunabades voll genießen will, dem sei ein Besuch in der

Bäder und Haarpflege

Sauna besonders bei abnehmendem Mond empfohlen, am besten noch, wenn der Erdbegleiter dann in einem Feuerzeichen (Widder, Löwe, Schütze) weilt. Um den Vollmond herum bekommt dagegen die Sauna manchen Menschen eher weniger, vor allem, wenn ihr Kreislauf nicht ganz stabil ist. Überhaupt: Bevor man erstmals mit dem Saunabaden beginnt, empfiehlt es sich, seinen Hausarzt zu konsultieren. Das gilt vor allem für Saunaanfänger, die schon etwas älter sind.

Sonnenbäder
Ihre gesundheitliche und kosmetische Wirkung ist umstritten. Ein Zuviel erhöht die Hautkrebsgefahr und lässt die Haut schneller altern. Andererseits regt die Sonne unseren Hormonstoffwechsel an, und eine sportlich gebräunte Haut zählt immer noch zu den begehrten Schönheitsattributen. Es kommt also auf das richtige Maß an, das jeder für sich aufgrund seines Hauttyps finden muss. Generell gilt: Nicht mehr als eine halbe Stunde pro Tag ungeschützt in die volle Sonne. Aber auch der Mond beeinflusst die Wirkung der Sonnenstrahlen auf die Haut: Weniger stark ist die Belastung bei abnehmendem Mond, ausgenommen die Krebs-, Löwe- und Steinbocktage. Die Sonnenbrandgefahr ist erhöht bei zunehmendem Mond, vor allem aber an Widder-, Löwe-, Schütze- und Steinbocktagen in dieser Mondphase.

> Beim Sonnenbaden kommt es nicht so sehr auf den Mond an, sondern vielmehr auf Ihren Hauttyp. Lassen Sie sich von Ihrem Hautarzt beraten.

Haare – seidiger Glanz und perfekte Frisur

Ob und wie jemand gepflegt ist, kann man oft an den Haaren und an der Frisur erkennen. Auch beim pfleglichen Umgang mit diesem unserem natürlichen Schmuck kann der Mond helfen. Dazu ein paar Tipps, die jeder leicht in sein Pflegerepertoire einfügen kann!

Haarwäsche
Je nach dem Zustand und entsprechend der täglichen Beanspruchung wird man die Haare mehr oder weniger oft waschen müssen. Wenn es geht, sollte man das nicht jeden Tag tun, um Haare und Kopfhaut zu schonen. Sehr günstig sind die Tage, wenn der Mond sich – unabhängig von der Mondphase – in einem Luftzeichen, also Zwillinge, Waage oder Wassermann, aufhält. Geeignet sind auch Feuertage (Widder, Löwe, Schütze). Wenn man es einrichten kann, sollte die Haarwäsche aber an Krebs- und Fischetagen ganz ausfallen, da die Haare dann an Glanz und Fülle verlieren können.

Schönheits- und Körperpflege mit dem Mond

Haarschnitt

Für den optimalen Friseurtermin gibt es mehrere Möglichkeiten, die der Mond begünstigt:

Wer will, dass seine Haare langsamer, aber dafür dichter nachwachsen, sollte seinen Friseurbesuch für die Zeit des abnehmenden Mondes einplanen. Erfahrungsgemäß ist ein Löwetag am allerbesten. Weniger günstig sind Tage, an denen der Mond – gleich ob ab- oder zunehmend – im Krebs oder in den Fischen steht. Ungeeignet sind in aller Regel Krebs- oder Fischetage bei zunehmendem Mond – die Frisur findet zu diesem Zeitpunkt keinen richtigen Halt.

Sollen die Haare rasch nachwachsen und lang werden, sollte der Figaro die Schere – besonders an einem Löwetag – bei zunehmendem Mond ansetzen. Nicht so günstig wäre dies – wie schon erwähnt – an Krebs- oder Fischetagen, ganz ungünstig aber, wenn der Mond dann auch noch abnimmt.

Das Haareschneiden nach dem Mond kommt immer mehr in Mode. Viele Friseure bieten die günstigsten Mondtermine an und stellen ihre Öffnungszeiten darauf ein.

Haarfärbung bzw. -tönung

Wer das erste Grau dezent verdecken oder aber mit frischen und frechen Farben brillieren will, ist gut beraten, wenn er seine Haare bei zunehmendem Mond an Zwillinge- oder Waagetagen färben lässt oder eine Tönung aufträgt. Auch ein Wassermanntag, ebenfalls bei zunehmendem Mond, ist geeignet.

Nach Möglichkeit sollte man bei abnehmendem Mond auf das Färben und Tönen verzichten, weil die Haare zu dieser Zeit die färbenden Substanzen schlechter annehmen und nach der Behandlung leicht ein strähniger, streifiger Eindruck entstehen kann.

Dauerwelle

Wer durch eine Dauerwelle seiner Frisur neue Form und neuen Halt geben möchte, sollte sich die Haare möglichst an einem Jungfrautag legen lassen. Für den Fall, dass vorher ein Schnitt erforderlich ist, kann man dann auch noch die Mondphasen berücksichtigen (siehe »Haarschnitt«).

Haarentfernung

Zur Entfernung lästiger oder überflüssiger Körperhaare sind Steinbocktage bei **abnehmendem** Mond besonders geeignet. Ist kein Steinbocktag in Sicht, dann tut es auch jeder andere Tag während dieser Mondphase, außer Löwe- und Jungfrautage. Die Haarentfernung ist dann weniger schmerzhaft, und die Haare

Haar-, Hand- und Fußpflege

wachsen deutlich langsamer nach, als wenn man sie bei zunehmendem Mond oder gar bei Vollmond auszupft.

Rasur
Wie alle Haare wachsen auch die Barthaare etwas schneller nach, wenn man sie bei zunehmendem Mond schneidet. Wer seinen Bart also nur gelegentlich stutzt, wählt besser den abnehmenden Mond.

Hände, Füße, Nägel
Ebenfalls nicht zu vernachlässigen sind die »Randgebiete« der Körperpflege – die Hand- und Fußpflege. Schon ein paar Tropfen Babyöl machen trockene und strapazierte Haut wieder geschmeidig; und Ihre Füße werden es Ihnen danken, wenn Sie ihnen nach einem anstrengenden Tag ein wohltuendes Fußbad und vielleicht auch eine Massage gönnen. Dazu gehört auch die Pflege der Hand- und Fußnägel, die nicht nur der Gesundheit, sondern auch der Schönheit dienen soll.

Nagelpflege
Auch für das Schneiden, Feilen, Polieren der Hand- und Fußnägel gibt es optimale Zeitpunkte. Das sind zum einen die Tage, an denen der Mond im Steinbock steht, und zum anderen die Zeit des abnehmenden Mondes. Nicht so günstig sind der zunehmende Mond generell sowie Zwillingetage (für die Hände) und Fischetage (für die Füße).
Eine alte Regel, die unabhängig von den Mondregeln gilt, lautet übrigens, dass Nägel freitags geschnitten werden sollten, weil sie dann fester werden. Eine Begründung gibt es dafür nicht – man kann es nur ausprobieren.

Nagelkorrektur
Muss man eingewachsene Nägel korrigieren, sollte man diese unangenehme Prozedur immer bei zunehmendem Mond, möglichst sogar an einem Steinbocktag vornehmen. Bei abnehmendem Mond korrigierte Nägel wachsen erfahrungsgemäß leider wieder »falsch« nach.
Anders ist es, wenn ein Nagel entfernt werden muss. Diese kleine Operation wird besser bei abnehmendem Mond durchgeführt, möglichst aber nicht an Zwillingetagen (Hände) bzw. Fischetagen (Füße), weil dann damit gerechnet werden muss, dass stärkere Schmerzen auftreten.

Vorsicht beim Korrigieren eingewachsener Nägel: Überlassen Sie dies lieber einer ausgebildeten Fußpflegerin!

Der Mond als Hilfe im Haushalt

Im Haushalt geht vieles leichter und gelingt besser, wenn man den Mond zum Verbündeten hat.

Glaubt man der Werbung, so braucht die Hausfrau (oder der Hausmann) jede Menge an Chemikalien und technischem Gerät, um jene makellose Sauberkeit und den strahlenden Glanz zu erzeugen, der unbedingt erforderlich zu sein scheint, damit sich die Familie in ihren vier Wänden wohl fühlt. Doch es geht auch ohne immer neue Weißmacher, die unsere Umwelt belasten. Wenn Sie sich hin und wieder nach dem Mond richten, geht vieles leichter und besser von der Hand.

Putzen und waschen

Eine Grundregel – die übrigens für fast alle Hausarbeiten gilt – besagt, dass sich Reinigungsarbeiten leichter und erfolgreicher bei abnehmendem Mond erledigen lassen, denn bei diesen Tätigkeiten soll ja der Schmutz aus den Materialien entzogen werden. Führt man diese Arbeiten zum richtigen Zeitpunkt aus, dann benötigt man weniger Reinigungsmittel und muss auch nicht so viel Körperkraft aufwenden wie zu einem ungünstigen Termin.

Großer Hausputz

Am besten ist es, wenn man dazu einen Zeitpunkt wählt, an dem der abnehmende Mond in einem Luftzeichen (Zwillinge, Waage, Wassermann) steht – am günstigsten erscheinen dabei die Wassermanntage. Muss man besonders hartnäckigen Schmutz beseitigen, empfehlen sich die Wassertage (Krebs, Skorpion, Fische), ebenfalls bei abnehmendem Mond. Weniger günstig für das Großreinemachen ist die Zeit des zunehmenden Mondes, und da besonders die Erdtage (Stier, Jungfrau, Steinbock).

Feuchtreinigung von Holz- und Parkettböden

Eine gründliche Reinigungswirkung erreicht man, wenn Dielen oder Parkett bei abnehmendem Mond an Luft- oder Feuertagen (Zwillinge, Waage, Wassermann, Widder, Löwe, Schütze) gewischt werden. Wassertage, also Krebs, Skorpion, Fische, sind auch bei abnehmendem Mond weniger günstig, weil das Holz länger feucht bleibt.

Bei zunehmendem Mond sollte man nach dem feuchten Reinigen gut nachtrocknen, damit das Holz nicht zu viel Nässe aufnimmt. An Wassertagen bei zunehmendem Mond ist es besser, die Fußböden nur zu kehren.

Reinigungsarbeiten

Wäsche waschen

Wenn Sie es sich einteilen können, sollten Sie (zumindest die »große«) Wäsche immer bei abnehmendem Mond, am besten an einem Wassertag (Krebs, Skorpion, Fische) waschen. Der Reinigungseffekt ist deutlich erhöht, der Waschmittelbedarf geringer. Die Zeit des zunehmenden Mondes ist deutlich ungünstiger, auch die Wassertage in dieser Mondphase bringen kaum Vorteile. Bei Vollmond sollte man keinen Waschtag einlegen.

Chemische Reinigung

Bei abnehmendem Mond, aber nicht an einem Steinbocktag, werden auch empfindliche Textilien und Leder gut und dabei schonend gereinigt. Weniger günstig ist es, Kleidung bei zunehmendem Mond in die chemische Reinigung zu geben. Ungünstig ist in jedem Fall ein Steinbocktag, weil dann die Gefahr besteht, dass die Oberfläche der Kleidungsstücke einen unerwünschten Glanz bekommt.

Fleckentfernung

Auch die Behandlung von Flecken gelingt bei abnehmendem Mond – vor allem an einem Wassertag (Krebs, Skorpion, Fische) – deutlich besser als bei zunehmendem Mond.
Übrigens: Auch das Entfärben bzw. Abbeizen gelingt am besten bei abnehmendem Mond; weniger gut ist das Ergebnis bei zunehmendem Mond – vor allem an einem Löwetag.

Fenster putzen

Wenn Sie Ihre Fenster bei abnehmendem Mond an einem Luft- oder Feuertag (Zwillinge, Waage, Wassermann, Widder, Löwe, Schütze) putzen, werden sie streifenfrei sauber, auch wenn Sie nur klares Wasser (vielleicht mit einem Spritzer Spiritus) anwenden. Weniger günstig ist es, die Fenster bei zunehmendem Mond zu putzen, ganz ungünstig bei zunehmendem Mond an einem Wassertag (Krebs, Skorpion, Fische). Dasselbe gilt übrigens auch für die Reinigung von Spiegeln sowie Bildschirmen.

Metalle (Kupfer, Messing, Silber) reinigen

Bei abnehmendem Mond – vor allem an Lufttagen (Zwillinge, Waage, Wassermann) – sind diese Reinigungsarbeiten höchst erfolgversprechend. Weniger günstig ist die Zeit des zunehmenden Mondes, ganz ungünstig bei zunehmendem Mond an einem Wassertag (Krebs, Skorpion, Fische).

Wenn Sie Ihre Wäsche auf natürliche Weise bleichen wollen, sollten Sie diese an einem Lufttag (Zwillinge, Waage, Wassermann) bei zunehmendem Mond (möglichst nahe dem Vollmond) auslegen.

Fensterrahmen reinigt man am besten bei abnehmendem Mond an einem Wassertag (Krebs, Skorpion, Fische).
Hinterher das Holz gut abtrocknen! Ungünstig ist es, die Fensterrahmen bei zunehmendem Mond – besonders an einem Feuertag (Widder, Löwe, Schütze) – zu säubern.

Der Mond als Hilfe im Haushalt

Das Staubwischen gelingt bei abnehmendem Mond an Erdtagen (Stier, Jungfrau, Steinbock) besonders gut. Auch an allen anderen Tagen des abnehmenden Mondes geht es flott von der Hand. Weniger günstig ist es bei zunehmendem Mond; an Lufttagen (Zwillinge, Waage, Wassermann) während dieser Mondphase sollte man es lieber lassen, da dann der Staub eher aufgewirbelt und verbreitet wird.

Schimmel und Feuchtigkeit beseitigen
Wenn sich trotz guter Belüftung an bestimmten Stellen immer wieder Feuchtigkeit niederschlägt oder gar Schimmel bildet, sollte man die Ursachen durch einen Fachmann klären und beheben lassen. Für die Beseitigung von Schimmel und Feuchtigkeit eignen sich die Lufttage (Zwillinge, Waage, Wassermann) sowie ein Widdertag bei abnehmendem Mond besonders gut. Dabei ist es umso besser, je näher der Termin zum Neumond ist. Vermeiden sollte man – auch bei abnehmendem Mond – unbedingt die Wassertage, also Krebs, Skorpion und Fische. Der zunehmende Mond ist für diese Reinigungsarbeit nicht günstig, ganz ungünstig sind die Wassertage während dieser Mondphase.

Schuhe putzen
Man wird kaum auf den abnehmenden Mond warten können, bis die verschmutzten oder durchnässten Schuhe gereinigt und gepflegt werden können. Doch ist es sehr günstig, diese Arbeiten bei abnehmendem Mond an Lufttagen (Zwillinge, Waage, Wassermann) durchzuführen. Zumindest bei ganz neuen und auch bei sehr stark verschmutzten Schuhen sollte man sich daran halten. Auch wenn die Schuhe einer Saison vor dem Wegstellen noch einmal gründlich gepflegt werden, ist dieser Zeitpunkt zu empfehlen. Weniger günstig ist die Schuhpflege bei zunehmendem Mond, ungünstig, wenn der zunehmende Mond in einem Wasserzeichen (Krebs, Skorpion, Fische) steht.
Übrigens: Es hat sich gezeigt, dass man Schuhe möglichst nicht an Steinbock- oder Wassermanntagen kaufen sollte; sie bleiben häufig hart (Steinbock) oder weiten sich zu stark (Wassermann).

Richtiges Lüften
Kaum etwas anderes ist für Gesundheit und Hygiene so wichtig wie das richtige Lüften von Wohnräumen, aber auch von Betten, Matratzen und Kleidungsstücken. Leider wird aber gerade auch dabei sehr viel falsch gemacht. Oft wird durch zu langes Lüften wertvolle Wärme ins Freie transportiert, oft wird so kurz gelüftet, dass ein Luftaustausch nicht oder nur sehr begrenzt möglich ist. Vor allem aber: Kaum einer hält sich an die richtige Zeitpunkte, die uns der Mond zeigt.

Lüften von Wohnräumen und Kleiderschränken
Bei abnehmendem Mond an Luft- und Feuertagen (Zwillinge, Waage, Wassermann, Widder, Löwe, Schütze) sollte man länger

Putzen, lüften, konservieren

lüften. An diesen Tagen ist die Luft meist trocken und verhältnismäßig warm. Bei abnehmendem Mond an Wassertagen (Krebs, Skorpion, Fische) sowie bei zunehmendem Mond an Erdtagen (Stier, Jungfrau, Steinbock) empfiehlt es sich, weniger oft und lange zu lüften. Die Außenluft ist an diesen Tagen eher kühl und feucht. Bei zunehmendem Mond an Wassertagen (Krebs, Skorpion, Fische) ist es angebracht, nur ganz kurz zu lüften, weil die Außenluft häufig einen sehr hohen Feuchtigkeitsgehalt aufweist.

Konservieren und einlagern

Das Konservieren und Einlagern von Lebensmitteln geschieht am besten bei aufsteigendem Mond. Diese Aktivität ist zwar auch von der Mondphase beeinflusst, mehr aber noch von dem Tierkreiszeichen, das der Mond gerade durchwandert. In engem Zusammenhang damit stehen die Erntetermine.

Nicht begünstigt für das Ernten, Lagern und Konservieren sind Jungfrau- und Krebstage. Egal, was Sie einkochen wollen, diese Tage sind möglichst zu meiden, denn das Gemüse oder die Früchte schimmeln leicht. Auch Fischetage sind nicht besonders günstig, trotz des aufsteigenden Mondes. An diesen Tagen eingekochtes Obst und Gemüse wird leicht faulig.

Betten und Matratzen sollte man bei abnehmendem Mond an Lufttagen (Zwillinge, Waage, Wassermann) und ebenso an den Feuertagen (Widder, Löwe, Schütze) auslüften. Weniger günstig ist es bei zunehmendem Mond an Skorpion- und Fischetagen, ganz ungünstig bei zunehmendem Mond an allen Krebstagen, weil das Bettzeug dann Feuchtigkeit anzieht.

Vorräte einlagern, allgemein

Das Einlagern ist erfahrungsgemäß bei abnehmendem Mond an einem Feuertag (Widder, Löwe, Schütze) sehr günstig und bei abnehmendem Mond in Stier, Zwillinge, Waage, Steinbock und Wassermann günstig.

Weniger günstig ist es bei zunehmendem Mond, und bei zunehmendem Mond in den Tierkreiszeichen Krebs, Skorpion, Fische und Jungfrau ist es sogar ungünstig.

Einkochen von Obst

Obst sollte man an einem Fruchttag (Widder, Löwe, Schütze) bei zunehmendem Mond einkochen. Die Früchte bleiben saftig und bewahren ihr Aroma. Die Konserven bleiben auch ohne Konservierungsmittel lange haltbar.

Nicht so gut geeignet sind Wurzel- und Blütentage (Stier, Jungfrau, Steinbock, Zwillinge, Waage, Wassermann) bei abnehmendem Mond. Blatttage (Krebs, Skorpion, Fische) bei abnehmendem Mond sind erfahrungsgemäß überhaupt nicht geeignet. Das Eingemachte schmeckt dann eher fade, und die Haltbarkeit ist auch sehr begrenzt.

Der Mond als Hilfe im Haushalt

Sauerkraut, dieses gesunde Produkt aus gehobeltem und eingelegtem Weißkohl, bereiten Sie am besten bei abnehmendem Mond im Steinbock zu. Möglich ist das auch bei aufsteigendem Mond (Schütze, Steinbock, Wassermann, Fische, Widder, Stier).

Einkochen von Wurzelgemüse
Das ist bei abnehmendem Mond an einem Stier- oder Steinbocktag äußerst empfehlenswert. Günstig ist es auch noch an einem Stier- oder Steinbocktag bei zunehmendem Mond, niemals an einem Jungfrautag. Sehr ungünstig ist das Konservieren von Wurzelgemüse erfahrungsgemäß bei zunehmendem Mond an einem Krebs-, Fische- oder Jungfrautag.

Einfrieren von Obst und Gemüse
Sehr günstig ist das an einem Fruchttag (Widder, Löwe, Schütze), weniger günstig an einem Skorpion- oder Fischetag. An einem Krebs- oder Jungfrautag ist das Einfrieren von Obst und Gemüse nicht zu empfehlen.

Weitere Tätigkeiten in Haushalt und Wohnung
Es gibt noch eine Reihe anderer Arbeiten, die man im Einklang mit dem Mond leichter und besser erledigen kann, wenn man den richtigen Zeitpunkt kennt.

Backen
Dass selbst gebackenes Brot gesund ist und herrlich schmeckt, wissen immer mehr Menschen zu schätzen. Sie sollten beachten, dass Luft- (Zwillinge, Waage, Wassermann) und Feuertage (Widder, Löwe, Schütze) für das Brotbacken besonders geeignet sind. Der Teig treibt übrigens bei abnehmendem Mond etwas weniger, dafür hält sich das Brot länger frisch.
Kuchen und süßes Kleingebäck gelingt sehr gut an Luft- und Feuertagen bei zunehmendem Mond – das Gebackene wird dann schön locker.
Keine guten Backtage sind die Wassertage (Krebs, Skorpion, Fische), weil der Teig dann eher zusammenfällt und »matschig« wird.

Bügeln
Bei abnehmendem Mond gebügelte Wäsche wird leichter glatt und faltenfrei als solche, die man bei zunehmendem Mond bearbeitet. Man sagt auch, dass sich an Steinbocktagen gewaschene Kleidungsstücke besonders faltenreich zeigen und sich dementsprechend mühsamer glätten lassen.
Unerwünschten Glanz kann man beim Bügeln übrigens vermeiden, wenn man an Steinbocktagen ganz auf diese Art der Wäschepflege verzichtet.

Von Backen bis Blumen gießen

Butter zubereiten
An Feuertagen (Widder, Löwe, Schütze) zubereitete Butter wird zart in der Konsistenz und kernig im Geschmack. Auch Lufttage (Zwillinge, Waage, Wassermann) sind für diese Arbeit geeignet. Weniger günstig ist es an Erdtagen (Stier, Jungfrau, Steinbock). An Wassertagen (Krebs, Skorpion, Fische), noch dazu bei zunehmendem Mond zubereitete Butter wird wässrig und schmeckt nicht besonders gut.

Braten mit Fett
Vorsicht an Feuertagen (Widder, Löwe, Schütze)! Das Fett wird an diesen Tagen besonders heiß. Bei Unachtsamkeit besteht dann erhöhte Brandgefahr.

Anheizen im Herbst
Wenn die Heizungsanlage während des Sommers nicht in Betrieb war, kann es beim ersten Anheizen im Herbst manchmal ganz schön im Haus qualmen, bevor nur der Schornstein wieder raucht. Das kann man vermeiden, wenn man den Anheiztermin auf einen Feuertag (Widder, Löwe, Schütze) bei abnehmendem Mond legt. Ungünstig wäre dagegen der zunehmende Mond in einem Erdzeichen (Stier, Jungfrau, Steinbock).

Zimmer- und Balkonpflanzen pflegen
Für den Umgang mit Zimmer- und Balkonpflanzen gelten im Prinzip dieselben Mondregeln wie im Garten (siehe deshalb auch »Erfolgreich gärtnern mit dem Mond« ab Seite 66).

Zimmer- und Balkonpflanzen pflanzen, umtopfen
Sehr günstig bei zunehmendem Mond und an den Jungfrautagen. Weniger günstig ist das Pflanzen und Umpflanzen bei abnehmendem Mond an Feuertagen (Widder, Löwe, Schütze), ganz ungünstig bei Neumond.

Zimmer- und Balkonpflanzen gießen
Hier wird oft des Guten zu viel getan, viele Pflanzen »ertrinken« geradezu im Gießwasser. Deshalb sollte man – wenn irgend möglich – nur an den Wassertagen (Krebs, Skorpion, Fische) gießen. Bei abnehmendem Mond wird das Wasser von den Wurzeln übrigens besonders gut aufgenommen. An Lufttagen (Zwillinge, Waage, Wassermann) soll nicht gegossen werden, da sich dann ganz besonders gerne Schädlinge auf den Pflanzen breit machen.

Damit die luftigen Sommerkleider gut über den Winter kommen und die Wintergarderobe während der warmen Jahreszeit nicht stockt, sollte man die Sachen immer bei abnehmendem Mond, vorzugsweise an Lufttagen (Zwillinge, Waage, Wassermann), verstauen. Weniger günstig wäre das bei zunehmendem Mond; ganz ungeeignet sind Wassertage (Krebs, Skorpion, Fische) bei zunehmendem Mond.

Bauen und heimwerken mit dem Mond

Mit dem Bauen ist das so eine Sache. Einerseits soll ein Haus möglichst Jahrhunderte überdauern, andererseits soll alles möglichst schnell fertig werden. Wer es kann, sollte versuchen, einen Zwischenweg zu finden, der einen einerseits vom enormen Termindruck befreit und andererseits die Mondregeln berücksichtigt, die gerade beim Bauen sehr wichtig sind.

In einigen Gegenden war es früher Brauch, den Bau zu beginnen, wenn der Mond im Stier, Löwen, Steinbock oder Wassermann stand. Warum das so war, weiß heute keiner mehr.

Die Grundregel

Das Zusammenfügen von verschiedenen Materialien – also von Baustoffen, Einbauten, Farben und dergleichen – sollte immer bei abnehmendem Mond erfolgen.

Diese Regel, die beinahe alle Tätigkeiten auf dem Bau, aber auch viele Bereiche des Heimwerkens betrifft, bezieht sich vor allem auf die Verwendung natürlicher und naturnaher Materialien, wie sie heute von immer mehr Menschen bevorzugt werden. Wird sie konsequent angewendet, so wie das früher z. B. auf dem Lande geschah, kann man darauf vertrauen, dass die so errichteten Bauwerke stabil, trocken und sehr dauerhaft sind.

Der Hausbau

Meist beginnt der Bau mit dem Ausheben der Baugrube, die später das Fundament und die Kellerräume beherbergt. Dabei kommt es darauf an, möglichst trocken zu arbeiten, um die folgende Drainage zu erleichtern und das Gebäude von Anfang an vor Nässe zu schützen. Damit das gelingt, sollte man die nachfolgenden Tipps möglichst berücksichtigen.

Anstrich- und Lackierarbeiten gelingen bei abnehmendem Mond besser.

Erdaushub (z. B. für Fundament)

Diese Arbeit sollte bei abnehmendem Mond, aber nicht an Wassertagen (Krebs, Skorpion, Fische) durchgeführt werden. Die Baugrube bleibt dann trocken; nach stärkeren Regenfällen wird sie schneller wieder trocken. Weniger günstig ist es bei zunehmendem Mond; auf keinen Fall soll man die Baugrube an Wassertagen (Krebs, Skorpion, Fische) bei zunehmendem Mond ausheben. Das Grundwasser strömt leicht in die Baugrube und kann später ins Fundament eindringen.

Wasserableitung (Drainage)
Die Drainagerohre sollten unbedingt bei zunehmendem Mond an Wassertagen (Krebs, Skorpion, Fische) verlegt werden. Möglich, aber weniger günstig ist das auch bei zunehmendem Mond, wenn der Mond nicht in einem Wasserzeichen steht. Bei abnehmendem Mond durchgeführte Drainagearbeiten sind oft wenig erfolgreich. Das Wasser zieht rasch in die Erde ein und meidet die vorgesehene Ableitung, die rasch versanden kann.

In manchen Fällen ist es sinnvoll, die Baugrube gerade bei zunehmendem Mond an Wassertagen (Krebs, Skorpion, Fische) auszuheben. In diesem Fall kann man die reale Wassersituation schnell erkennen, und die Ableitungsmaßnahmen können ausreichend ausgelegt werden.

Beton und Estrich gießen
Auch für diese Arbeiten ist es wichtig, den abnehmenden Mond zu wählen; ideal wäre es, wenn er noch dazu in den Erdzeichen (Stier, Jungfrau, Steinbock) stände. Das Material trocknet gleichmäßig und verbindet sich gut mit dem Untergrund. Die Rissbildung ist daher sehr gering. Weniger günstig sind Löwetage, auch bei abnehmendem Mond. An Löwetagen trocknet der Beton zu rasch – starke Rissbildung kann die Folge sein.
Bei zunehmendem Mond sollte man Beton und Estrich möglichst nicht verarbeiten, schon gar nicht bei Vollmond, besonders wenn der im Löwen steht. Bei Vollmond ergibt sich keine gute Verbindung zum Untergrund und zu anderen Flächen.

Putzmörtel aufbringen bzw. ausbessern
Auch das Verputzen von Fassaden und Wänden gelingt bei abnehmendem Mond besser, allerdings mit Ausnahme der Krebstage. Der Putz haftet gut und dauerhaft. Neuer Putz fügt sich besser an vorhandenen an. Weniger günstig ist es bei zunehmendem Mond, aber auch bei abnehmendem Mond im Krebs sowie bei Vollmond. Bei zunehmendem Mond an Krebs- und Löwetagen sollte man nach Möglichkeit auf das Verputzen verzichten – unbedingt bei Vollmond in Krebs bzw. Löwe. Der an diesen Tagen aufgebrachte oder ausgebesserte Putz haftet schlecht und trocknet zu langsam (Krebs) bzw. bildet Risse (Löwe).

Hausfassade (Putz) tünchen
Auch dafür wählt man besser den abnehmenden Mond, bevorzugt einen Luft- oder Feuertag (Zwillinge, Waage, Wassermann,

Widder, Löwe, Schütze). Die Tünche verbindet sich dann gut mit dem Untergrund und trocknet zudem recht rasch.

Weniger erfolgreich ist man bei zunehmendem Mond, aber auch bei abnehmendem Mond an einem Wassertag (Krebs, Skorpion, Fische). Wenn es geht, sollte man das Tünchen bei zunehmendem Mond in einem Wasserzeichen unterlassen. Die Farbe haftet dann nicht so gut und trocknet auch schwer.

Dachstuhl fertigen und aufrichten

Bei abnehmendem Mond im Steinbock kann man diese Arbeit am erfolgreichsten verrichten. Das Holz arbeitet nicht so stark; der Dachstuhl bleibt »ruhig«. Günstig ist es auch noch bei abnehmendem Mond generell, aber nicht in Löwe, Schütze oder Krebs.

Dach eindecken

Auch diese Arbeiten führt man besser immer bei abnehmendem Mond durch, vermeidet neben Wassertagen aber auch Feuertage, weil sonst der Dachbelag zu stark austrocknet und später reißen kann. Sehr günstig ist es erfahrungsgemäß an einem Steinbocktag (Ziegel) oder einem Zwillinge-, Waage- bzw. Wassermanntag (Schindeln).

Bei zunehmendem Mond sind Dacharbeiten grundsätzlich nicht begünstigt, ganz ungünstig ist es, sie bei zunehmendem Mond an Wassertagen (Krebs, Skorpion, Fische) oder Feuertagen (Widder, Löwe, Schütze) durchzuführen.

Muss man ein Ziegeldach ausbessern, wählt man den abnehmenden Mond, vermeidet aber einen Krebstag. Soll ein Ziegeldach gereinigt werden, geschieht das am besten bei abnehmendem Mond an einem Steinbocktag. Krebstage sollte man möglichst immer meiden!

Weitere Arbeiten am und im Haus

Es gibt noch eine Reihe weiterer Arbeiten rund um Haus und Grundstück, die man mit Kenntnis der Mondregeln leichter und effektiver erledigen kann – die notwendige Fach- und Sachkenntnis natürlich vorausgesetzt.

Holzdielen und -decken verlegen

Damit die Einbauten sicher und dauerhaft sind, ist es wichtig, beim Verlegen auf den abnehmenden Mond zu achten. Besonders günstig sind dabei Steinbocktage, weniger geeignet sind Löwe-, Schütze- oder Krebstage. Bei zunehmendem Mond in Löwe, Schütze und Krebs sowie bei Vollmond verlegt, arbeitet das Holz wesentlich stärker, die Böden knarren und werden bald morsch. Diese Regel sollte man übrigens auch bei Fertigung und Einbau von Treppen, egal ob aus Holz oder aus Stein, berücksichtigen.

Schönheits- und andere Reparaturen

Fenster verglasen und einsetzen

Sehr oft sieht man, dass Fenster beschlagen und trübe sind. Das hängt nicht unbedingt mit mangelnder Lüftung zusammen, sondern ist meist darauf zurückzuführen, dass die Fenster zum falschen Zeitpunkt verglast und eingebaut wurden. Wenn es sich um Fenster mit Holzrahmen handelt, sollten deshalb Verglasung und Einbau möglichst an Zwillinge- oder Wassermanntagen vorgenommen werden. Generell ist auch die Zeit des abnehmenden Mondes geeignet, doch dann sollten die Wassertage (Krebs, Skorpion, Fische) unbedingt gemieden werden.

Fußbodenbeläge verlegen

Die Beläge liegen glatt und fest auf dem Untergrund (kein Wölben bei schwankender Luftfeuchtigkeit), und der Kleber hält besser, wenn man sie bei abnehmendem Mond aufbringt.

Weniger günstig ist das Verlegen von Fußbodenbelägen bei zunehmendem Mond, ganz ungünstig bei Vollmond. Die Beläge wölben sich dann leichter, bilden Falten. Der Kleber hält nicht gut.

Malerarbeiten

Bei abnehmendem Mond an Luft- (Zwillinge, Waage, Wassermann) und Feuertagen (aber nicht an Löwetagen!) sind diese Arbeiten zu empfehlen. Dann sind leichtes Auftragen, saubere Übergänge, geringer Materialverbrauch, kurze Trocknungszeit und lange Haltbarkeit so gut wie garantiert. Löwetage sollte man meiden, weil dann die Farbe unter Umständen zu schnell trocknet, so dass Risse entstehen können. Anstreichen und lackieren kann man auch an den Erdtagen (Stier, Jungfrau, Steinbock), wenn der Mond abnimmt.

Weniger günstig ist es bei zunehmendem Mond, aber auch bei abnehmendem Mond an Krebs- und Löwetagen, ganz ungünstig bei zunehmendem Mond an Krebs- und Löwetagen. Dann muss man mit geringer Saugfähigkeit des Untergrunds, mit Streifenbildung und – bei Verwendung entsprechender Farben – sogar mit einer verstärkten Gesundheitsgefährdung durch Lösungsmitteldämpfe rechnen.

Kleine Reparaturen

Es gibt Leute, die auch bei kleineren Reparaturen im Haus oder von Geräten auf den Mondeinfluss setzen. Jungfrau- und Wassermanntage bei abnehmendem Mond sind ihre bevorzugten Termine, an denen alles besser gelingen soll.

Übrigens: Autoreparaturen sollte man bevorzugt an Stier-, Löwe-, Skorpion- und Wassermanntagen bei abnehmendem Mond durchführen lassen.

Erfolgreich gärtnern mit dem Mond

Es sind sowohl die Mondphasen als auch die Tierkreiszeichen, über die der Mond seinen Einfluss auf das Pflanzenwachstum ausübt.

Dass die Lebensvorgänge der Pflanzen – Keimung, Wurzelbildung, Wachstum, Blüte, Fruchtbildung und Reife – einem auf- und abschwellenden Rhythmus unterliegen, dessen Takt durch die wechselnde Stellung des Mondes entweder bestimmt oder aber bemessen wird, wurde bereits festgestellt. Es wurde vor allem darauf verwiesen:
▶ Dass in den verschiedenen Mondphasen die Erde mehr oder weniger aufnahmefähig ist
▶ Dass der Transport der Säfte sowie Nährstoffe in unterschiedliche Richtungen verläuft
▶ Dass auch die Perioden des absteigenden bzw. aufsteigenden Mondes Einfluss auf das Naturgeschehen haben.
Weiter kann man erkennen:
▶ Dass bestimmte Gruppen der Tierkreiszeichen, die der Mond bei seiner Erdumkreisung durchwandert, jeweils verschiedene Pflanzenteile stimulieren
▶ Dass sie den Witterungseinfluss auf die Gewächse entscheidend mitbestimmen.

Mit Erfahrung und Gefühl

Wenn wir nun aus diesem allgemeinen Wissen um den Einfluss des Mondes einige praktische Ratschläge für die Arbeit im Garten und den Umgang mit den Pflanzen ableiten, stützen wir uns natürlich weniger auf theoretische Überlegungen, sondern vor allem auf jahrhundertealte Kenntnisse von Gärtnern und Landwirten, die noch heute für Aussaat, Pflege und Ernte die Mondregeln anwenden, die sie einstmals von ihren Eltern und Großeltern übernommen haben.

Doch der Rückgriff auf Wissen und Erfahrung früherer Generationen allein macht den Erfolg noch lange nicht aus. Man kann es immer wieder erleben, dass Gärtner, die ihr Stück Erde unter nahezu gleichen Naturbedingungen bearbeiteten, ganz unterschiedliche Erfolge haben. Liegen diese Ergebnisse dann an den verschiedenen Kenntnissen, am mangelnden Geschick des einen

Wissen und Gefühl

oder an besonderen Fähigkeiten des anderen? Gewiss, das sind Gründe, aber meist nicht die entscheidenden. Bestimmend für den Erfolg ist nach den Erfahrungen vieler vor allem das Gefühl, das man für Pflanzen als lebende Wesen hat – oder eben nicht. Ein solches Gefühl mag manchen Menschen ja als göttliches Geschenk gegeben sein. Aber die anderen, die es leider noch nicht besitzen, können es durchaus erwerben.

Das Wissen um die Mondrhythmen kann dabei helfen – nicht als universales Rezept, sondern als Begleiter auf einem Weg, den man selbst bestimmen muss.

Verantwortung für die Umwelt

Mit dem richtigen Quantum an Wissen und Gefühl seinen Garten zu bestellen, das bedeutet auch, Verantwortung zu übernehmen. Denn wer mit Pflanzen umgeht, trägt eine hohe Verantwortung für unsere Umwelt. Die Schädigung des Bodens sowie die Belastung des Grundwassers und der Gewässer durch falsche Düngung oder übertriebene Unkraut- bzw. Schädlingsbekämpfung haben zu einer Umweltzerstörung geführt, die endlich aufgehalten werden muss. Dazu kann jeder seinen Beitrag leisten – auch der Hobbygärtner, der nur ein paar Quadratmeter Bodenfläche bearbeitet. Auch dabei können die Mondregeln behilflich sein. Denn wer seinen Garten oder sein Feld im Einklang mit den natürlichen Rhythmen bearbeitet, wird bald feststellen, dass er auf viele chemische Hilfs- und Zusatzstoffe verzichten kann und dennoch eine gute, vor allem gesunde Ernte einbringt. Noch mehr wert ist aber das gute Gewissen, das er gegenüber der natürlichen Umwelt haben kann, die auch Lebensraum für unsere Kinder und Enkel sein wird.

Das Gärtnern im Einklang mit dem Mond bringt nicht nur bessere Ernten und reichen Blütenflor – es ist auch im besten Sinne biologisch und schützt die natürliche Umwelt.

Mondregeln für den Garten

Aus den allgemeinen Zusammenhängen wurden Vorschläge für den besten Zeitpunkt der wichtigsten Gartenarbeiten abgeleitet. Dabei werden Sie sicher bemerken, dass sich nicht alle der folgenden Ratschläge streng an die vom Mond bestimmten Rhythmen halten. Das hat manchmal gute Gründe, die dann auch genannt werden; oft aber beruhen solche »Sonderfälle« auf bewährten Erfahrungen, die einfach nicht zu erklären sind. Probieren Sie es aus, prüfen Sie die Regeln kritisch, gewinnen Sie Ihre eigene Überzeugung. Was sich bewährt, wenden Sie an, was sich nicht eignet, lassen Sie einfach weg.

Erfolgreich gärtnern mit dem Mond

Die Bodenvorbereitung im Frühjahr

Bevor Saatgut oder Pflanzen in den Boden kommen, muss die Erde gelockert werden. Man beginnt mit dem Umgraben im zeitigen Frühjahr bei zunehmendem Mond an einem Löwetag. Dadurch werden die Unkrautsamen im Boden zum Keimen angeregt. Ein zweites Mal lockert man dann bei abnehmendem Mond, am besten an einem Steinbocktag. Dabei können die meisten Unkräuter beseitigt werden. Wenn man noch ein drittes Mal umgraben will, wählt man erneut den abnehmenden Mond.

Das Mulchen

Mulchen bedeutet, den Boden mit organischem Material so abzudecken, dass die Erde einerseits Nährstoffe erhält und andererseits vor dem Austrocknen geschützt ist. Auch das Aufkommen von Unkraut wird so unterdrückt.

Die Mulchschicht sollte immer bei abnehmendem Mond, zumindest aber bei absteigendem Mond aufgebracht werden, da dann die Nährstoffe besser in den Boden einziehen können.

Säen und pflanzen

Wenn es nicht möglich ist, während der optimalen Mondphase zu säen, bieten sich als Ausweichmöglichkeiten für den zunehmenden Mond die Tierkreiszeichen des aufsteigenden Mondes (Schütze bis Stier) und für den abnehmenden Mond die Zeichen des absteigenden Mondes (Zwillinge bis Skorpion) an.

Je nach geografischer Lage und Wetterbedingungen wird man Mitte bis Ende März mit der Aussaat im Freiland beginnen. Im Frühbeet oder unter Folie kann das schon im Februar geschehen. Grundsätzlich sollten Sie Folgendes beachten:

Pflanzen, die hauptsächlich unter der Erde wachsen, sollten immer bei abnehmendem oder absteigendem Mond gesät bzw. gepflanzt werden. Achten Sie bei Wurzelgemüse außerdem auf einen Erdtag (vor allem Jungfrau). Es gibt allerdings einen wichtigen Sonderfall: Kartoffeln legt man zwar auch bei abnehmendem Mond, aber am besten gleich nach Vollmond.

Die günstigsten Zeiten für den Anbau von Blattgemüse sind Wassertage bei zunehmendem Mond. Und auch hier gibt es wieder Sonderfälle: Kohl, Spargel und Kopfsalat sät oder pflanzt man auch an Wassertagen, aber es sollte bei abnehmendem Mond geschehen. Kopfsalat z.B., bei zunehmendem Mond in die Erde gebracht, »schießt« leicht und bildet keine Köpfe.

Fruchtpflanzen, die überwiegend über der Erde wachsen, sät oder pflanzt man bei zunehmendem oder aufsteigendem Mond an einem Feuertag (vor allem Widder und Schütze).

Für Blumen und viele Blütenkräuter ist ein Lufttag (vor allem Zwillinge und Wassermann) – wenn möglich noch bei zunehmendem Mond – der beste Aussaatzeitpunkt.

Bodenvorbereitung, Säen, Wässern

Bei den Aussaatterminen sollten neben den Mondzeiten selbstverständlich auch die Jahreszeit und die konkreten Witterungsbedingungen beachtet werden.

Zur schnellen Übersicht finden Sie auf dieser Seite eine Tabelle mit den günstigsten Aussaat- und Pflanzzeiten für einige wichtige Kulturpflanzen.

Die besten Aussaattermine

Pflanzen	Pflanzentyp	Mondphase	Tierkreiszeichen
Beerenobst	Frucht	Zunehmend	Feuer
Blattkräuter	Blatt	Zunehmend	Wasser
Blütenstauden	Blüte	Zunehmend	Luft
Blumenkohl	Blatt	Zunehmend	Wasser
Bohnen	Frucht	Zunehmend	Feuer
Brokkoli	Blüte	Zunehmend	Luft
Endivien	Blatt	Zunehmend	Wasser
Erdbeeren	Frucht	Zunehmend	Feuer
Gartenblumen	Blüte	Zunehmend	Luft
Gurken	Frucht	Zunehmend	Feuer
Karotten	Wurzel	Abnehmend	Erde
Knoblauch	Wurzel	Abnehmend	Erde
Kohlrabi	Blatt	Zunehmend	Wasser
Kopfsalat	Blatt	Abnehmend	Wasser
Lauch	Wurzel	Abnehmend	Erde
Paprika	Frucht	Zunehmend	Feuer
Radieschen	Wurzel	Abnehmend	Erde
Rettich	Wurzel	Abnehmend	Erde
Rote Bete	Wurzel	Abnehmend	Erde
Spinat	Blatt	Zunehmend	Wasser
Tomaten	Frucht	Zunehmend	Feuer
Zwiebeln	Wurzel	Abnehmend	Erde

Gießen und wässern

Im Allgemeinen wird in unseren Gärten viel zu viel gegossen und bewässert. Das schwächt die Widerstandskraft der Pflanzen, schwemmt die Nährstoffe fort, fördert den Befall durch Schädlinge sowie Krankheiten und führt in vielen Fällen dazu, dass das Erntegut nicht so gut schmeckt und schon nach kurzer Lagerung

Erfolgreich gärtnern mit dem Mond

verdirbt. Auch bei der Pflege von Balkon- und Zimmerpflanzen wird dieser Fehler häufig begangen, und man wundert sich dann, dass die Pflanzen nicht so recht gedeihen wollen. Die folgenden Tipps gelten auch für sie.

Wenn das Gießen nötig ist, sollten die Pflanzen an den Tagen gegossen oder bewässert werden, wenn der Mond in einem Wasserzeichen (Krebs, Skorpion, Fische) steht. Das Wasser wird an diesen Tagen viel besser aufgenommen und hält länger vor. Die Pflanzen können das Wasser besonders gut speichern und kommen bis zum nächsten Gießtag mit der Feuchtigkeit aus. Gießen bzw. bewässern Sie Ihre Pflanzen nie an Lufttagen (Zwillinge, Waage, Wassermann), da dann damit gerechnet werden muss, dass sich mit hoher Wahrscheinlichkeit Schädlinge breit machen.

Düngen und kompostieren

Was bereits über das Gießen gesagt worden ist, gilt auch für das Düngen: Viel hilft nicht viel! Im Gegenteil – jede Überdüngung, vor allem mit Mineralstoffen, schadet doppelt und dreifach: zum einen der Kraft und Stabilität der Pflanze, deren Wurzelbildung zurückgeht, weil sie nun nicht mehr die Nährstoffe in tieferen Bodenschichten suchen muss; zum anderen der Erde, deren chemisches und biologisches Gleichgewicht entsprechend gestört wird. Schließlich aber schadet sie auch der Umwelt im weiteren Sinne, denn die überschüssigen mineralischen Nährstoffe, die nicht von der Pflanze aufgenommen werden, gelangen entweder ins Grundwasser und vergiften dieses Trinkwasserreservoir, oder sie werden mit dem Regenwasser in Bäche sowie Seen geschwemmt und führen dort zu ungebremstem Algen- und Wasserpflanzenwachstum, was letztendlich den ökologischen Tod der Gewässer bedeuten kann. Wenn also gedüngt werden muss, sollte man die folgenden Regeln unbedingt beachten:

Der günstigste Termin für das Ausbringen von mineralischem Dünger ist die Zeit des Vollmondes und des abnehmenden Mondes. Erde und Wurzeln besitzen dann die beste Aufnahmefähigkeit. Gemüse, Getreide und Obst düngt man am besten an einem Widder- oder Schützetag. Blumen und Zierpflanzen soll man dagegen an einem Wassertag (Krebs, Skorpion, Fische) düngen.

An Löwetagen sollte man auf keinen Fall düngen, weil die Erde zu trocken werden kann und die Pflanzen »verbrennen«.

In jedem Fall aber müssen Sie darauf achten, dass Vollmond oder abnehmender Mond gegeben ist. Die gleichen Regeln gelten für Zimmer- und Balkonpflanzen, die Sie allerdings auch ein- bis

Die günstige Wirkung des abnehmenden Mondes wird noch verstärkt, wenn man die Pflanzen am Nachmittag düngt.

Düngung, Umpflanzung, Vermehrung

zweimal im Jahr zwischendüngen können: bei schwach entwickelten Wurzeln an einem Erdtag (Stier, Jungfrau, Steinbock); um die Blüte zu fördern, an einem Lufttag (Zwillinge, Waage, Wassermann).

Kompost – das Erfolgsrezept der Gärtner

Das beste und zugleich umweltfreundlichste Nährstoffangebot, das Sie Ihren Gartenpflanzen bieten können, ist organischer Humus. Beim Kompostieren entsteht aus pflanzlichen und anderen organischen Abfällen durch die Lebenstätigkeit unzähliger Klein- und Kleinstlebewesen wieder wertvolle Humuserde, die dann als natürlicher Dünger und als Bodenverbesserungsmittel zur Verfügung steht. Guter Kompost pflegt den Boden in idealer Weise. Er belebt ihn, verbessert seine Struktur und führt ihm alle notwendigen Nährstoffe in einer Form zu, die die Pflanzen für ein gesundes, harmonisches Wachstum brauchen.

Das Ansetzen des Komposthaufens sollte immer bei abnehmendem Mond an Erd- (Stier, Jungfrau, Steinbock) oder Wassertagen (Krebs, Skorpion, Fische) erfolgen. Das Feststampfen erledigt man am besten bei zunehmendem Mond an Erd- oder Wassertagen und das Umsetzen an einem Steinbocktag.

Bodenverbesserung durch Gründüngung

Es gibt einige Pflanzen, durch deren Anbau dem Gartenboden auf natürliche Weise wertvolle Nährstoffe zugeführt werden. Gleichzeitig lockern die Wurzeln dieser Gründüngerpflanzen den Boden auf und schützen ihn vor dem Austrocknen.

Die Pflanzen werden kurz vor der Blüte gemäht; die abgemähten Pflanzenteile arbeitet man dann zusammen mit dem Wurzelwerk in den Boden ein. Im Herbst kann man die Pflanzenteile auch als Mulchschicht liegen lassen.

Die Aussaat und das Einarbeiten kann im Frühjahr oder Herbst erfolgen – am günstigsten bei abnehmendem Mond und vorzugsweise in einem Tierkreiszeichen, das er absteigend durchläuft.

Umpflanzen, umtopfen, vermehren

Diese für Nutz- und Ziergarten wichtigen und zugleich risikoreichen Arbeiten erledigt man im Frühjahr oder Herbst, am besten bei zunehmendem Mond in der Jungfrau.

Für das Umpflanzen älterer Stauden und Gehölze empfiehlt sich die Zeit des absteigenden Mondes, besonders ein Jungfrautag. Die Vermehrung durch Stecklinge ist am erfolgreichsten bei

Wichtig ist, dass der Komposthaufen möglichst immer mit einer dünnen Schicht aus Rasenschnitt bedeckt ist, damit er die Feuchtigkeit hält. Bei länger anhaltender Trockenheit sollte der Komposthaufen gelegentlich gegossen werden, aber nur so viel, dass er feucht, aber nicht nass ist.

Erfolgreich gärtnern mit dem Mond

Obst erntet man am besten an einem Widdertag bei zunehmendem Mond. Dann sind die Früchte besonders saftig.

zunehmendem (Frühjahr) und absteigendem Mond, vor allem an einem Jungfrautag. Wenn Sie im Herbst Stecklinge schneiden, ist allerdings die Zeit des abnehmenden Mondes günstiger.

Obstbaumveredelung

Wenn Sie Obstbäume veredeln wollen, wählen Sie dafür den zunehmenden Mond. Am besten ist dann ein Fruchttag (Widder, Löwe, Schütze), der nahe beim Vollmond liegt.

Pflanzen und Gehölze schneiden

Auch das Beschneiden von Pflanzen und Gehölzen muss vorsichtig und mit Gefühl erfolgen. Doch ganz im Gegensatz zu den genannten Arbeiten, bei denen die Säfte schnell wieder in die Pflanze oder den Pflanzenteil steigen sollen, muss man beim Schnitt das Aufsteigen und Austreten der Säfte möglichst verhindern, damit die Pflanze keinen Schaden nimmt. Deshalb wählt man für alle Schnittarbeiten die Zeit des abnehmenden Mondes. Für den Schnitt der Obstgehölze, den man im Spätwinter an frostfreien Tagen durchführen soll, wählt man entweder einen Tag bei abnehmendem Mond in einem Feuerzeichen (Widder, Löwe, Schütze) oder einen bei absteigendem Mond.

Ganz ungünstig sind Wassertage bei zunehmendem Mond. Und besonders schädlich ist das Schneiden bei Vollmond im Krebs.

Kranke oder geschädigte Pflanzen und Gehölze werden wieder gesund und kräftig, wenn man kurz vor Neumond, am besten am Neumondtag selbst, ihre Spitzen zurückschneidet. Manchmal hilft auch ein ganz radikaler Rückschnitt zu diesem Zeitpunkt.

Für das Auslichten und das Zurückschneiden von Hecken und Sträuchern eignet sich erfahrungsgemäß ein Steinbocktag bei abnehmendem Mond. Denn die Pflanzen können dann nur langsam wieder nachwachsen.

Rasen mäht man am besten an Wassertagen (Krebs, Skorpion, Fische). Wenn man dafür die Zeit des zunehmenden Mondes wählt, wächst der Rasen rasch wieder nach.

Pflegen und jäten

Wenn es um das so genannte Unkraut geht, sind viele Gartenliebhaber sehr rigoros. Jedes Hälmchen wird sogleich attackiert – wenn es sein muss, mit ganz rabiaten chemischen Mitteln. Dabei vergessen sie, dass viele Pflanzen, die als Unkraut verdammt werden, wertvolle Heilkräuter sind und dass bei weitem nicht jede von ihnen den Nutzpflanzen Nährstoffe und Licht streitig

Kranke oder geschädigte Pflanzen werden in aller Regel wieder gesund und kräftig, wenn man kurz vor oder an Neumond ihre Spitzen zurückschneidet. Das gilt auch für Zimmerpflanzen.

Unkraut- und Schädlingsbekämpfung

macht. Oft bilden Kulturpflanze und »Unkraut« eine symbiotische Gemeinschaft, die zur Erhaltung des ökologischen Gleichgewichts im Boden sehr nützlich wirkt – ganz zu schweigen von der Giftfracht, die der Boden und möglicherweise das Grundwasser »schlucken« müssen, wenn Chemikalien zur Unkrautbekämpfung eingesetzt werden.

Wenn aber Vernichtung von wirklichem Unkraut angesagt ist, dann sollte sie auf natürliche Weise erfolgen – durch Jäten und Ausreißen. Günstige Termine für die Unkrautentfernung sind Steinbocktage bei abnehmendem sowie Wassermanntage bei zunehmendem Mond. Der Garten bleibt dann für längere Zeit wirklich unkrautfrei.

Will man neu angelegte oder längere Zeit nicht gepflegte Flächen schnell und nachhaltig von Unkraut befreien, empfiehlt sich ein Trick: Man jätet zum ersten Mal bei zunehmendem Mond im Löwen, weil dann erfahrungsgemäß die Keimkraft des Unkrauts besonders stark erhöht ist. Dadurch wird das Unkraut massenhaft »hervorgelockt«. Ein zweites Mal wird dann am besten bei abnehmendem Mond an einem Steinbocktag gejätet. Dabei kann dann alles Unkraut entfernt werden.

Übrigens: In manchen Gegenden gilt der 18. Juni als Geheimtipp. Wenn an diesem Tag bis mittags Unkraut gejätet wird, soll es überhaupt nicht mehr nachwachsen. Probieren Sie es doch einfach einmal aus!

Wem es gelingt, die aufkommenden Unkräuter vor der Blüte zu entfernen, kann seinen Gemüsegarten ohne große Mühe unkrautfrei halten.

Hacken zum Lockern des Bodens

Ganz allgemein gilt, dass die Pflanzen bei der Mondstellung gehackt werden sollten, bei der sie ausgesät bzw. gepflanzt worden sind.

Wenn die Stickstoffbindung des Bodens verbessert werden soll, hackt man am günstigsten bei abnehmendem Mond in einem Erdzeichen (Stier, Jungfrau, Steinbock).

Aber Vorsicht bei Wurzelpflanzen – sie sind dann nämlich besonders empfindlich gegen Verletzungen!

Die Schädlingsbekämpfung

Was für die Unkrautbekämpfung gesagt wurde, gilt auch für die Bekämpfung vieler Kleintiere, die sehr oft als Ungeziefer bezeichnet werden: Meist wird zu rigoros und zu rabiat vorgegangen. Ganz abgesehen davon, dass manche der scheinbaren Plagegeister durchaus auch nützlich sein können, trägt die massenhafte Ausrottung einer Spezies meist dazu bei, dass sich

Erfolgreich gärtnern mit dem Mond

dafür nun andere Arten massenhaft vermehren, weil ihre Konkurrenten oder natürlichen Feinde verschwunden sind. Zudem muss man sich im Klaren sein über eine nicht zu unterschätzende Umweltbeeinträchtigung, falls man für die Vernichtung womöglich auch noch Pestizide einsetzt.

Vorbeugung ist hier die beste Bekämpfungsmethode. Wer zu den richtigen Mondterminen gesät oder gepflanzt, gegossen und gedüngt hat, wer dabei auf die Fruchtfolge und auf die Pflanzengemeinschaften geachtet hat, braucht sich vor Schädlingen eigentlich nicht zu fürchten.

Die beste und im Grunde einfachste Schädlingsbekämpfung besteht darin, den natürlichen Feinden der Schädlinge in Ihrem Garten Quartiere zu geben: Richten Sie Nistplätze für Vögel ein, legen Sie einen kleinen Teich für Frösche und Kröten an, oder schichten Sie einen Reisighaufen auf, in dem eine Igelfamilie Unterschlupf findet.

Sollte eines Tages tatsächlich der Fall eintreten, dass die Schädlinge in Massen Ihren Garten bevölkern – beispielsweise bedingt durch extreme Witterungsverhältnisse oder durch die Ungeschicklichkeit des Nachbarn –, können Sie bei sparsamer Anwendung auch einmal zur chemischen Keule greifen.

Ungeziefer sollte man am besten bei abnehmendem Mond bekämpfen. Schädlinge, die über der Erde wirken, werden an Krebs-, Zwillinge- und Schützetagen vernichtet. Für Wurzel- und Erdschädlinge ist ein Erdtag (Stier, Jungfrau, Steinbock) besser geeignet.

Vor der alljährlichen Einlagerung ist es wichtig, dass die Kellerregale und Obsthorden gründlich gereinigt werden. Lufttage (Zwillinge, Waage, Wassermann) bei abnehmendem Mond sind für diesen Zweck am besten geeignet.

Ernten und einlagern

Für alle Ernte- und Einlagerungsarbeiten ist die Zeit des aufsteigenden Mondes (Schütze, Steinbock, Wassermann, Fische, Widder, Stier) günstig, am allerbesten ist ein Widdertag. Das Erntegut ist dann erfahrungsgemäß besonders saftig, schmackhaft und lange haltbar.

Fischetage, obwohl auch bei aufsteigendem Mond, sollten allerdings gemieden werden, da es, falls diese Arbeiten an ihnen verrichtet werden, leicht zu Fäulnis kommen kann.

Obst und Gemüse, das bei zunehmendem Mond geerntet wird, sollte möglichst bald verbraucht werden, wenn nicht gerade ein Tag bei aufsteigendem Mond gegeben ist.

Gänzlich ungeeignet für Ernte und Einlagerung sind Krebs- und Jungfrautage. Alles, was durch Trocknung konserviert werden soll, wird vorzugsweise bei abnehmendem Mond geerntet.

Freude an Farben und Geschmack

Von Experten erprobt – Spezialtipps für Ihren Garten

Neben diesen allgemeinen Mondregeln für den Garten, die man für Aussaat, Pflege und Ernte der wichtigsten Kulturpflanzen anwenden kann, gibt es noch eine Reihe ganz spezieller Regeln, die von Fachleuten erprobt worden sind und erfolgreich angewendet werden.

Der Blumengarten

Blumen gehören in jeden Garten. Sie erfreuen nicht nur das Auge, sondern auch die Seele. Die zarten Geschöpfe aus Farbe und Licht sind außerordentlich sensibel für kosmische Einflüsse. Sie sind Kinder der Sonne, für die der Mondeinfluss – die umgesetzte Reflexion der Sonnenkraft – eine ganz besondere Bedeutung hat.

- Besonders günstig für die Aussaat bzw. Pflanzung ist ein Lufttag (Zwillinge, Waage, Wassermann) bei zunehmendem Mond. Damit Blüte und Duft sich voll entfalten können, sollte man Blumen stets drei Tage vor Vollmond bis Vollmond selbst aussäen oder pflanzen. Die Stunden des Mondwechsels sind allerdings nicht so gut geeignet. Für Blumen, die hochwachsen und gefüllte Blütenköpfe tragen, sind die ersten Tage des zunehmenden Mondes am besten geeignet.
- Für die Pflege, also das Düngen, Mulchen oder die Anwendung von nährenden bzw. schützenden Pflanzenpräparaten, eignet sich der abnehmende Mond in einem Luftzeichen erfahrungsgemäß besonders gut. Für das Veredeln ist der zunehmende Mond in einem Luftzeichen (bevorzugt Waage) besonders günstig. Für den Schnitt von Blütengewächsen aller Art wählt man den abnehmenden Mond, idealerweise in der Nähe des Neumonds.

> In die Baumscheiben der Obstbäume sollte man Kapuzinerkresse säen. Sie zieht die Blattläuse magisch an und schützt dadurch die Bäume und Sträucher vor dem Ungeziefer.

Der Obstgarten

Auch wenn sie verhältnismäßig viel Platz und Pflege benötigen – ein paar Obstbäume und -sträucher gehören in jeden Garten. Sie liefern nicht nur süße Früchte, sondern spenden auch Schatten für den Sitzplatz im Grünen. Beerensträucher sind auch als Hecken sehr geeignet.

- Pflanzung: Die richtige Zeit ist dafür im späten Herbst, von Ende Oktober bis Anfang November, wenn die Bäume ihre Blätter schon verloren haben, und im zeitigen Frühjahr, bevor der Austrieb beginnt – immer an Erdtagen (Stier, Jungfrau, Steinbock). Kurz nach Neumond pflanzt man Apfel und Birne, bei zunehmendem Mond im November Aprikose und Pflaume. Ebenfalls bei zunehmendem Mond, aber erst im März, können noch einmal Apfel und Birne, zudem Aprikose und Pflaume sowie zusätzlich Kirsche gepflanzt werden. Zum optimalen Gedeihen benötigt Kirsche die Vollmondnähe, Aprikose und Zwetschge brauchen nur den normalen zunehmenden Mond.

• Pflege: Bei abnehmendem Mond im November und dann noch einmal im Mai sollte gedüngt werden. Pflegen Sie bei abnehmendem Mond in einem Feuerzeichen die Stämme mit einer Mischung aus Kuhmist, Lehm und Molke, die Sie auftragen, nachdem Sie die alte Rinde entfernt haben.

• Schädlingsbekämpfung: Sie ist am wirksamsten bei abnehmendem Mond. Gegen Obstmaden hat sich eine Spritzkur mit Wermutauszug bewährt, gegen Gespinstmotten hilft ein Brennnesselauszug. Schorf und Mehltau bekommt man in den Griff, indem man die betroffenen Zweige entfernt. Zusätzlich sollten Brennnesseljauche und schwefelhaltige Mittel verwendet werden.

• Schnitt: Bei zunehmendem Mond schießen die Säfte, und die Wunden schließen sich entsprechend schlechter! Schneiden Sie also nur an Fruchttagen (Widder, Löwe, Schütze) bei abnehmendem oder bei absteigendem Mond (Zwillinge, Krebs, Löwe, Jungfrau, Waage, Skorpion), und verschließen Sie die Wunden gut. Die beste Zeit ist Anfang des Jahres bis März.

• Ernte: Die beste Erntezeit ist bei aufsteigendem Mond (Schütze, Steinbock, Wassermann, Fische, Widder, Stier). Der Erntezeitpunkt sollte sich natürlich auch nach dem Verwendungszweck der Früchte richten. Da sie um Vollmond am meisten Zucker enthalten, ist diese Zeit prinzipiell sehr günstig, wenn man sie gleich verzehren möchte. Sorten, die eingelagert werden sollen, erntet man möglichst bei abnehmendem Mond. Vermeiden Sie möglichst Fische-, immer aber Krebs- und Jungfrautage!

Beerensträucher

• Pflanzung: Die ideale Zeit, um Beeren ins Freiland zu setzen, ist bei zunehmendem Mond an einem Fruchttag (Widder, Löwe, Schütze). Meiden Sie unbedingt Skorpiontage!

• Pflege: Sie können die Wurzeln der Beeren mit einer bei abnehmendem Mond angelegten Schicht aus organischem Material schützen. Da die Wurzeln sehr dicht unter der Erdoberfläche liegen, sollten Sie den Boden nicht tiefer als fünf Zentimeter auflockern, um Beschädigungen zu vermeiden. Wichtig ist regelmäßiges Gießen, damit die Früchte auch schön saftig werden. Gegen

> Lassen Sie über den Winter kein Laub auf den Rasenflächen liegen, weil die Grasnarbe darunter faulen könnte.

Obst und Rasen

Schädlinge wie Blattwanzen hilft das Besprühen mit Wermut- oder Rainfarntee bei abnehmendem Mond. Triebe mit Mehltaubefall sollten bei Neumond entfernt werden. Der Neumond im Juni ist übrigens der beste Zeitpunkt für den Sommerschnitt. Nach der Ernte und dann noch einmal im September oder Oktober wird gedüngt – und zwar idealerweise bei abnehmendem Mond.
- Ernte: Um Vollmond sind die Beeren am süßesten, deshalb sollte man sie auch um diese Zeit herum ernten – vorausgesetzt, der Mond steigt gerade auf (und steht somit in Schütze, Steinbock, Wassermann, Fische, Widder oder Stier).

Die Rasenpflege

Ob als gepflegter Blickfang im englischen Stil oder als strapazierfähige Spielwiese für die Kinder – ein Stückchen Rasen braucht der Mensch, um seine Augen und auch seine Seele auszuruhen.
- Aussaat: Es gibt im Fachhandel spezielle Grasmischungen als Saatgut für die verschiedenen Funktionen, die der Rasen erfüllen soll. Ausgesät wird von Ende April bis Anfang Juni idealerweise bei zunehmendem Mond an Löwe- oder Jungfrautagen. Im Tierkreiszeichen Löwe ausgesäter Rasen wächst zwar nur langsam, wird aber schön dicht und braucht nicht so oft geschnitten zu werden. Aber auch Krebs-, Waage-, Skorpion- und Fischetage bei zunehmendem Mond sind geeignet.
- Pflege: Ein dichter Rasenteppich braucht reichlich Stickstoff, der am besten mittels organischen Düngers zugeführt werden kann. Dazu wählt man den abnehmenden Mond (kurz nach Vollmond) in einem Wasserzeichen (Krebs, Skorpion, Fische).
- Mähen: Frisch angesäter Rasen sollte erstmals nach etwa vier Wochen, dann im etwa 14-tägigen Rhythmus mit der Sense oder Sichel gemäht werden. Ist der Rasenteppich gefestigt, kann der Rasenmäher eingesetzt werden. Gemäht wird von April bis Oktober bei zunehmendem Mond in einem Wasserzeichen.

Sonstige Arbeiten im Garten

- Garten- oder Feldwege legt man am günstigsten an Steinbocktagen bei Neumond oder abnehmendem Mond an. Dann liegen auch die Platten fest und sicher.
- Zäune und Pfosten soll man ebenfalls zu diesen Zeitpunkten setzen bzw. erneuern. An einem Jungfrautag bei Neumond oder abnehmendem Mond gesetzt, sind sie angeblich besonders fest und dauerhaft, weil beispielsweise die Nägel viel besser im Holz bleiben.

Erdbeeren gedeihen am besten, wenn sie bei zunehmendem Mond in einem Feuerzeichen (Widder, Löwe, Schütze) gepflanzt werden. Bedenken Sie, dass Erdbeeren einen sonnigen Standort lieben – er kann ruhig steinig sein – und nicht zu oft gedüngt werden wollen. Dafür sollten Sie den Boden aber nach der Ernte bei abnehmendem Mond in einem Feuerzeichen durch Kompost mit Nährstoffen anreichern.

Landwirtschaft und Tierhaltung mit dem Mond

Das uralte Mondwissen drohte unter dem Eindruck des technischen Fortschritts und der Chemisierung in Ackerbau und Viehzucht beinahe verloren zu gehen. Doch glücklicherweise nur beinahe, denn in manchen Regionen – so in der italienischen Toskana oder im österreichischen Tirol – wurden die Überlieferungen bewahrt und bis heute praktisch genutzt.

Dass die allerersten Erkenntnisse über die Wirkung des Mondes auf das irdische Leben aus der Landwirtschaft stammen, hat mindestens zwei gute Gründe. Zum einen handelt es sich hier um einen Bereich, der seit den frühesten Epochen der Menschheit im besten Sinne überlebenswichtig war und deshalb von Anfang an besondere Aufmerksamkeit erfuhr. Zum anderen lassen sich gerade hier die Mondeinflüsse über lange Zeiträume verfolgen und auf ihre Wirksamkeit überprüfen. Inzwischen finden die Mondregeln für die Landwirtschaft wieder zunehmende Verbreitung. Denn wer wirklich biologischen und ökologischen Landbau betreiben will, kommt um die Berücksichtigung der Mondeinflüsse kaum herum, wenn er naturnah und doch effizient wirtschaften will.

Mondregeln für den Ackerbau

Viele der Regeln, die für Aussaat, Pflanzenpflege und Ernte grundlegend sind (siehe »Erfolgreich gärtnern mit dem Mond«), gelten im Kleinen wie im Großen, also auch für Feldpflanzen – vor allem die allgemeinen Feststellungen:
Bei zunehmendem Mond atmet die Erde aus und ist weniger aufnahmefähig. Die Lebenssäfte und mit ihnen auch die Nährstoffe der Pflanzen steigen während dieser Zeit nach oben. Das oberirdische Wachstum ist deshalb begünstigt.
Bei abnehmendem Mond atmet die Erde ein und ist besonders aufnahmefähig. Die Säfte und Nährstoffe fließen nach unten, zu den Wurzeln. Das unterirdische Wachstum ist dann begünstigt.
Der Vollmond und der Neumond sind Höhe- und damit auch Wendepunkte in diesem Rhythmus. Die Einflüsse auf Erde und Pflanzen wirken zu diesen Zeiten besonders stark und zuweilen auch belastend, und deshalb sind auch nur wenige Feldarbeiten begünstigt. Hier sind nun einige Mondregeln, die speziell die Landwirtschaft betreffen. Beachten Sie auch hier, dass der richtige Zeitpunkt nach dem Mondstand nur ein Faktor für das Wach-

Getreide – eine Fruchtpflanze

sen und Gedeihen der Pflanzen ist – die Bodenverhältnisse und das Wetter sind mindestens ebenso wichtig.

Getreideanbau

Beste Ergebnisse erreicht man, wenn Getreide bei zunehmendem Mond an Widder- und Schützetagen ausgesät wird. Auch ein Löwetag ist günstig, kann aber den Boden austrocknen, so dass die Samen nicht schnell keimen.

Nicht so gut sind Aussaattermine bei abnehmendem Mond, vor allem, wenn sie womöglich noch dazu an Krebs-, Fische- oder Skorpiontagen liegen.

Getreide ist im Sinne der Mondregeln eine Fruchtpflanze. Deshalb wird es unter den Feuerzeichen Widder, Löwe, Schütze bearbeitet.

Getreide düngen

Wenn es möglich ist, sollte man Getreideflächen bei Vollmond oder bald danach düngen. Günstig ist auch der abnehmende Mond, am besten an Widder- und Schützetagen. Löwetage sind weniger geeignet, und man sollte an ihnen vor allem keinen Kunstdünger streuen, weil dann die Gefahr besteht, dass die Pflanzen »verbrennen«.

Bei zunehmendem Mond ist das Düngen kaum erfolgversprechend. Die Nährstoffe dringen nur schlecht in den Boden ein, und sie werden oft fortgeschwemmt, bevor sie die Wurzeln der Pflanzen erreichen.

Getreide ernten und einlagern

Generell sollte die Ernte der Feldfrüchte bei abnehmendem Mond eingebracht werden. Für Getreide eignen sich die Fruchttage (Widder, Löwe, Schütze) am besten. Weniger gut geeignet – auch bei abnehmendem Mond – sind die Blatttage Krebs und Fische sowie der Erdtag Jungfrau.

Bei zunehmendem Mond sollte möglichst nicht geerntet und eingelagert werden; besonders ungünstig sind hier die Blatttage und Jungfrautage.

Heustock ansetzen

Bei abnehmendem Mond an Blütentagen (Zwillinge, Waage, Wassermann) angesetzt, fault das Heu nicht, und die Gefahr einer Selbstentzündung ist auch geringer. Günstig ist auch der abnehmende Mond generell. Setzt man den Heustock aber bei zunehmendem Mond, vielleicht sogar an Wassertagen (Krebs, Skorpion, Fische) an, muss man damit rechnen, dass das Heu bald grau wird und zu schimmeln beginnt.

Tiere reagieren auf die Mondkräfte besonders sensibel.

Landwirtschaft und Tierhaltung mit dem Mond

Der Kartoffelanbau
Kartoffeln sollten bei abnehmendem Mond, möglichst kurz nach Vollmond gelegt werden. Besonders günstig ist zu diesem Zweck ein Steinbocktag, aber auch die anderen Erdtage (Stier- und Jungfrautage, letztere nicht ganz so gut) sind in dieser Mondphase geeignet. Kartoffeln sollten niemals bei zunehmendem und aufsteigendem Mond gelegt werden, sonst kommen sie trotz des Häufelns immer wieder an die Oberfläche!

Mondregeln für den Weinbau:
Man setzt die jungen Weinstöcke entweder bei zunehmendem oder aufsteigendem Mond, vorzugsweise an Fruchttagen (Widder, Löwe, Schütze). Der Rebenschnitt erfolgt an ausgewachsenen Rebstöcken bei abnehmendem Mond an Fruchttagen. Geerntet werden die Trauben am besten bei aufsteigendem Mond. Fällt der Erntetermin dabei aber auf einen Fischetag, so sind diese Trauben zum sofortigen Verbrauch bestimmt.

Kartoffeln häufeln
Diese wichtige Pflegearbeit soll bei zunehmendem Mond an Wurzeltagen (Stier, Jungfrau, Steinbock) durchgeführt werden. Günstig sind auch Blütentage (Zwillinge, Waage, Wassermann), ebenfalls bei zunehmendem Mond.
Weniger günstig ist es bei abnehmendem Mond, ganz ungünstig bei abnehmendem Mond an Löwetagen.

Kartoffeln ernten und einlagern
Ernte und Einlagerung der Kartoffeln geschieht bei abnehmendem Mond: am besten an Widder-, aber auch an Stier- und Steinbocktagen. Erntet man bei abnehmendem Mond an Jungfrautagen, müssen die Feldfrüchte alsbald verzehrt werden. Nicht zu empfehlen ist die Kartoffelernte bei zunehmendem Mond, vor allem an Krebs- oder Fischetagen.

Allgemeine Mondregeln für das Düngen
Richtig angewendet kann Dünger, vor allem, wenn er organischen Ursprungs ist, die Bodenfruchtbarkeit wesentlich erhöhen und dafür sorgen, dass gesunde und ertragreiche Pflanzen heranwachsen. Zu viel davon (vor allem vom Kunstdünger) und zum falschen Zeitpunkt ausgebracht nützt nicht nur wenig, sondern belastet vor allem die Umwelt. Deshalb sollte Dünger oder Mist immer nur bei Vollmond oder bei abnehmendem Mond ausgebracht werden. Getreide, Fruchtgemüse und Obst düngt man am besten an Widder- und Schützetagen, andere Kulturen z.B. an den Erdtagen. Kunstdünger soll – wie schon mehrfach erwähnt – vor allem nicht an Löwetagen ausgebracht werden, weil dann die Pflanzen verbrennen könnten. Jauche und Gülle sollten wegen des Grundwasserschutzes möglichst unbedingt bei Vollmond oder mindestens wenige Tage danach vergossen werden. Wer einen Misthaufen ansetzen will, wählt dafür ebenfalls vorzugsweise einen Termin bei abnehmendem Mond.

Mond und Tiere

Viehzucht, Tierhaltung und -pflege

Die Einflüsse des wechselnden Mondes auf alles Lebendige betreffen auch die Tiere. Auch ihr Biorhythmus ist auf erkennbare, wenn auch nicht immer erklärbare Weise mit dem lunaren Rhythmus verbunden. Jeder, der Tiere um sich hat, wird das bestätigen. Hunde und Katzen z.B. zeigen an Vollmond- und Neumondtagen für gewöhnlich einen erheblich gesteigerten Bewegungsdrang sowie eine deutlich erhöhte Sensibilität. Viele Hundebesitzer – und manche ihrer Nachbarn – können in Vollmondnächten kaum ein Auge zumachen, weil die Vierbeiner äußerst unruhig sind und stundenlang den Mond anheulen. Kater und Katzen sind in diesen Nächten besonders aktiv – sowohl beim Liebesspiel als auch bei den Kämpfen untereinander. Die »Katzenmusik«, die sie dabei veranstalten, ist ein deutlich hörbarer Beweis.

Jäger und Forstleute haben entsprechende Erfahrungen bei wild lebenden Tieren gesammelt, und sie verstehen es, diese Erfahrungen zu nutzen, wenn sie auf die Jagd gehen.

Vor allem Tiere reagieren auf die Mondeinflüsse sehr sensibel. Wer sich darauf einstellt, hat es bei der Arbeit auf der Weide oder im Stall viel leichter.

Trächtigkeit und Geburt

Eine alte Bauernweisheit besagt, dass Tiere, die an Vollmondtagen oder in der Nähe des Vollmondes geboren werden, besonders widerstandsfähig und gesund sind. Landwirte und Tierzüchter wenden diese Erkenntnis an, indem sie entsprechend günstige Termine für die Befruchtung (Belegung) ihrer Tiere auswählen. So ist es z.B. besonders günstig, wenn Kühe um Neujahr trächtig werden: Dann werden die Kälber am oder um den Oktobervollmond geboren. Diese Kälber sind sehr gesund, und die Geburt verläuft meist unkompliziert. Die Termine lassen sich anhand der bekannten Trächtigkeitszeiten errechnen.

Trächtigkeits- bzw. Brutzeit in Tagen

Tier	Tage	Tier	Tage
Ente	27 – 29	Pferd	230 – 355
Gans	29 – 31	Pute	29 – 30
Haushund	63 – 64	Rind	280 – 283
Hauskatze	63 – 65	Schaf	146 – 154
Huhn	20 – 21	Schwein	112 – 116
Zwerghuhn	26 – 27	Taube	17 – 18
Kaninchen	29 – 32	Ziege	119 – 155

Landwirtschaft und Tierhaltung mit dem Mond

Hühnerzucht
Man sollte Eier so bebrüten lassen, dass die Küken bei Vollmond schlüpfen. Es werden dann gesunde und kräftige Tiere daraus.

Tiere decken
Es hat sich gezeigt, dass dies bei zunehmendem Mond (möglichst nahe an Vollmond) oft erfolgreich ist. Besonders günstig ist, wenn dann noch der Mond im Löwen steht. Manche Bauern setzen auch auf einen Skorpiontag, ganz unabhängig von der Mondphase.

Wachstum und Gesundheit
Die Einflüsse der Mondphasen auf das Wachstum und die Entwicklung des tierischen Organismus entsprechen im Wesentlichen denen beim Menschen. Es wird beobachtet, dass bei zunehmendem Mond aufbauende und zuführende Maßnahmen besonders wirksam sind. Dagegen sind in der Phase des abnehmenden Mondes entgiftende und ausschwemmende Behandlungen erfolgreich. Auch die Wirkung der vom Mond durchwanderten Tierkreiszeichen auf die vergleichbaren Körperregionen und Organsysteme scheint entsprechend der beim Menschen zu sein (siehe ab Seite 36). Das gilt ebenso für den richtigen Zeitpunkt tierärztlicher Behandlung wie für die Gabe von Heilkräutern.

Um die Nierentätigkeit eines Tieres anzuregen, gibt man an Waagetagen bei abnehmendem Mond ausschwemmende Heilkräuter, z. B. Brennnesseln, ins Futter. Auf diese Weise erreicht man eine gute Entgiftungswirkung und schützt das Tier vor Erkrankungen.

Entwöhnen von Kälbern
Mit dem Entwöhnen der Jungtiere soll man kurz vor dem Vollmond beginnen und sie am Vollmondtag zum letzten Mal trinken lassen. Dann bleiben die Tiere gesund, und sie bekommen ein ausgewogenes Temperament. Ausnahmen sind Vollmond in Krebs, Löwe oder Jungfrau – diese Tage wirken sich eher ungünstig auf das spätere Verhalten der Tiere aus.

Huf-, Klauen- und Krallenpflege
Hufe, Klauen oder Krallen soll man nach Möglichkeit bei abnehmendem Mond an Steinbock-, Widder- oder Stiertagen pflegen. Wenn Hufe, Klauen oder Krallen schlecht wachsen, reibt man sie an Steinbocktagen bei zunehmendem Mond mit Stärkungsmitteln, z. B. Lorbeeröl, ein.

Schafe scheren
Der günstigste Schurtermin ist eine Woche vor bis zum Vollmond. Nach Vollmond sollte aber nicht mehr geschoren werden.

Von Geflügelzucht bis Schlachten

Enthornen und kastrieren
Bei abnehmendem Mond bluten kastrierte oder enthornte Tiere weniger stark; die Wunden heilen schneller und besser. Allerdings sollte man für das Enthornen Widdertage und für das Kastrieren Skorpiontage meiden.

Stallpflege und -reinigung
Auch bei diesen Arbeiten ist man erfolgreich, wenn man die Mondeinflüsse auf seiner Seite hat. Es gibt hierzu ein paar Regeln, die sich bewährt haben.

Neubezug eines Stalles
Soll ein Stall neu bezogen werden, wählt man einen Tag bei aufsteigendem Mond (Schütze, Steinbock, Wassermann, Fische, Widder, Stier), zudem am besten einen Montag, Mittwoch, Freitag oder Samstag. Bei absteigendem Mond, besonders aber an Dienstagen, Donnerstagen oder Sonntagen, ist das Beziehen des Stalles nicht besonders erfolgversprechend.

Stallreinigung
Alle Reinigungs- und Pflegearbeiten führt man am besten bei abnehmendem Mond durch. Günstig sind die Lufttage (Zwillinge, Waage, Wassermann), aber auch Wassertage (Krebs, Skorpion, Fische). Auch der absteigende Mond (Zwillinge, Krebs, Löwe, Jungfrau, Waage, Skorpion) kann empfohlen werden.

Zum Einbringen der Lagerstreu sollte man den abnehmenden Mond wählen, aber auch ein Termin bei aufsteigendem Mond (Schütze, Steinbock, Wassermann, Fische, Widder, Stier) ist günstig. Weniger günstig ist es bei absteigendem Mond (Zwillinge, Krebs, Löwe, Jungfrau, Waage, Skorpion). Bei zunehmendem Mond sollte man besser davon absehen.

Milchverarbeitung
Die Verarbeitung der Milch zu Butter, Sahne oder Käse gelingt am besten an Lufttagen (Zwillinge, Waage, Wassermann), aber auch Feuertage (Widder, Löwe, Schütze) sind günstig. Meiden sollte man die Wassertage (Krebs, Skorpion, Fische), weil dann die Milch wässrig wird.
Übrigens: Käse sollte man bevorzugt an Feuertagen herstellen, niemals an Jungfrautagen. Käse reift schneller, wenn er bei zunehmendem Mond bereitet wird, langsamer, wenn man ihn bei abnehmendem Mond ansetzt.

Schlachten
Wenn man kurz vor bzw. an Vollmond schlachtet, ist das Fleisch saftiger und aromatischer als zu anderen Zeitpunkten. Die Weiterverarbeitung kann dann bei abnehmendem Mond erfolgen, so dass eine bessere Haltbarkeit gewährleistet ist.

Special: Regeln für den Holzeinschlag

Qualität und Haltbarkeit des Holzes sind ganz wesentlich von der richtigen Behandlung und Bearbeitung abhängig. Jahrhundertealte Erfahrungen, vor allem im ländlichen Bereich, haben zu Regeln geführt, die auch heute noch gültig sind. Diese Regeln wurden aufgrund einer genauen Naturbeobachtung und der Nutzung des Mondkalenders gewonnen. Von besonderem Gewicht sind – je nach dem späteren Verwendungszweck des Holzes – die Regeln für den richtigen Zeitpunkt zum Einschlagen des Holzes. Viele Waldbesitzer, Forstleute und Holzfäller halten sich heute wieder daran. Und sie haben Erfolg damit.

Der Mond beeinflusst Wachstum und Qualität des Holzes.

Die Grundregeln

Grundsätzlich ist der Winter die beste Zeit, Holz zu fällen, denn dann sind die Säfte »abgestiegen«, und das Holz arbeitet weniger. Die allerbeste Zeit liegt zwischen dem 21. Dezember und dem 6. Januar.

Die Mondphasen sind ebenfalls wichtig – vor allem die Nähe zum Vollmond oder zum Neumond spielt erfahrungsgemäß eine entscheidende Rolle.

Nach Möglichkeit meidet man beim Einschlagen immer die Skorpiontage, weil sonst die Gefahr besteht, dass sich Schädlinge über das frisch geschlagene Holz hermachen.

Spezielle Regeln

Neben den genannten Grundregeln gibt es noch eine Reihe spezieller Tipps, die sich in der Praxis bewährt haben.

Holz, das nicht fault oder wurmig wird

Sicher vor Fäulnis und Holzwürmern ist Holz, das an folgenden Tagen eingeschlagen wird: 1., 7., 25. und 31. Januar sowie 1. und 2. Februar. Das Holz, das man am Neujahrstag bzw. zwischen 31. Januar und 2. Februar fällt, wird später immer härter. Wenn der abnehmende Märzmond in den Fischen steht, ist es auch günstig, Holz einzuschlagen, das weder fault noch wurmig wird.

Bitte bedenken Sie auch, dass frisch eingeschlagenes Holz noch mindestens ein Jahr unter optimalen Bedingungen gelagert werden muss, bevor es die gewünschten Eigenschaften angenommen hat und auf Dauer behält.

Ob Bauholz oder Christbäume

Bauholz
Holz für diesen Bestimmungszweck wird am besten in den letzten Dezembertagen eingeschlagen. Dann fault es nicht und leidet kaum unter Holzwurmbefall. Die Qualität des Bauholzes ist aber auch gut, wenn es zwischen September und März bei zunehmendem Mond in den Fischen eingeschlagen wird.

Wer den Befall mit Holzwürmern vermeiden will, schlägt sein Holz am besten an einem Tag ein, an dem die Sonne im Sternzeichen Steinbock steht und der Mond seit drei Tagen abnimmt.

Reißfestes Holz
Holz, das nicht reißen darf, schlägt man am besten kurz vor Neumond im November ein. Weitere günstige Termine: Neumond im Krebs, der 23. März, der 29. Juni und der 31. Dezember. Beim Fällen sollte man darauf achten, dass der Baumwipfel talwärts fällt. Bei ebener Fläche lässt man den Wipfel noch eine Weile am Baum, damit der Saft herausgezogen wird.

Holz für Dielen und Werkzeugschäfte
Die günstigsten Einschlagtermine dafür sind bei oder kurz nach Vollmond an einem Stiertag sowie die Skorpiontage im August. Wer Schaufelstiele und Axtgriffe anfertigen will, sollte auf Holz zurückgreifen, das bei Neumond im November gefällt wurde.

Holz für den Wasserbau
Holz, das für Bauten im oder am Wasser, auch für Boote verwendet werden soll, fällt man am besten bei abnehmendem Mond an einem Krebs- oder Fischetag. Dann bleibt der Saft im Holz und macht es widerstandsfähiger gegen Nässe. Auch Skorpiontage sind günstig – dann muss man aber auf Borkenkäfer achten!

Kaum zu glauben, aber wahr: Holz, das am 1. März (am besten nach Sonnenuntergang) eingeschlagen wird, erweist sich nach der Lagerung als kaum entflammbar und ist beinahe feuerbeständig. Ähnlich schwer entzündbar soll Holz sein, das bei Neumond in der Waage, am Tag vor dem Dezemberneumond oder zwei Tage vor dem Märzneumond eingeschlagen wird.

Brennholz
Gutes Brennholz wird am besten im ersten Viertel des zunehmenden Mondes im Oktober eingeschlagen. Günstig sind auch die Tage bei abnehmendem Mond nach der Wintersonnenwende (21. Dezember). Zu vermeiden sind in jedem Fall die Wassertage (Krebs, Skorpion, Fische), da das Holz dann zu feucht ist.

Christbäume
Nun noch ein Tipp, wie man das lästige Nadeln der Christbäume vermeiden kann! Tannen und Fichten behalten ihre Nadeln besonders lange (manchmal sogar jahrelang), wenn sie drei Tage vor dem 11. Vollmond des Jahres (meist ist das Ende November gegeben) gefällt werden. Bis Weihnachten sollten sie dann kühl gelagert werden.

Beruf und Karriere – wie der Mond hilft

Beruf und Karriere haben auf den ersten Blick wenig mit irgendwelchen Himmelsereignissen zu tun. Ein kreatives Umfeld, Talent, Fleiß und Disziplin – das sind und bleiben die entscheidenden Voraussetzungen, um erfolgreich zu sein und zu bleiben. Allerdings: Wir wissen auch, dass der Mond die Natur und das Leben beeinflusst, dass im Verlauf seines Erdumlaufs unterschiedliche Energien wirken. Diese Energien haben eben auch Auswirkungen auf unsere beruflichen oder geschäftlichen Aktivitäten. Vielleicht lohnt es sich ja, bei der Planung eines wichtigen Termins einen Blick in Ihren Mondkalender zu werfen. Gewinnen werden Sie in jedem Fall – auch wenn nur der Blick für das wirklich Wichtige geschärft wurde. In diesem Sinne sollen die nachfolgenden Tipps Hilfe und Anregung sein.

Besondere Einfälle, ausgefallene Ideen und originelle Lösungen stellen sich häufiger bei abnehmendem Mond an Löwe-, Waage-, Wassermann- und Fischetagen ein. Diese Tage sind auch in anderen Mondphasen gut für kreatives Arbeiten. Weniger günstig sind Widder- und Jungfrautage, an denen man besser Praktisches und Routinetätigkeiten erledigen sollte.

Was die Mondphasen unterstützen

Bei Neumond können berufliche bzw. geschäftliche Angelegenheiten erfolgreich abgeschlossen werden. Auch ein beruflicher Neubeginn oder der Vorstoß in geschäftliches Neuland ist in dieser Mondphase begünstigt.
Bei zunehmendem Mond können schwierige Verhandlungen erfolgreich geführt sowie neue Projekte geplant und vorbereitet werden.
Der Vollmond ist dagegen keine so gute Zeit für geschäftliche Aktivitäten, man sollte jetzt vor allem keine riskanten Transaktionen tätigen.
Der abnehmende Mond ist wiederum eine besonders geeignete Phase, um energievoll und dementsprechend leistungsstark ans Werk zu gehen.

Die Impulse der Tierkreiszeichen

Es gibt eine Reihe von Mondregeln, deren Berücksichtigung vielleicht von Vorteil für Sie sein kann. Es lohnt sich auf alle Fälle, sie

Von Bewerbung bis Projektplanung

in den nachfolgend genannten Situationen einmal auszuprobieren. Auf keinen Fall aber sollte man sie als Dogmen betrachten oder gar davon ausgehen, dass Erfolg oder Misserfolg allein davon abhängen.

Bewerbung, Vorstellungsgespräch

Wer sich für eine neue Stelle interessiert, sollte sich bei abnehmendem Mond, am besten wenige Tage nach Vollmond bewerben oder für diese Zeit ein Vorstellungsgespräch vereinbaren. Besonders empfohlen werden für diese Vorhaben Löwe-, Jungfrau- oder Schützetage bei abnehmendem Mond. An diesen Tagen gelingt es recht gut, sich vorteilhaft zu präsentieren.

Wenn es sich einrichten lässt, sollte man eine neue Stelle (oder eine neue Position innerhalb der Firma) bei Neumond oder wenigstens bei zunehmendem Mond im ersten Viertel, vorzugsweise an einem Stier- oder Steinbocktag, antreten.

Lernen

Vor dem Erfolg steht das Lernen. Da hat man bei zunehmendem Mond in den Zwillingen, im Löwen, in der Jungfrau und im Wassermann die besten Erfolge. Auch bei abnehmendem Mond sind diese Tage noch gut geeignet. Weniger zu empfehlen sind Krebs- und Fischetage bei abnehmendem Mond. An Fischetagen eine Erholungspause einzulegen ist günstig, weil man an diesen Tagen eh nicht viel schafft. Wer unmittelbar vor einer Prüfung büffeln muss, kann auch auf Skorpion, Schütze und Steinbock setzen, unabhängig von der Mondphase.

Fortbildungslehrgänge und -seminare verlaufen besonders kreativ und erfolgreich, wenn sie an Schütze- oder Steinbocktagen bei zunehmendem Mond beginnen.

Schreiben

Wer kennt das nicht? Manchmal will einem keine Zeile gelingen, an anderen Tagen »fließt es nur so aus der Feder«. Letzteres sollte vor allem an Zwillinge-, Jungfrau- (besonders die Erledigung von Geschäftspost) und an Skorpiontagen gelingen. Der abnehmende Mond kann zusätzlich noch eine schreibfördernde Wirkung haben. Wenn es nicht unbedingt sein muss, sollte man das Schreiben an Krebs-, Schütze- und Fischetagen bei zunehmendem Mond doch lieber lassen.

Neue Projekte planen

Wenn es darum geht, vorausschauend Termine, Projekte und Aktivitäten zu planen, eignen sich dafür Skorpion-, Steinbock- und Wassermanntage bei zunehmendem Mond besonders gut.

Der abnehmende Mond unterstützt Konzentration und Leistungskraft.

Beruf und Karriere – wie der Mond hilft

Mühevoller und weniger erfolgreich wird diese Arbeit bei abnehmendem Mond in Krebs, Waage oder Fische sein.

Übrigens: Wenn es geht, sollte man bei Neumond damit beginnen, das Geplante in die Tat umzusetzen. Der Wille zum Erfolg wird dann besonders groß sein.

Erfordert die Vorbereitung einer größeren Reise großen Aufwand, so ist man gut beraten, die Planung dafür an Jungfrau- und Steinbocktagen, am besten bei zunehmendem Mond zu erledigen.

Arbeiten erledigen, die Körperkraft erfordern

Es hat sich gezeigt, dass dies bei abnehmendem Mond, nachmittags zwischen 14 und 18.30 Uhr besonders erfolgversprechend ist. Günstig ist es in jedem Fall, solche Arbeiten bei abnehmendem und nicht bei zunehmendem Mond durchzuführen.

An Fischetagen und bei Neumond kann es sein, dass es einem schwer fällt, große körperliche Kräfte zu mobilisieren.

Arbeiten erledigen, die Feingefühl erfordern

Besonders entwickelt ist das Fingerspitzengefühl bei abnehmendem Mond an Waagetagen, aber auch an Krebs- und Wassermanntagen. Bedeutend geringer ist es bei zunehmendem Mond an den Jungfrautagen.

Werbung

Wer für sich, sein Unternehmen oder seine Ideen werben will, sollte das bevorzugt an Zwillinge-, Wassermann- und Skorpiontagen, vor allem bei abnehmendem Mond, tun. Krebs-, Jungfrau-, Steinbock- und Fischetage sind dafür nicht so gut geeignet, vor allem, wenn der Mond zunimmt.

Behördengänge

Auch wenn man sie nicht liebt, manchmal sind sie eben erforderlich. Wenn Sie die Wahl haben, sollten Sie Ämter bei abnehmendem Mond an Jungfrau- und Steinbocktagen aufsuchen. Auch wenn der Mond zunimmt, sind Jungfrau- und Steinbocktage begünstigt. Vermeiden sollte man Behördengänge bei Vollmond, um möglichem Ärger aus dem Wege zu gehen.

Rechtsangelegenheiten

Juristisches erledigt man am günstigsten bei abnehmendem Mond im Schützen. Aber auch die Schützetage allgemein sowie die Zwillinge- und Jungfrautage sind geeignete Termine für einen Besuch beim Rechtsanwalt oder Notar.

Wenn es möglich ist, sollte man die Fischetage bei zunehmendem Mond für solche Angelegenheiten besser meiden.

Von Körperarbeit bis Verkauf

Verhandlungen führen, Verträge abschließen

Wenn es hart zur Sache geht, sollte man für Verhandlungen und Vertragsabschlüsse einen Termin an Widder-, Schütze- oder Wassermanntagen bei zunehmendem Mond wählen. Weniger günstig sind erfahrungsgemäß Krebs- oder Fischetage bei abnehmendem Mond.

Geschäftsbeziehungen ausbauen

Wer wieder einmal neue Partner oder Kunden gewinnen will, ist damit gut beraten, sich an Zwillinge-, Steinbock- und Wassermanntagen, vor allem bei abnehmendem Mond, entsprechend zu bemühen, um neue Kontakte zu schließen.

Budgetplanung

Günstig dafür sind Stier- und Steinbocktage bei zunehmendem Mond. Bei abnehmendem Mond, vor allem an Krebs- und Fischetagen, besteht die Möglichkeit, dass man zu keinem abschließenden Ergebnis gelangt.

Geldangelegenheiten regeln

Ob eine Geldsumme angelegt oder ein Kredit aufgenommen werden soll – am besten regelt man alle Geldangelegenheiten bei zunehmendem Mond an einem Erdtag (Stier, Jungfrau, Steinbock). Auch Widder- und Waagetage sind geeignet, Letztere vor allem, um Geld gut anzulegen.
Bei abnehmendem Mond, noch dazu an Wassertagen (Krebs, Skorpion, Fische), sowie bei Vollmond sollte man besser die Finger von Gelddingen lassen.

Anschaffungen, größere

Stiertage und abnehmender Mond, am besten kurz vor Neumond, sind die besten Zeiten, um sich für größere Einkäufe zu entscheiden bzw. sie zu tätigen. Für den Kauf eines Autos sind auch noch Löwe-, Skorpion- und Wassermanntage gut geeignet.
Bei Vollmond ist man damit nicht so gut beraten: Man könnte es wenig später schon bereuen.

Verkäufe

Wenn man etwas veräußern will, sollte man es möglichst bei abnehmendem Mond, am besten an Widder-, Stier-, Zwillinge-, Löwe-, Waage-, Schütze- oder Steinbocktagen, anbieten bzw. verkaufen. Wassertage sind weniger gut geeignet.

*An Zwillinge-, Löwe- und Wassermanntagen kommt man leichter mit anderen Menschen ins Gespräch und ist in der Lage, Verständigungsbarrieren zu überwinden. Auch Waage-, Widder- und Krebstage sind recht günstig.
An allen Stier-, Fische- und Steinbocktagen dürfte es allgemein etwas schwerer fallen, neue Kontakte aufzubauen.*

Liebe und Partnerschaft – der Mond ist dabei

Harmonie in der Partnerschaft – der Mond kann helfen, die Gefühle in die richtigen Bahnen zu lenken.

Eines ist sicher: Das Gelingen oder Scheitern einer Partnerschaft hat auf den ersten Blick wenig mit dem Mond zu tun. Es geht schließlich um die Gefühle zweier Menschen, die miteinander zurechtkommen wollen. Aber da der Mond auf jeden Einzelnen von uns wirkt, überträgt sich diese Wirkung auch auf unsere Beziehungen zu anderen Menschen, ganz egal, ob es sich dabei um eine flüchtige Romanze, um eine leidenschaftliche erotische Affäre oder eine auf Treue und Harmonie begründete Liebesbeziehung handelt. Dieser Mondeinfluss ist dabei nicht so sehr von den Mondphasen bestimmt, sondern er gründet sich hauptsächlich auf die Impulse der Tierkreiszeichen, in denen der Mond steht.

Mond und Libido

Wie schon festgestellt, bewirken die Mondphasen vergleichsweise wenig im Bereich der zwischenmenschlichen Beziehungen. Allerdings haben sie einen gewissen Einfluss auf die Intensität der Beziehungen – vor allem dann, wenn es hauptsächlich um die Sexualität geht.

Wenn der Mond zunimmt, wird in aller Regel auch das sexuelle Verlangen zunehmend größer, fordernder und drängender, je näher der Vollmond rückt.

Bei Vollmond spüren wir oft ein stürmisches Verlangen nach körperlicher Liebe; vor allem in den Nächten werden heftige Leidenschaften geweckt und erfüllt.

Bei abnehmendem Mond kommen die wilden Begierden allmählich zur Ruhe; die Liebe wird umso zärtlicher und sanfter, je mehr sich die Mondsichel verkleinert.

Bei Neumond schließlich kommen die Leidenschaften für einen kurzen Augenblick zum Erliegen. Wir gelangen wieder zu mehr innerer Ruhe und können intensiver darüber nachdenken, wie wir unsere Beziehung in Zukunft gestalten wollen. Die folgenden Tipps können dabei vielleicht ein wenig Hilfe geben.

Widdertage–Zwillingetage

Die Impulse der Tierkreiszeichen

Die folgende Aufstellung zeigt, welches Verhalten oder welche Stimmung von den Tierkreiszeichen beeinflusst ist. Danach sollten Sie nicht Ihre Beziehung planen, doch Sie können sich so auf manches besser einstellen. Es gibt beispielsweise Tage mit einer besonders aggressiven Atmosphäre – da ist es ratsam, keine heiklen Themen klären zu wollen. Sie nutzen besser einen Tag mit harmonischer Grundstimmung, um eben diese Streitpunkte zu beseitigen.

Auch für den erotischen Bereich gibt es unterschiedliche Impulse – mal sanft und zärtlich, mal wild und hemmungslos, aber eben auch mal kühl und kalkulierbar.

An Widdertagen

An diesen Feuertagen geht es leidenschaftlich zu. Man schließt leicht neue Bekanntschaften – heiße Flirts und kühne Eroberungen liegen in der Luft. Doch wenn der eine oder die andere dabei zu weit geht, kann die Stimmung auch schon mal gereizt sein.
Die Erotik ist entsprechend stürmisch und feurig. Da nimmt man schon einmal die eine oder andere Gelegenheit wahr, ohne immer erst an den Morgen danach zu denken.

An Stiertagen

Diese Erdtage sind nicht so bedächtig, wie die rundum harmonische Grundstimmung vermuten lässt. Da werden nicht nur Zukunftspläne geschmiedet – da werden sie auch verwirklicht. Stiertage sind die beliebtesten Hochzeitstermine.
In der Erotik fehlt's jetzt ein wenig an Spontaneität, aber nach einem guten Essen bereitet auch die Liebe viel Genuss. Überzeugte Singles sollten allerdings auf der Hut sein: Aus einem Date am Stiertag kann – leichter als an anderen Tagen – eine feste Bindung werden.

An Zwillingetagen

Diese Lufttage sind geradezu ideal, um alte Freundschaften zu festigen und neue Bekanntschaften zu schließen. Wenn Sie an diesen Tagen Lust zum Feiern haben, leben Sie dieses herrliche Vergnügen doch endlich wieder einmal aus. Am besten gemeinsam mit Ihren Freunden – Sie werden viel Spaß haben!
In der Erotik geht's an Zwillingetagen eher flüchtig und unverbindlich zu; es kann durchaus sein, dass eine nächtliche Eskapade am nächsten Morgen schnell vergessen ist.

Übrigens: Wenn es wirklich gar nicht mehr geht – eine Trennung schmerzt weniger, wenn man die Beziehung bei abnehmendem Mond in den Zwillingen oder im Wassermann beendet. Je näher an Neumond, desto leichter kann man es verkraften.

Liebe und Partnerschaft – der Mond ist dabei

An Krebstagen
Starke Gefühle kennzeichnen diese Wassertage. Die Nächte – am besten bei Kerzenschein und leiser Musik – sind erfüllt von großer Zärtlichkeit. So etwas gibt's an Krebstagen nicht nur für jung Verliebte, sondern auch für »alte« Ehepaare, wenn sie sich nur auf ihre Gefühle einlassen. Krebstage sind sowieso wie geschaffen dafür, die Familienbande zu festigen und Freundschaften zu pflegen.
In der Erotik ist an Krebstagen die Seele immer dabei. Eine tiefe gegenseitige Anziehung entwickelt sich besonders in stimmungsvoller Atmosphäre. Dabei ist meist auch die Sehnsucht nach einer dauerhaften Bindung mit im Spiel.

An Löwetagen
»Flirten und erobern« heißt das Motto der feurigen Löwetage. Da ist alles möglich – heiße Leidenschaft, stimmungsvolle Romantik und sanfte Zärtlichkeit, spätere Heirat nicht ausgeschlossen.
In der Erotik ist Verführung angesagt. Er oder sie wird es nach allen Regeln der Kunst versuchen. Blumen gehören dazu, ein feuriger Wein und raffinierte Düfte – ein Luxus, den man sich wahrlich nicht alle Tage gönnt.

Wenn es in der Beziehung zu einer Krise kommt, sollten Sie nicht dem Mond die Schuld daran geben. Nutzen Sie lieber seine positiven Einflüsse, um die Harmonie wiederherzustellen.

An Jungfrautagen
Kaum zu glauben, dass nach dem Beziehungshoch der vergangenen Löwetage so schnell wieder der schnöde Alltag einkehrt! Eher kühl geht es an diesen Erdtagen zu. Schnell gibt ein Wort das andere, und schon ist die Stimmung im Keller. Wer das vermeiden will, geht jetzt am besten jedem Streit aus dem Wege.
In der Erotik knistert's an diesen Tagen nur wenig. Man ist eher ein bisschen prüde und auch ängstlich.

An Waagetagen
Harmonie bestimmt diese Lufttage, bestens geeignet, um Freundschaften zu pflegen und neue Freunde zu gewinnen. Auch der Partner und die Familie sind heute besonders dankbar für liebevolle Zuwendung und kleine Aufmerksamkeiten; ein Blumenstrauß oder die Einladung zu einem Abendessen bei Kerzenschein kann viel zur Festigung und Vertiefung der Beziehung beitragen. Die Erotik wird an Waagetagen eher stilvoll zelebriert als leidenschaftlich gelebt. Manchmal kann es Probleme geben, weil sich der eine oder die andere nur schwer entscheiden kann, ob und wie man es tun soll.

Krebstage–Fischetage

An Skorpiontagen
Skorpiontage sind Tage voller Sinnlichkeit. Treffen jedoch zwei Partner aufeinander, die von dieser Stimmung nicht gleichermaßen ergriffen sind, kann es auch zu Unstimmigkeiten und Missverständnissen kommen. Die Erotik an Skorpiontagen ist knisternd, leidenschaftlich und von besonderem Reiz. Da gehen schon einmal ganz geheime Wünsche in Erfüllung.

An Schützetagen
Mit Freunden reden, neue Bekanntschaften schließen – dafür sind die Schützetage wie geschaffen. Dabei ist es gut möglich, dass aus einer flüchtigen Begegnung ein heißer Flirt wird.
Wenn's um die Erotik geht, da ist Abwechslung gefragt! Allerdings weniger, was den Partner betrifft, sondern vielmehr den Ort. Manche zieht's an diesen Tagen in die Weite, andere in die freie Natur, um sich an der Liebe zu erfreuen.

An Steinbocktagen
Eine gewisse Melancholie kann die eher kühlen Steinbocktage wie mit einem Schleier überziehen. Man zieht sich gerne ein wenig in sich selbst zurück und ist nach außen hin eher zurückhaltend. Wenn von Erotik an Steinbocktagen überhaupt die Rede sein kann, absolviert man sie eher pflichtgemäß und ohne große innere Beteiligung. Man tut es, weil es sich so gehört.

An Wassermanntagen
Wenn es um die gemeinsame Zukunft geht, findet man an diesen Lufttagen mit dem Partner viel Gesprächsstoff und reichlich Übereinstimmung. Nicht selten ist dann auch von Heirat die Rede. Aus einer herzlichen Freundschaft wird an diesen Tagen manchmal eine ernsthafte Liebesbeziehung.
In erotischer Hinsicht ist an Wassermanntagen alles möglich und alles erlaubt, wenn beide ihre Freude daran haben.

An Fischetagen
Besonders starke Gefühle prägen diese Tage, die nach Zärtlichkeit und seelischer Harmonie verlangen. Diese Grundstimmung schließt auch den weiteren Familienkreis und die Freunde ein. »Geben ist seliger als nehmen« könnte die Losung für diese Tage heißen. Voller Gefühl ist auch die Erotik. Man öffnet sein Herz, gibt sich ganz hin und genießt den süßen Schmerz, der in jeder tiefen Beziehung verborgen ist.

Starke Gefühle dominieren an den Wassertagen. Da kann die Liebe richtig aufblühen. Doch Vorsicht: Starke Gefühle, die nicht erwidert werden, können auch zu ernsthaften Auseinandersetzungen führen.

Mond und Freizeit – Erholung und Hobby

Mehr Spaß und gute Erholung findet man in der Freizeit, wenn man die Mondkräfte richtig nutzt.

Freizeit ist die Zeit, wovon die einen viel zu wenig haben, aber auch die Zeit, mit der manche oft nichts Rechtes anfangen können. Viel zu schnell ist sie dann wieder vorbei – ohne, dass sie das gebracht hätte, was man von ihr erwartet hat. Muss man Freizeit also planen? Man muss nicht, aber man kann! Denn diese Lebenszeit ist viel zu wichtig, als dass man sie ungenutzt oder sinnlos vergeuden sollte.

Es ist wichtig, sich diese Zeit zu nehmen, in der man sich regenerieren und wieder auftanken kann. Auf welche Weise dies geschieht, ist individuell verschieden. Die unterschiedlichen Bedürfnisse hängen vom Typ ab – und natürlich auch von äußeren Gegebenheiten wie Wetter oder Jahreszeit. Doch gerade, wenn man ein Fest oder einen Ausflug plant, ins Theater oder Konzert gehen will oder einen Einkaufsbummel vorhat, sollte man ruhig einen Blick in den Mondkalender werfen, denn dieser kann eine gute Entscheidungshilfe leisten.

Der Mond beeinflusst die Stimmung

Für einen Ausflug z. B. ist die auch vom Tierkreiszeichen des Tages beeinflusste Witterung zu beachten. Fällt der geplante Ausflug auf einen Kältetag, sollte man keinesfalls warme Kleidung vergessen. Wärmetage hingegen sind dafür sehr günstig, auch wenn an Löwetagen häufig Gewitterneigung herrscht und deshalb ein Regenschutz ins Gepäck gehört.

Für Unternehmungen wie Kinobesuche oder Abende im Freundeskreis ist die Wirkung des jeweiligen Tierkreiszeichens auf die Tagesstimmung interessanter. Diese gibt Anhaltspunkte, wie man sich u. U. fühlen und verhalten wird. Solche Einflüsse sind meist nicht direkt spürbar. Man kann eher sagen, dass sie vorhandene Neigungen leicht in eine bestimmte Richtung lenken.

Der Mond befindet sich aber immer nur zwei bis drei Tage in einem Tierkreiszeichen, so können sich die Energien nicht allzu stark entwickeln. Spürbarer ist dagegen schon der Einfluss der

Mond und seelische Befindlichkeit

Mondphasen. Wenn man die 28-tägige Erdumkreisung des Mondes in vier wiederkehrende Abschnitte einteilt, kann man sie als Lebensrhythmus sehen und mit den Jahreszeiten vergleichen.

Der Mond-Jahresrhythmus

Beginnend mit dem Neumond, stehen die ersten sieben Tage des Zyklus für den Frühling. Wir bekommen frische Energie, sind kontaktfreudig und können uns endlich dazu aufraffen, lange vor uns hergeschobene Dinge in Angriff zu nehmen. Pläne werden gemacht, Ausflüge oder Feste organisiert. Bei weiter zunehmendem Mond kann diese Energie in nervöse Umtriebigkeit umschlagen. Die zweiten sieben Tage des Mondzyklus können dem Sommer gleichgesetzt werden. Es ist Energie vorhanden, wir können viel schaffen, sind aber noch nicht so effektiv wie in der ersten Zeit des abnehmenden Mondes. Zwei Tage vor Vollmond wird es kritisch. Die Menschen sind unruhiger, reizbarer. Wer dies weiß, kann versuchen, dem entgegenzuwirken, indem er auf Provokation bewusst gelassen reagiert und so eventuell Streit verhindert.

Sobald der Vollmond vorüber ist, beruhigen sich die Menschen langsam wieder. Vergleichbar mit dem Herbst in der Natur, kann jetzt das, was im ersten Quartal begonnen wurde, zur Reife gelangen. Pläne werden ausgeführt, Feste gefeiert, Kontakte gepflegt. Die letzten sieben Tage stehen für den Winter, für das Kräfteschonen vor dem Neubeginn. Es ist Zeit, sich zurückzuziehen, zur Ruhe zu kommen und sich auf den nahenden Neuanfang vorzubereiten.

Ein Geheimtipp: Ist man einmal mit einem anderen Menschen so tief zerstritten, dass nichts mehr zu gehen scheint, sollte man versuchen, den Zwist an einem Schütze- oder Steinbocktag zu schlichten. Da ist man einfach diplomatischer und toleranter als z. B. an Widder- und Stiertagen.

Die Impulse der Tierkreiszeichen

Im Folgenden werden einige der wichtigsten Freizeitbeschäftigungen genannt und die dafür günstigsten Termine angegeben. Günstig – das bedeutet vor allem, dass man an den genannten Tagen oft besondere Lust auf diese Aktivitäten hat und dass diese dann auch besonders erfolgreich sind bzw. viel Freude und Erholung bringen können.

Einen Ausflug machen

Wenn der Mond in Widder, Stier, Jungfrau oder Schütze steht (vor allem bei abnehmendem Mond), zieht es einen ins Grüne. An Stiertagen haben die Berge eine besondere Anziehungskraft. An Zwillingetagen wäre beispielsweise eine Fahrradtour angesagt.

Mond und Freizeit – Erholung und Hobby

An Krebs- und Fischetagen ist ein Ausflug ans Meer, an den See oder entlang des Flussufers besonders reizvoll. An Feuertagen sollte man den Picknickkorb nicht vergessen.

Fest oder Party feiern
Laut, fröhlich oder einfach entspannend – an Lufttagen (Zwillinge, Waage, Wassermann) und Löwetagen lädt man gerne zur Party mit Freunden oder Kollegen ein. An einem Wassermanntag sollte der Kreis etwas kleiner, die Stimmung etwas besinnlicher sein. Wenn der Mond durch Löwe oder Waage geht, darf's ruhig etwas mehr sein – dann ist man so richtig in Stimmung für ein glänzendes Fest oder eine rauschende Ballnacht.
Übrigens: Man kann damit rechnen, dass die Stimmung bei abnehmendem Mond besonders ausgelassen ist.

Tanzen gehen
Wenn Sie es immer wieder einmal vorhatten und genauso oft wieder verschoben haben, unternehmen Sie doch an einem Widder-, Löwe-, Waage- oder Wassermanntag einen neuen Anlauf – Sie werden sehen, diesmal klappt's, und Sie werden viel Spaß auf dem Parkett oder in der Disko haben.

Ins Theater gehen
Wandert der Mond durch die Tierkreiszeichen Widder, Zwillinge, Waage, Steinbock oder Wassermann, ist die Zeit besonders günstig für einen Theaterbesuch. Ob heiter, dramatisch oder tragisch – man nimmt Anteil und genießt den Abend.

Opern- oder Konzertbesuche
Sehr günstig ist es, wenn Sie sich an Löwe-, Waage- oder Wassermanntagen dazu entschließen. Die Klänge werden Sie verzaubern – der Abend wird zum Erlebnis der besonderen Art.
Übrigens: Wer selbst Musik machen will, wird seine besondere Freude daran haben, wenn sich der Mond im Stier, Krebs, Skorpion oder in den Fischen befindet.

Wieder mal ins Museum
Waage- oder Schützetage sind die besten Termine, um sich wieder einmal den Schätzen der Vergangenheit zu widmen.
Wenn es um moderne Kunst geht, sind die Tage besonders gut geeignet, an denen der (zunehmende) Mond in Löwe, Waage oder Wassermann steht.

Wenn es geht, sollte man Reisen bei abnehmendem Mond antreten, am besten an Widder-, Zwillinge-, Schütze-, Wassermanntagen. Wenn der Mond in Zwillinge oder Schütze steht, ist es günstig, eine Kurzreise zu unternehmen. Zudem ist der Schütze für weite Flugreisen besonders angenehm.

Von Feier bis Verwandtschaftsbesuch

Ins Kino gehen
Ob Großleinwand im Filmpalast oder häusliches Pantoffelkino mit Video oder DVD – vor allem an Widder-, Zwillinge-, Waage-, Wassermann- und Fischetagen schaut man sich gerne Filme an.

Restaurantbesuch
Ob nach dem Kino oder einem anstrengenden Arbeitstag – hin und wieder sollte man sich verwöhnen lassen, ganz egal, ob es das Luxusrestaurant in der City oder die kleine Kneipe an der Ecke ist. An Stier-, Zwillinge- oder Krebstagen wird man das gastronomische Angebot als angenehm empfinden. Für ein romantisches Essen zu zweit empfehlen sich besonders die Tage, an denen der Mond in Krebs oder Fische steht.

Shopping
Einen Einkaufsbummel sollte man an Stier-, Jungfrau- oder Skorpiontagen unternehmen. Diese Termine sind vor allem auch für den Besuch von Modegeschäften oder Boutiquen zu empfehlen. Aber Vorsicht, denn an den Skorpiontagen neigt man leicht dazu, ein wenig mehr Geld auszugeben, als man eigentlich vorhatte. Da landet schon mal etwas Luxuriöses in der Tragetasche. Etwas mehr auf den Euro achtet man an Jungfrau- und Stiertagen.

Für die Planung des privaten Budgets sollte man Stier- oder Steinbocktage, möglichst bei zunehmendem Mond, wählen. An diesen Tagen denkt man besonders realistisch, behält dabei gut den Überblick. Für einen ausgesprochenen Sparhaushalt kämen auch noch die Jungfrautage in Betracht.

Sport treiben
Dafür sollte man sich viel öfter Zeit nehmen. Am meisten Spaß macht's allerdings, wenn sich der (abnehmende) Mond in Widder, Schütze oder Fische befindet. Für große Wettkämpfe oder ein Sportfest ist Schütze besonders geeignet. Das Schwimmen belebt und entspannt vor allem an Fischetagen. Wer mit dem Tauchsport beginnen will, dem sei dazu ebenfalls ein Fischetag empfohlen.
Übrigens: Sie werden vielleicht feststellen, dass die Zeit unmittelbar um Neumond nicht so gut geeignet ist, sportliche Höchstleistungen zu vollbringen.

Besuch bei Verwandten oder Freunden
Ein Besuch bei den Eltern oder Großeltern wird an Krebs-, Löwe- und Fischetagen als sehr angenehm empfunden.
Bekanntschaften oder freundschaftliche Beziehungen festigt man durch Besuche und Treffen an Zwillinge-, Krebs-, Waage- und Wassermanntagen. An diesen Tagen ist alles auf Kommunikation und Harmonie eingestellt.

Mond und Freizeit – Erholung und Hobby

Kreative und kunstgewerbliche Tätigkeiten

Wenn es um ausgesprochen kreative Hobbys geht – etwa um das Malen, Modellieren oder das Schreiben von Gedichten –, dann sind Löwe-, Waage-, Wassermann- und Fischetage (bei abnehmendem Mond) am besten geeignet. Für kunstgewerbliche Tätigkeiten, wie etwa Textilgestaltung, Basteln oder Nähen, eignen sich Tage besonders gut, an denen der (abnehmende) Mond durch Stier, Krebs oder Wassermann wandert.

Wer sich mit Mode beschäftigen will, sei vor allem auf Waage-, Skorpion- und Wassermanntage verwiesen.

Schreiben und Lesen

Egal ob glühender Liebesbrief oder Schulaufsatz – Texte werden flüssiger und schlüssiger, wenn man an Zwillinge-, Jungfrau- oder Skorpiontagen (da vor allem Liebesbriefe) zur Feder greift bzw. die Tastatur des Computers bearbeitet.

Übrigens: Schütze- und Wassermanntage sind gut geeignet für die Beschäftigung mit politischem Lesestoff.

Wenn man sich's einrichten kann: An Zwillingetagen bereitet das Lesen besonders großes Vergnügen. Da kann es schon vorkommen, dass man über einem spannenden Buch das Essen oder gar das Schlafen vergisst.

Was Feines kochen

Es gibt sicher mehrere Gründe dafür, dass ein mit aller Liebe zubereitetes Essen manchmal einfach nicht gelingen will, während es zu anderen Zeiten herrlich aussieht und vor allem köstlich schmeckt. Vielleicht verlassen Sie sich einfach mal auf den Mond und greifen dann wieder zu Schürze und Kochlöffel, wenn der (abnehmende) Mond in Krebs, Waage oder Fische steht. Probieren Sie es aus – Sie werden viel Bewunderung für Ihre Kochkunst ernten.

Noch ein Tipp: Nehmen Sie als Grundlage Ihres »Mondmenüs« doch die Lebensmittel, welche dem betreffenden Tierkreiszeichens entsprechend zugeordnet sind. Mehr dazu lesen Sie im Kapitel »Die Mondpraxis« (ab Seite 100).

Ausruhen, meditieren, träumen

Fast am Schluss dieses kleinen Mond-Freizeitführers geht es nun endlich um das, was viele am liebsten in ihrer freien Zeit machen wollen: Mal so richtig ausspannen, die Seele baumeln lassen, wie man sagt. Wenn man einfach nur ausruhen und abschalten will, dann sind Stier-, Krebs-, Waage- und Fischetage die günstigsten Termine – besonders bei zunehmendem Mond.

Für eine Zeit der Innenschau und Meditation wählt man am besten Wassertage aus. Da gelingt es am besten, zu sich selbst zu finden und danach den Herausforderungen des Alltags mit neuen seelischen Kraftreserven zu begegnen.

Was man noch tun kann
Es gibt noch ein paar nicht ganz alltägliche Beschäftigungen (jedenfalls für die meisten von uns), die der Vollständigkeit halber erwähnt werden sollen.

Umzug
Wer die Wohnung wechseln will oder muss, für den sind Stier, Löwe, Skorpion und Wassermann die richtigen Mondzeichen. Schön wär's, wenn der Einzug in die neue Bleibe bei Neumond erfolgen könnte.

Renovieren
Wenn es darum geht, die alte oder die neue Wohnung zu verschönern, sollten Sie an Krebs- oder Waagetagen die besten Ideen und das meiste Geschick haben.

Wer den Zugang zum Spirituellen – zu religiösen oder auch esoterischen Denk- und Lebenswelten – finden will, sollte sich bevorzugt an Fischetagen auf die Suche begeben.

Pferderennen
Haben Sie Lust, einmal die Welt der rasanten Galopper oder der edlen Traber zu besuchen und vielleicht sogar das Glück am Wettschalter herauszufordern, dann wäre ein Schützetag ein guter Mondtermin!

Glücksspiel
Wer meint, auf diesem Weg sein Glück zu machen, hat meist schon verloren, bevor die Kugel rollt. Dennoch, der Mond – so sagt man – teilt an Steinbock- und Wassermanntagen die besten Karten aus.

Autokauf, Autoreparatur
Ersteres ist hier zu Lande durchaus ein bedeutendes Ereignis. Zum Erlebnis soll es werden – so meinen einige Mondexperten –, wenn man das neue Gefährt an einem Stier-, Löwe-, Skorpion- oder Wassermanntag erwirbt, am besten übrigens bei zunehmendem Mond. Muss das geliebte Blech dann später zur Durchsicht oder gar zur Behebung eines Schadens in die Werkstatt, sollte man die gleichen Tage wählen – dann aber möglichst bei abnehmendem Mond.

Mondesaufgang

…

O Mond, du bist mir wie ein später Freund,
Der seine Jugend dem Verarmten eint,
Um seine sterbenden Erinnerungen
Des Lebens zarten Widerschein geschlungen,
Bist keine Sonne, die entzückt und blendet,
In Feuerströmen lebt, im Blute endet –
Bist, was dem kranken Sänger sein Gedicht,
Ein fremdes, aber o! ein mildes Licht.

Annette von Droste-Hülshoff (1797–1848)
1846

Die Mondpraxis

Es sind die Mondphasen, welche Richtung und Stärke der Mondkräfte anzeigen. Aber sie allein machen die Wirkung nicht aus, denn auf seiner Bahn um die Erde durchwandert der Mond innerhalb eines Monats auch den gesamten Tierkreis, wobei er in jedem Zeichen zwei bis drei Tage verweilt. Die Tierkreiszeichen sind es, die den Mondkräften jene feine Nuancierungen verleihen, die ganz spezielle Bereiche der Natur und des menschlichen Lebens »ansprechen«, so dass man daraus sehr differenzierte Regeln und Tipps ableiten kann, die sich wiederum von Mondtag zu Mondtag verändern können. Wer diese Regeln kennt, kann die Mondkräfte noch gezielter, noch sensibler nutzen – Tag für Tag.

Inhalt

Lesen Sie in diesem Abschnitt

Die Anwendung der Mondregeln

Mondtipps für jeden Tag – die Mondphasen

Mondtipps für jeden Tag – der Mondstand

Die Anwendung der Mondregeln

Es gibt zwei grundsätzliche Wege, das Mondwissen praktisch umzusetzen: Entweder man orientiert sich zunächst nur an den Mondphasen (das ist der einfachere Weg), oder man bezieht von Anfang an auch die Tierkreiszeichen mit ein, die der Mond bei seinem monatlichen Erdumlauf durchwandert (die kompliziertere Vorgehensweise). Wer den ersten Weg wählt, gewinnt rasch einen Überblick und kann die gewonnenen Erkenntnisse sehr schnell im täglichen Leben anwenden. Deshalb sei dieser Weg all denen empfohlen, die erst beginnen wollen, im Einklang mit dem Mondrhythmus zu leben. Wer sich allerdings für den zweiten Weg entscheidet, wird es anfangs vielleicht ein wenig schwerer haben, sich in der Vielfalt der Regeln zurechtzufinden. Dafür wird er aber auch eine Fülle von Anwendungsmöglichkeiten zur Hand haben, die er sehr individuell nutzen kann.

Wie auch immer – die Mondregeln sind keine Vorschriften, die man streng befolgen muss, um automatisch ein entsprechendes Ergebnis zu erreichen. Sie sind vielmehr Hinweise darauf, wie man sein Handeln ausrichten kann, um sich im Einklang mit den Schwingungen der Natur zu fühlen. Man wird dann vielleicht die Erfahrung machen, dass manches leichter und besser gelingt.

Bedenken Sie: Die Mondregeln sind keine Handlungsvorschriften; sie zeigen Möglichkeiten auf, die man nutzen kann. Probieren Sie es einfach einmal aus!

Wie Sie dieses Kapitel nutzen können

Auf den folgenden Seiten ist zusammengestellt, auf welche Bereiche des Alltags der Mond wie einwirkt: zunächst in Hinblick auf die vier Mondphasen, dann unter Berücksichtigung des Mondstandes in einem der zwölf Tierkreiszeichen. Für jede dieser Konstellationen erfahren Sie die herrschende Grundstimmung, alle wichtigen Basisinformationen und in Kurzform – entsprechend der im Kapitel »Mit dem Mond leben« gewählten Reihenfolge – die ganz konkreten Mondtipps für den entsprechenden Zeitraum. Wenn Sie also – vielleicht mit einem Blick zum Nachthimmel – feststellen, dass der Mond gerade zunimmt, können Sie im Abschnitt »Bei zunehmendem Mond« dieses Kapitels (ab Seite 106) nachschlagen, was man während dieser Mond-

Mondkalender

phase im Einklang mit den Mondkräften tun kann und was weniger begünstigt ist. Schauen Sie dann noch zusätzlich in einem Mondkalender oder in den Mondtabellen im Anhang dieses Buches nach und stellen fest, dass sich der Mond gerade beispielsweise im Tierkreiszeichen Krebs befindet, dann finden Sie entsprechende Tipps im Abschnitt »Der Mond im Krebs« dieses Kapitels (ab Seite 131). Es geht natürlich auch andersherum: Wenn Sie z.B. in Ihrem Garten Wurzelgemüse säen wollen und dafür einen günstigen Mondtermin suchen, sollten Sie zuerst im Kapitel »Mit dem Mond leben« den Abschnitt »Erfolgreich gärtnern mit dem Mond« (ab Seite 66) zurate ziehen. Dort erfahren Sie, dass ein Erdtag bei abnehmendem Mond ein geeigneter Zeitpunkt ist. Nun schauen Sie in Ihrem Mondkalender bzw. in den Anhangstabellen nach, wann ein solcher Tag zu erwarten ist. Stimmt die Jahreszeit und die Witterung, können Sie das Gemüse dann zum optimalen Termin aussäen.

Die Wirkung des vom Mond gerade verlassenen Tierkreiszeichens hält noch für einige Zeit an, während sich der Einfluss des soeben erreichten Zeichens erst allmählich aufbaut.

Praktische Hilfen – die Mondkalender

Wiederholt ist auf die Mondtabellen im Anhang dieses Buches hingewiesen worden. Dort findet man für die Jahre 2002 bis 2012 sowohl die Mondphasen als auch die Tierkreiszeichen, in denen sich der Mond an jedem Tag befindet. Dabei konnte – aus Platzgründen – allerdings nicht berücksichtigt werden, dass der Wechsel der Tierkreiszeichen auch innerhalb eines Tages erfolgt, d.h, während eines Tages wandert der Mond von einem in das nächste Zeichen, so dass an ein und demselben Tag zwei Tierkreiszeichen relevant sein können. Deshalb wird immer das Zeichen angegeben, in dem sich der Mond die überwiegende Zeit des Tages aufhält. Denn je größer diese Zeitspanne ist, desto intensiver wirkt das Zeichen auf den Mond und damit auf die Tagesqualität. Wer es ganz genau wissen will, sollte sich einen guten Mondkalender zulegen, der die Übergangszeiten auf die Minute genau enthält. Im Literaturverzeichnis (siehe Seite 221) finden Sie entsprechende Empfehlungen.

Und noch etwas: Legen Sie ein Mondtagebuch an, in das Sie wichtige Aktivitäten mit Datum, Mondphase und Tierkreiszeichen eintragen. Mondgärtner können auch noch die Witterungsbedingungen registrieren. Dann haben Sie nicht nur ein vorzügliches Instrument, um den Erfolg Ihres Handelns (und der Mondregeln) zu überprüfen, sondern nach einiger Zeit auch ein ganz persönliches Mondbuch, das auf Ihre speziellen Bedürfnisse und Bedingungen ausgerichtet ist.

Ein guter Mondkalender ist ein wichtiges Werkzeug bei der Anwendung der Mondregeln.

Mondtipps für jeden Tag – die Mondphasen

So, wie der Mond im Lauf einer Erdumrundung seine für uns sichtbare Gestalt ändert, so ändern sich auch die Mondkräfte. Die vier verschiedenen Mondphasen vermitteln eine ganz spezifische Grundstimmung und üben unterschiedliche Einflüsse auf das irdische Leben aus. Dabei wachsen die Kräfte in dem Maße, wie sich die betreffende Phase entwickelt, und erreichen ihren Höhepunkt kurz vor dem Wechsel, der durch Neu- bzw. Vollmond markiert wird.

Bei Neumond ●

Beim Neumond handelt es sich – genauso wie beim Vollmond – nur um eine kurze Phase. Man rechnet dazu die letzten beiden Tage des abnehmenden Mondes, die eigentliche Neumondzeit (den so genannten Mondbruch) von wenigen Stunden sowie den ersten Tag des wieder zunehmenden Mondes.

Mit dem Neumond beginnt der Mondzyklus. Alles ist auf Erneuerung eingestellt. Der Beginn von etwas Neuem ist begünstigt.

Die Grundstimmung

Bei Neumond wirken kräftige Impulse auf Mensch und Natur. Man kann sie als Kräfte der Neuorientierung, des Beginnens bezeichnen. Die konzentrierten Energien sind frisch und ursprünglich, regen dazu an, Vorhaben zu planen, die in der Folge dann wachsen und reifen sollen.

Für den menschlichen und tierischen Organismus verstärken die Neumondimpulse die Fähigkeit zur Entgiftung sowie zur Entschlackung.

In der Natur kündigen die Impulse des Neumondes Beginnendes an. Die Erde fängt an auszuatmen, die Säfte regen sich.

Was man während dieser Zeit tun kann
Gesundheit
Fastenpause einlegen
Damit beginnen, ungesunde Gewohnheiten aufzugeben
Entspannungsübungen durchführen

Bei Neumond

Heilkräuter
Wurzeln ausgraben

Haushalt
Schimmel und Feuchtigkeit beseitigen
Speisekammer reinigen
Kellerräume lüften

Bauen und heimwerken
Wege, Straßen und Zäune anlegen bzw. bauen

Garten
Kranke Bäume oder Pflanzen zurückschneiden
Unkraut jäten
Sommerschnitt der Beerensträucher (Juni)
Von Mehltau befallene Triebe entfernen
Schnitt der Blütengewächse
Rückschnitt der Geranien
Wege- und Straßenbau
Zaun errichten, reparieren

Wenn Pflanzen kränkeln oder nicht mehr recht wachsen wollen, sollte man ihre Spitzen bei Neumond zurückschneiden. Sie erholen sich dann in den meisten Fällen sehr rasch.

Landwirtschaft und Tierhaltung
Rückschnitt der Weinreben sowie kranker Bäume, Büsche und Stauden

Holzeinschlag
Möbelholz einschlagen
Besonders hartes Holz einschlagen (November)
Schwer entflammbares Holz einschlagen

Beruf und Karriere
Berufliche bzw. geschäftliche Angelegenheiten abschließen
Mit der Planung eines neuen Projekts beginnen
Neue Stelle antreten
Auktion besuchen

Liebe und Partnerschaft
Trennung
Einzug des Brautpaares in das neue Heim

Freizeit, Erholung, Abenteuer
Umzug in eine neue Wohnung

Mondtipps für jeden Tag – die Mondphasen

Was man besser lassen sollte
Gesundheit
Chirurgischer Eingriff
Körperliche Belastungen

Haushalt und Garten
Zimmer- und Balkonpflanzen umtopfen.
Direkt um die Zeit des Mondbruchs sollten alle Aktivitäten im Garten und auf dem Feld ruhen.

Bei zunehmendem Mond

Ist nach Neumond die schmale, nach links geöffnete Mondsichel zu erkennen, beginnt die Phase des zunehmenden Mondes, die etwa 14 Tage dauert. Von den Astronomen wird sie in zwei Abschnitte eingeteilt – in das erste und das zweite Viertel. Während des ersten Viertels nähert sich der Mond der Erde, bis er ihr nach wenig mehr als sieben Tagen als Halbmond am nächsten ist. Dann kreuzt er die Umlaufbahn der Erde um die Sonne und entfernt sich wieder von uns, um, weiter an Leuchtkraft zunehmend, das zweite Viertel zu vollenden und das Vollmondstadium zu erreichen.

Wenn der Mond zunimmt, sind die Kräfte auf Auf- und Zunahme gerichtet. Das Wachstum über der Erdoberfläche ist begünstigt.

Die Grundstimmung

In dieser Phase steht alles im Zeichen der Aufnahme, des Wachsens. Positive Einflüsse überwiegen, die Energien werden aufgenommen und gespeichert.
Der menschliche bzw. tierische Organismus kann in der Zeit des zunehmenden Mondes alles, was ihm an Kräftigendem, Aufbauendem, Heilendem zugeführt wird, besonders gut aufnehmen, speichern und verwerten. Seine Selbstheilungskraft ist ebenfalls sehr hoch. Eine gute Zeit also, um sich zu erholen und richtig zu kräftigen!
In der Natur dominiert das oberirdische Wachstum, die Erde atmet aus, die Säfte steigen nach oben. Jetzt ist die günstigste Zeit für die Aussaat und das Pflanzen von allem, was nach oben wächst und Früchte trägt.

Was man während dieser Zeit tun kann
Gesundheit
Rehabilitationsmaßnahmen
Kuren

Bei zunehmendem Mond

Sich ausruhen
Heilende Bäder
Stärkung des Bewegungsapparats durch Einreibungen, Massagen und heilende Gymnastik
Heilende, kräftigende Massagen (immer dann, wenn der Mond in dem Tierkreiszeichen steht, das die betreffende Körperregion bestimmt)
Regenerierende Fußreflexzonenmassage

Heilkräuter
Blüten der Heilkräuter sammeln, ernten
Blätter der Heilkräuter sammeln, ernten (außer Brennnessel)
Früchte und Samen von Heilkräutern zum sofortigen Verbrauch sammeln, ernten

Das Pflanzen bzw. Umtopfen von Zimmer- und Balkonpflanzen ist bei zunehmendem Mond an den Jungfrautagen besonders günstig.

Schönheits- und Körperpflege
Aufbauende, ernährende Hautpflege
Gesichtsmasken für straffere Haut
Anregende, vitalisierende Bäder
Haarschnitt, wenn die Haare rasch nachwachsen sollen
Haare färben, tönen
Eingewachsene Nägel korrigieren

Haushalt
Wäsche bleichen
Brot und Kuchen backen
Zimmer- und Balkonpflanzen umtopfen
Ordnung schaffen

Garten
Säen und Pflanzen von Blattgemüse, Obst und Blumen
Zwiebeln der Sommerblüher setzen
Stauden pflanzen
Rasen säen
Rasen mähen, wenn er schnell nachwachsen soll
Erstes Umgraben im Frühjahr
Feststampfen des Komposthaufens
Umpflanzen, umtopfen
Veredeln
Schnittblumen ernten
Trockenblumen ernten
Gartenteich anlegen

Bauen und heimwerken
Erdaushub mit sofortiger Drainage
Wasserableitung (Drainage) verlegen
Installation einer Wasser- oder Heizanlage
Wasser suchen (Rutengänger), Brunnen bohren, Teich anlegen

Landwirtschaft und Tierhaltung
Getreide anbauen
Kartoffeln häufeln
Weinstöcke pflanzen
Rebenschnitt bei jungen Weinstöcken
Einkeltern der Trauben
Tiere decken
Entwöhnen von Kälbern
Schafe scheren
Weideabtrieb im Herbst
Schlachten (kurz vor Vollmond)

Beruf und Karriere

Wenn es darum geht, vorausschauend Termine, Projekte und Aktivitäten zu planen, eignen sich dafür Skorpion-, Steinbock- und Wassermanntage bei zunehmendem Mond besonders gut.

Schwierige Verhandlungen führen
Neue Projekte planen und vorbereiten
Neue Arbeitsstelle antreten
Lernen
Seminare/Fortbildung
Reiseplanung
Verträge abschließen
Geschäftliche Besprechungen
Budgetplanung
Geldangelegenheiten regeln
Testament abfassen

Liebe und Partnerschaft
Das sexuelle Verlangen wächst und wird zum Vollmond hin drängender.

Freizeit und Erholung
Ausruhen
Auto kaufen

Was man besser lassen sollte
Gesundheit
Chirurgische Eingriffe, vor allem in Vollmondnähe

Bei zunehmendem Mond

Zu reichliches Essen, wenn man auf sein Gewicht achten muss
Strapazierendes Bewegungstraining
Warzenbehandlung
Zahnärztliche Behandlung

Heilkräuter
Brennnesseln zur Blutreinigung sammeln, ernten
Früchte und Samen ernten, die länger aufbewahrt werden sollen
Heilkräuter trocknen und abfüllen
Kräutersalben herstellen und abfüllen
Kräuterkissen herstellen

Schönheits- und Körperpflege
Peeling
Tiefenreinigung der Haut

Haushalt
Feuchte Reinigung von Holzböden und Dielen
Reinigen der Fensterrahmen
Feuchtigkeit und Schimmel entfernen
Langes Lüften von Wohnräumen und Betten
Sauerkraut zubereiten

Der zunehmende Mond ist für alle feuchten Reinigungsarbeiten im Haushalt nicht so gut geeignet. Auch die große Wäsche gelingt besser bei abnehmendem Mond.

Bauen und heimwerken
Beton und Estrich gießen
Anstreichen und tünchen
Dacharbeiten aller Art
Holzdielen, -decken oder -treppen einbauen
Fenster verglasen und einsetzen

Garten
Säen bzw. Pflanzen von Wurzelgemüse
Pflanzen von Kopfsalat
Düngen von Kulturpflanzen
Pflanzen und Gehölze schneiden
Schädlingsbekämpfung

Landwirtschaft und Tierhaltung
Dünger ausbringen
Heustock ansetzen
Kartoffeln legen
Enthornen oder Kastrieren von Tieren

Beruf und Karriere
Arbeiten erledigen, die viel Körperkraft erfordern

Bei Vollmond

Wenn der Mond die Hälfte seines Erdumlaufes zurückgelegt hat, steht er der Sonne direkt gegenüber, in Opposition zu ihr. Seine sichtbare Oberfläche ist voll beleuchtet, er steht dann für ein bis zwei Tage als kreisrunde, leuchtende Scheibe am nächtlichen Himmel.

Die Grundstimmung

Zu keiner anderen Zeit sind die Impulse des Mondes so deutlich zu spüren wie in der Vollmondphase. Jetzt kündigt sich ein Richtungswechsel an, vom zunehmenden zum abnehmenden Mond, von der Aufnahme zur Abgabe. Diese spezielle Ausrichtung kennzeichnet die Wirkung des Vollmondes auf den Menschen und auf die Natur.

Der Organismus reagiert auf die Energien des Vollmondes häufig mit Unruhe und Nervosität. Sensible Menschen haben Schlafstörungen, andere berichten von besonders eindrucksvollen Träumen und Visionen während dieser Zeit. Eine gute Gelegenheit, um seelische Konflikte zu erkennen und den Weg zum eigenen Ich, zum Un- und Unterbewussten zu finden!

In der Natur bewirken die kräftigen Impulse während des Vollmondes eine ganz besondere Stimmung. Einerseits erreicht die Natur jetzt den Höhepunkt ihrer Aufnahmefähigkeit, weshalb der Zeitpunkt für eine optimale Pflanzenernährung durch Düngung geradezu ideal ist. Andererseits kann es geschehen, dass Gehölze absterben, wenn auch nur wenige Zweige abgebrochen oder weggeschnitten werden.

Man sollte bei Vollmond streitbaren Auseinandersetzungen besser aus dem Weg gehen – es kann leicht zu einer aggressiven Situation kommen.

Was man während dieser Zeit tun kann

Gesundheit
Abstillen
Anregende, vitalisierende Bäder

Heilkräuter
Wurzeln sammeln, ernten
Blütenkräuter sammeln, ernten
Kräutersalben herstellen, die man aber erst bei abnehmendem Mond abfüllen sollte

Bei Vollmond

Schönheits- und Körperpflege
Aufbauende, nährende Hautpflege
Aphrodisische Bäder

Haushalt
Wäsche bleichen
Zimmer- und Balkonpflanzen düngen

Garten
Pflanzen düngen
Obst ernten
Blumen säen (nicht direkt bei Mondwechsel)
Dahlienknollen stecken

Landwirtschaft und Tierhaltung
Getreide düngen
Jauche und Gülle ausbringen
Bester Geburtstermin für Nutztiere
Entwöhnen von Kälbern
Schafe scheren
Schlachten

Liebe und Partnerschaft
Leidenschaftliche Gefühle
Starkes sexuelles Verlangen

Freizeit und Erholung
Tanzen gehen
Sportlicher Wettkampf

Die Vollmondzeit ist ideal für die Düngung der Pflanzen. Die Nährstoffe werden von den Wurzeln optimal aufgenommen, und die Belastung des Grundwassers wird vermieden.

Was man besser lassen sollte

Gesundheit
Chirurgischer Eingriff (außer Notoperation)
Impfungen
Entspannende, beruhigende Bäder

Heilkräuter
Heilkräuter trocknen und abfüllen

Körperpflege und Schönheit
Sauna
Körperhaare entfernen

Mondtipps für jeden Tag – die Mondphasen

Haushalt
Großer Hausputz
Wäsche waschen

Bauen und heimwerken
Beton und Estrich gießen
Dachstühle fertigen und aufrichten
Holzdielen und -decken verlegen
Fußbodenbeläge verlegen
Wege, Straßen und Zäune anlegen bzw. errichten

Garten
Alle Schnittarbeiten an Pflanzen und Gehölzen

Landwirtschaft und Tierhaltung
Alle Sä- und Pflanzarbeiten
Enthornen und kastrieren

Beruf und Karriere
Riskante Transaktionen
Behördengänge
Geldangelegenheiten regeln
Größere Anschaffungen

In Geschäftsangelegenheiten sollte man bei Vollmond eher etwas zurückhaltend agieren – man schießt leicht etwas über das Ziel hinaus.

Liebe und Partnerschaft
Gefahr von Eifersucht und daraus entstehenden Aggressionen!

Freizeit und Erholung
Längere Reise antreten
Familienbesuche

Bei abnehmendem Mond

Der Mond setzt seinen Erdumlauf fort und vollendet ihn. Er nähert sich jetzt wieder der Erde, wobei die Größe der von der Sonne beleuchteten Oberfläche von rechts nach links fortschreitend allmählich geringer wird. Wenn er etwa 22 Tage nach Neumond die Sonnenumlaufbahn der Erde erneut kreuzt, ist er nur mehr halb zu sehen. Nun beginnt das letzte Viertel, die nach rechts geöffnete Sichel wird von Tag zu Tag schmaler, bis die Neumondphase erreicht ist. Dann beginnt der Mondzyklus wieder von neuem.

Bei abnehmendem Mond

Die Grundstimmung

Die Impulse des abnehmenden Mondes sind auf Abgabe gerichtet, das Freisetzen von Kräften und Energien. Dieser balsamische oder aussäende Mond befreit von Zweifeln und Ängsten, vollendet und bündelt die positiven Gefühle für den nun bald beginnenden neuen Zyklus.

Der Organismus ist jetzt in seiner besten Form. Körperliche wie auch geistige Höchstleistungen gelingen viel müheloser als während der anderen Mondphasen. Ausspülen und Ausschwitzen ist die Devise des abnehmenden Mondes; deshalb wird alles, was mit Entgiftung und Entschlackung zu tun hat, gute Erfolge zeitigen. Auch Operationen gelingen jetzt besser.

In der Natur fließen die Säfte abwärts, die Energien gehen zu den Wurzeln. Die Erde atmet ein, sie ist aufnahmebereit, das Wachstum unter der Oberfläche ist begünstigt.

Was man während dieser Zeit tun kann

Gesundheit
Chirurgische Eingriffe, allerdings nicht in dem Zeichen, das den betroffenen Körperbereich am Tag des Eingriffs regiert
Fastenkur
Entspannende, ausleitende Massagen
Brennnesselkur zur Blutreinigung und Entschlackung
Warzen und Hühneraugen entfernen
Zahnärztliche Behandlung

Heilkräuter
Wurzeln sammeln, ernten
Brennnesseln sammeln
Früchte und Samen zur Aufbewahrung sammeln, ernten
Heilkräuter trocknen und abfüllen
Kräutersalben abfüllen

Schönheits- und Körperpflege
Tiefenreinigung der Haut
Peeling
Gesichtsmasken mit adstringierender Wirkung
Entspannende, beruhigende Bäder
Sauna
Haarschnitt, wenn das Haar langsam, aber dicht nachwachsen soll
Körperhaare entfernen
Nagelpflege

> Wer die reinigende, entspannende und dabei anregende Wirkung eines Saunabades voll genießen will, dem sei ein Besuch in der Sauna besonders bei abnehmendem Mond empfohlen, am besten noch, wenn der Erdbegleiter dann in einem Feuerzeichen (Widder, Löwe, Schütze) weilt.

Mondtipps für jeden Tag – die Mondphasen

Haushalt
Großer Hausputz
Feuchtreinigung von Holz und Parkettböden
Wäsche waschen
Chemische Reinigung
Fenster putzen
Fensterrahmen reinigen
Schimmel und Feuchtigkeit beseitigen
Staub wischen
Schuhe putzen
Lüften von Räumen, Betten und Matratzen
Vorräte einlagern
Wurzelgemüse einkochen
Garderobe einlagern

Bauen und heimwerken
Erdaushub für Fundament
Beton und Estrich gießen
Putzmörtel aufbringen
Dachstühle fertigen und aufrichten
Dacharbeiten aller Art
Holzdielen und -decken verlegen
Fußbodenbeläge verlegen
Fenster verglasen und einsetzen

Der abnehmende Mond ist die beste Zeit für fast alle Bau- und Reparaturarbeiten. Das Zusammenfügen von verschiedenen Materialien – also von Baustoffen, Einbauten, Farben usw. – sollte immer während dieser Mondphase erfolgen.

Garten
Aufbringen der Mulchschicht
Säen und Pflanzen von Wurzelgemüse
Pflanzen von Kopfsalat
Komposthaufen ansetzen
Pflanzen und Gehölze schneiden
Schädlingsbekämpfung
Ernten, was gelagert oder konserviert werden soll
Zwiebeln der Frühjahrsblüher stecken
Ausgraben aller Blumenzwiebeln

Landwirtschaft und Tierhaltung
Heustock ansetzen
Kartoffeln legen
Kartoffeln ernten und einlagern
Schädlingsbekämpfung
Huf-, Klauen- bzw. Krallenpflege

Bei abnehmendem Mond

Beruf und Karriere
Bewerbungen und Vorstellungsgespräche
Arbeiten erledigen, die viel Körperkraft erfordern
Behördengänge
Rechtsangelegenheiten regeln
Geschäftsbeziehungen ausbauen
Größere Einkäufe
Schreiben
Verkäufe
Werbung

Liebe und Partnerschaft
Die Liebe ist zärtlich, sanft und baut auf Harmonie auf.

Freizeit und Erholung
Partys feiern
Tanzen gehen
Sport treiben
Kochen

Wer sportliche Höchstleistungen erreichen will, sollte das Training so einrichten, dass die Hauptbelastung während der Phase des abnehmenden Mondes erfolgt. Der Organismus hat dann die notwendigen Kraftreserven.

Was man besser lassen sollte
Schönheits- und Körperpflege
Haare färben bzw. tönen
Eingewachsene Nägel korrigieren

Bauen und heimwerken
Drainagearbeiten
Wassersuche und Wasserbau
Wasser- und Heizungsinstallation

Garten
Über der Erdoberfläche gedeihende Pflanzen säen
Zwiebeln der Sommerblüher stecken
Obstbäume veredeln

Landwirtschaft und Tierhaltung
Getreide anbauen
Kartoffeln häufeln
Abtrieb von der Weide

Beruf und Karriere
Budgetplanung

Mondtipps für jeden Tag – der Mondstand

Bei einer Erdumrundung, in deren Verlauf der Mond in seinen vier Phasen erscheint, durchwandert unser Erdtrabant zugleich auch einmal den gesamten Tierkreis. Dabei hält er sich für etwa zwei bis drei Tage in jedem der zwölf Tierkreiszeichen auf.

Wie schon eingangs bemerkt worden ist, verleihen die einzelnen Tierkreiszeichen den Mondkräften jeweils eine spezifische Prägung, welche die Wirkung der einzelnen Mondphasen in eine ganz bestimmte Richtung hinsichtlich der Körperregionen, der Pflanzenarten, der Temperatur und der Feuchtigkeit orientiert, ihr eine ganz spezifische Qualität verleiht.

Die Impulse der Tierkreiszeichen

Wer also die Mondkräfte in vollem Umfang erkennen und nutzen will, tut gut daran, auch die Impulse der Tierkreiszeichen zu berücksichtigen. Auf den folgenden Seiten sind die Einflüsse eines jeden der zwölf Tierkreiszeichen für die einzelnen Lebensbereiche in übersichtlicher Form dargestellt.

Damit Sie die Mondwirkungen optimal nutzen können, sind die entsprechenden Mondphasen ebenfalls aufgeführt – allerdings nur dort, wo sie von entscheidender Bedeutung sind. In manchen Bereichen dominieren nämlich die Tierkreiszeichen das Geschehen, und die Mondphasen sind dann von eher untergeordneter Bedeutung.

Die genauen Zeiten für die Wanderung des Mondes durch den Tierkreis können Sie einem aktuellen Mondkalender oder – leicht vereinfacht, aber hinreichend genau – auch den Mondtabellen 2002 bis 2012 entnehmen, die Sie im Anhang dieses Buches finden.

Und bitte erinnern Sie sich auch daran, dass bereits an anderer Stelle darauf hingewiesen worden ist, dass sich die Einflüsse der Tierkreiszeichen nicht schlagartig ändern, wenn der Mond vom einen in ein anderes hinüberwechselt. Die Wirkung des einen Tierkreiszeichens schwächt sich ab, während die des anderen sich aufbaut.

Eine gute Beobachtungsgabe und viel Erfahrung gehören dazu, um die Mondkräfte zu erkennen und perfekt anzuwenden.

Der Mond im Widder

Kraft Aufsteigend
Element Feuer
Pflanzenteil Frucht
Nahrung Eiweiß
Witterungsqualität Wärme
Körperregionen Kopf, Gesicht
Organsystem Sinnesorgane
Geschlecht Männlich

Mondpositionen
Neumond im Widder: April
Zunehmender Mond im Widder: Oktober bis April
Vollmond im Widder: Oktober
Abnehmender Mond im Widder: April bis Oktober

Die Grundstimmung des Tages
Ein starker Durchsetzungswille, Enthusiasmus, Spontaneität und Begeisterungsfähigkeit prägen den Widdertag. Man hat Lust, voller Tatendrang Neues zu erproben und seinen Mut unter Beweis zu stellen. Dabei besteht die Gefahr, dass man alles auf einmal erledigen will und dabei zu wenig Rücksicht auf andere nimmt.

An Widdertagen dominiert der Tatendrang, die Lust, Neues zu erproben, Mut zu beweisen. Aber es gibt auch eine Tendenz, die Auseinandersetzung zu suchen.

Die Witterungstendenz
Von der Jahreszeit abhängig sind Widdertage relativ warm und trocken. Im Sommer besteht an diesen Tagen eine verstärkte Gewitterneigung. Stehen Neumond oder Vollmond im Widder, kann man mit einem baldigen Wetterwechsel rechnen.

Gesundheit
Kopf (Gehirn) und Gesicht (Augen, Nase) verlangen an Widdertagen unsere besondere Aufmerksamkeit. Alles, was für diesen Körperbereich angenehm ist, tut ihm jetzt besonders gut; alles was ihm schadet, ist jetzt besonders schädlich. Das Kopfschmerz- und Migränerisiko ist erhöht – deshalb sollten Empfindliche auf Kaffee und Schokolade besser verzichten.

Was man tun kann
Fasttag zur Entschlackung und Reinigung einlegen ●
Heilkräuter (Früchte) sammeln, trocknen und abfüllen ◐

Was man lassen sollte
Verstärkter Konsum von Genussmitteln
Chirurgischer Eingriff an Kopf, Augen oder Nase

Gesunde Ernährung

An Widdertagen beeinflussen die Mondkräfte die Eiweißqualität. Unser Organismus kann jetzt alle mit der Nahrung zugeführten Eiweißstoffe optimal aufnehmen und verwerten. Wer jedoch Verdauungs- oder Stoffwechselprobleme hat, sollte an diesen Tagen eher zurückhaltend sein, um ein Überangebot von Eiweiß in der Ernährung zu vermeiden.

Was man essen sollte
Neben eiweißreicher Kost sollten an Widdertagen rote Früchte und Gemüse sowie kräftig gewürzte Speisen auf dem Speisezettel stehen.
Obst: Erdbeeren, Feigen, Kirschen, Johannisbeeren, Preiselbeeren, Sauerkirschen, Stachelbeeren, Zitronen, Zwetschgen.
Gemüse: Erbsen, Feuerbohnen, Linsen, Paprika, Tomaten.
Fleisch: Hammel, Hase, Huhn, Kalb, Lamm, Schaf, Ziege.
Milchprodukte: Frischkäse, Joghurt, Schafskäse, Vollmilch, Eier.
Gewürze: Chili, scharfe Paprika, Pfeffer, Tabasco.

Widdertage haben eine spezielle Eiweißqualität. Fleisch, Fisch und Milchprodukte haben eine besondere Wirkung auf Muskelkraft und Sinnesorgane.

Schönheits- und Körperpflege

An Widdertagen wirken alle Pflegemaßnahmen besonders gut, die den Bereich des Kopfes, vor allem von der Nase nach oben, betreffen. Dazu gehört die Haarpflege, die Pflege der Kopfhaut, der Augen und der Gesichtshaut.

Was man tun kann
Aphrodisische Bäder ○ ◐
Saunabad ◐
Pflege von Finger- und Fußnägeln ◐
Gesichtsmaske zur Hauternährung und -straffung ◐
Kräftigende Massagen ◐
Tiefenreinigung der Haut ◐
Entspannende Gesichts- und Kopfhautmassagen ◐
Hühneraugen entfernen ◐
Körperhaare entfernen ◐

Was man lassen sollte
Ausgiebige Sonnenbäder ◐

Mond im Widder

Haushalt
Widdertage sind Wärmetage. Bei abnehmendem Mond sind sie günstig für Reinigungsarbeiten, zum Lüften und für die Einlagerung von Lebensmitteln aller Art.

Was man tun kann
Wohnung und Betten ausgiebig lüften ☽
Fenster putzen ☽
Einfrieren von Erntegut und anderen Lebensmitteln
Früchte einkochen
Backen
Wischen von Holz- und Parkettböden ☽
Kellerregale reinigen ☽
Speisekammer reinigen ☽
Vorräte einlagern ☽
Schimmel und Feuchtigkeit beseitigen ☽

Was man lassen sollte
Fett unbeaufsichtigt erhitzen
Fensterrahmen reinigen ☽
Streich- und Lackierarbeiten
Zimmer- und Balkonpflanzen pflanzen, umtopfen ☽
Zimmer- und Balkonpflanzen düngen

> Als Feuertage sind Widdertage bei abnehmendem Mond günstig für Reinigungsarbeiten sowie für das Konservieren von Obst.

Bauen und heimwerken
Widder ist ein trockenes und warmes Tierkreiszeichen. Besonders bei abnehmendem Mond kann man deshalb die Widdertage für verschiedene Tätigkeiten nutzen.

Was man tun kann
Hausfassade tünchen ☽

Was man lassen sollte
Stroh- oder Schindeldach eindecken ☽
Installation einer Wasser- oder Heizanlage

Garten
Das Fruchtzeichen Widder ist ein trocken-warmes, nicht besonders fruchtbares Tierkreiszeichen; deshalb sind die Widdertage zum Säen und Pflanzen eher weniger geeignet. Dagegen werden Reife und Samenbildung gefördert, so dass Widdertage gute Erntetage sind.

Mondtipps für jeden Tag – der Mondstand

Was günstig ist
Veredeln von Obstbäumen ◐
Obstbaumschnitt ◐
Beerensträucher setzen ◐
Hecken schneiden ◐
Obst und Gemüse ernten
Düngen von Fruchtpflanzen ◐

Was nicht günstig ist
Umsetzen bzw. Umtopfen von Pflanzen
Komposthaufen ansetzen
Boden umgraben, lockern ◐

Landwirtschaft und Tierhaltung

Was günstig ist
Getreide aussäen ◐
Getreide düngen ○ ◐
Getreide ernten ◐
Kartoffeln ernten, einlagern ◐
Weinstöcke setzen ◐
Trauben ernten
Huf-, Klauen- und Krallenpflege ◐
Stall neu beziehen
Lagerstreu einbringen
Milch verarbeiten

Widdertage sind Fruchttage, deshalb günstig für die Pflege von Fruchtgemüse, Obst und Getreide. Empfehlenswert sind sie auch für die Ernte von Gemüse, Kartoffeln und Früchten.

Was nicht günstig ist
Kartoffeln anbauen
Enthornen von Tieren

Beruf und Karriere

Widdertage sind günstig für den Start von neuen Unternehmungen und Projekten. Durchsetzungskraft und Leistungsbereitschaft werden gefördert. Es besteht aber auch die Gefahr, übers Ziel hinauszuschießen.

Was günstig ist
Neue Kontakte aufbauen
Verhandlungen führen
Verträge abschließen ◐
Geschäftliche Besprechungen ◐
Verkäufe ◐

Mond im Widder

Versteigerung besuchen ◐
Neue Stelle antreten
Lohn- bzw. Gehaltserhöhung beantragen ◐
Vorstellungsgespräch führen ◐

Was weniger günstig ist
Kreative Tätigkeiten

Liebe und Partnerschaft
An Widdertagen geht es oft »direkt zur Sache«. Dabei denkt allerdings jeder eher an sich und seine Interessen, so dass die Gemeinsamkeit manchmal durch den Egoismus des Einzelnen belastet wird.

Widdertage sind günstig für geschäftliche Verhandlungen und Verkaufsgespräche. Auch bei Versteigerungen kann man erfolgreich sein.

Was gut tut
Neue Bekanntschaften schließen
Heißes Flirten
Stürmische Nächte
One Night Stand
Klärende Aussprachen

Was nicht schön ist
Leichte Reizbarkeit
Egoismus
Mangelndes Einfühlungsvermögen

Freizeit und Erholung
Wenn der Mond sich im Widder befindet, stehen Sport, Spiel und Abenteuer auf dem Programm. Man fühlt sich Herausforderungen besser gewachsen und geht das Leben mit Entschlossenheit und Selbstbewusstsein an.

Was günstig ist
Ausflug
Picknick
Reise antreten
Tanzen gehen ◐
Sport treiben ◐

Was weniger günstig ist
Mangel an Toleranz
Verstärkter Stresseinfluss

Mondtipps für jeden Tag – der Mondstand

Der Mond im Stier

Kraft Aufsteigend
Element Erde
Pflanzenteil Wurzel
Nahrung Salz
Witterungsqualität Kälte
Körper Kiefer, Hals, Nacken
Organsystem Blutkreislauf
Geschlecht Weiblich

Mondpositionen
Neumond im Stier: Mai
Zunehmender Mond im Stier: November bis Mai
Vollmond im Stier: November
Abnehmender Mond im Stier: Mai bis November

Die Grundstimmung des Tages
Beharrlichkeit heißt das Motto des Stiertages. Einmal Erreichtes soll bewahrt werden, Veränderungen steht man eher kritisch gegenüber. Heute getroffene Entscheidungen beruhen meist auf einer soliden Grundlage und sind schwer wieder zurückzunehmen. Also gut überlegen!

Vorsicht vor Erkältungen und Entzündungen! Zahn- und Kieferbehandlungen sollten vermieden werden. Starke Lärmbelastung wirkt an Stiertagen besonders störend. Günstig sind Massagen zur Kräftigung und Entspannung.

Die Witterungstendenz
Stiertage sind relativ kühl. Das bemerkt man oft auch in der warmen Jahreszeit. Verdunkeln Wolken die Sonne, kühlt der Erdboden rasch ab und fühlt sich auch verhältnismäßig kalt an.

Gesundheit
An Stiertagen verlangen Zähne, Kiefer, Ohren sowie der Hals-Nacken-Bereich mit Kehlkopf und Schilddrüse unsere besondere Aufmerksamkeit. Es besteht ein erhöhtes Risiko für Hals- und Ohrenentzündungen, Erkältungen und Heiserkeit. Also durch entsprechende Bekleidung schützen! Lärm wird übrigens an Stiertagen als besonders unangenehm empfunden.

Was man tun kann
Entspannende und kräftigende Massagen der Nackenmuskulatur
Maßnahmen zur Stärkung des Immunsystems ◐
Brennnesseltee zur Blutreinigung trinken ◐

Mond im Stier

Was man lassen sollte
Chirurgischer Eingriff in den genannten Organbereichen
Zahnärztliche Behandlung

Gesunde Ernährung
An Stiertagen stärken die Mondimpulse die Salzqualität. Kochsalz, das in den Speisen enthalten ist, wird jetzt vom Organismus besonders gut aufgenommen und verwertet. Wer salzarm essen muss (beispielsweise bei Bluthochdruck), sollte an Stiertagen äußerst vorsichtig sein.

An Stiertagen gibt man sich besonders gerne dem Genuss guten und reichlichen Essens hin – deshalb Vorsicht bei Übergewicht!

Was man essen sollte
Neben salzhaltiger Kost sollten an Stiertagen grüne Gemüse, Wurzelgemüse sowie aromatisch gewürzte Speisen auf den Tisch kommen.
Gemüse: Kartoffeln, Kohlrabi, Lauch, Möhren, Rote Bete, Schalotten, Schnittlauch, Schwarzwurzel, Spargel, Zwiebeln.
Gewürze: Basilikum, Koriander, Muskat, Nelken, Oregano, edelsüßer Paprika, Rosmarin, Zimt.

Schönheit und Körperpflege
An Stiertagen sind alle Pflegemaßnahmen im unteren Bereich des Kopfes sowie in der Hals-Nacken-Region besonders wirksam. Das betrifft beispielsweise die Zahn- und Mundpflege, die Antifaltenbehandlung an Kinn und Hals sowie die Massagen der genannten Regionen.

Was man tun kann
Eingewachsene Nägel korrigieren ☽
Körperhaare entfernen ☽
Heilende Bäder
Salben herstellen und anwenden
Tiefenreinigung der Haut ☽

Was man lassen sollte
Anregende Bäder ☽

Haushalt
Stiertage sind Kältetage. Sie sind – besonders bei zunehmendem Mond – für viele Hausarbeiten eher weniger geeignet. Günstig sind sie allerdings für das Einlagern bzw. Konservieren von Wurzelgemüse und Kartoffeln.

Mondtipps für jeden Tag – der Mondstand

Was man tun kann
Einkochen von Wurzelgemüse
Fußböden trocken reinigen
Schuhe putzen ◐
Staub wischen ◐

Was man lassen sollte
Butter zubereiten
Marmelade kochen ◐

Bauen und heimwerken
Immer dann, wenn sich verschiedene mineralische Baustoffe fest miteinander verbinden sollen, sind Stiertage gefragt.

Was man tun kann
Beton und Estrich gießen ◐
Putzmörtel aufbringen bzw. ausbessern
Malerarbeiten ◐

Stiertage sind – bei abnehmendem Mond – günstig für das Säen bzw. Setzen von Wurzelgemüse.

Garten
Das Wurzelzeichen Stier ist ein feucht-kühles, recht fruchtbares Zeichen, bei dem vor allem Wurzelgemüse gesät oder gepflanzt werden kann.

Was günstig ist
Pflanzen, was langsam wachsen, aber dauerhaft bleiben soll
Ernten, was eingelagert werden soll
Konservieren von Wurzelgemüse
Komposthaufen ansetzen ◐

Was nicht günstig ist
Marmeladen und Gelees einkochen ◐
Umsetzen und Umtopfen von Pflanzen
Schnitt von Obst- und Ziergehölzen

Landwirtschaft und Tierhaltung
Was günstig ist
Kartoffeln legen ◐
Kartoffeln häufeln ◐
Unterirdische Schädlingsbekämpfung ◐
Huf-, Klauen- und Krallenpflege ◐
Stall neu beziehen

Mond im Stier

Beruf und Karriere

Stiertage sind günstig für die Regelung von finanziellen Angelegenheiten und aller Dinge, die den persönlichen Besitz betreffen.

Was günstig ist
Neue Stelle antreten ●
Lohn- bzw. Gehaltserhöhung beantragen ◐
Budgetplanung ◐
Geldangelegenheiten regeln ◐
Größere Anschaffungen
Verkäufe ◐
Immobilien kaufen ◐
Steuerangelegenheiten regeln ◐

Liebe und Partnerschaft

An Stiertagen dominiert die Gemeinsamkeit. Die Sehnsucht nach Körperkontakt ist groß, allerdings kommt es meistens nicht zu besonderen erotischen Höhepunkten. Weil man das Erreichte bewahren und bereichern möchte, ist manchmal auch das Aufkommen von Eifersuchtsgefühlen nicht ganz ausgeschlossen.

Was gut tut
Gemeinsame Zukunftspläne schmieden
Kultivierte Sinnlichkeit

In der Familie herrschen an Stiertagen Ruhe und Harmonie vor. Eine gute Zeit, um gemeinsame Ziele für die Zukunft abzustecken!

Freizeit und Erholung

Leistung und Genuss gehen an Stiertagen eine gute Verbindung ein. Verwöhnen Sie sich und andere – mit einem ausgiebigen Einkaufsbummel oder einem guten Essen.

Was günstig ist
Ausflug ins Grüne
Musizieren
Restaurantbesuch
Einkaufsbummel
Auto kaufen ◐
Kunstgewerbliche Tätigkeiten
Privates Budget planen ◐
Essen zu zweit

Was weniger günstig ist
Meditieren ◐

Mondtipps für jeden Tag – der Mondstand

Der Mond in den Zwillingen

Kraft Schon absteigend; Wendepunkt zwischen absteigender und aufsteigender Kraft
Element Luft
Pflanzenteil Blüte
Nahrung Fett
Witterungsqualität Helligkeit
Körper Schultern, Arme, Hände
Organsystem Drüsen
Geschlecht Männlich

Mondpositionen
Neumond in den Zwillingen: Juni
Zunehmender Mond in den Zwillingen: Dezember bis Juni
Vollmond in den Zwillingen: Dezember
Abnehmender Mond in den Zwillingen: Juni bis Dezember

Die Grundstimmung des Tages
An Zwillingetagen fallen Entscheidungen ziemlich schwer. Man will alles wissen, steckt voller neuer Ideen, die man aber schnell wieder fallen lässt. Auch Bekanntschaften, die man jetzt schließt, sind oft nicht von langer Dauer. Es besteht die Gefahr, dass man alles auf einmal will und sich dabei verzettelt.

Neugier bestimmt die Zwillingetage. Man hat das Verlangen, neue Menschen, Erfahrungen, Eindrücke zu gewinnen. Das ist interessant und spannend, birgt aber auch die Gefahr, dass man alles will und wenig erreicht.

Die Witterungstendenz
Zwillingetage sind Lichttage. Selbst wenn Wolken die Sonne verdecken, machen diese Tage meist einen heiteren, lichterfüllten Eindruck. Autofahrer und Wassersportler müssen mit verstärkter Blendwirkung rechnen. Sonnenbrille nicht vergessen! Nicht selten gibt es an Zwillingetagen einen Wetterumschwung.

Gesundheit
Schultern, Arme, Hände und Bronchien verlangen an Zwillingetagen unsere besondere Fürsorge. Alles, was man heute für diese Körperregion unternimmt, um zu heilen oder zu pflegen, wirkt besonders wohltuend; alles, was diesen Organen schadet, kann besonders ungünstig sein. Wer's im »Kreuz« hat, sollte an Zwillingetagen besonders aufmerksam sein, denn da muss man immer mit einem Rheumaschub rechnen. Also die betroffenen Körperregionen gut warm halten!

Mond in den Zwillingen

Was man tun kann
Gymnastik bzw. Massagen zur Lockerung der Schultern ☽
Fasttag zur Reinigung und Entschlackung einlegen ●
Kur- oder Erholungsaufenthalt beginnen ☽
Warzen und Hühneraugen entfernen ☽
Zahnärztliche Behandlung ☽

Was man lassen sollte
Chirurgischer Eingriff an den oben genannten Körperorganen
Körperliche Anstrengungen ●

Rheumatiker sollten an Zwillingetagen besonders vorsichtig sein, da akute Krankheitsschübe auftreten können. Deshalb die betroffenen Bereiche warm halten!

Gesunde Ernährung

An Zwillingetagen – wie auch an allen anderen Blütentagen – wirkt der Mond auf die Qualität von Fetten und Ölen in der Nahrung. Diese lebenswichtigen Nährstoffe werden jetzt besonders gut aufgenommen und vom Organismus optimal verwertet. Es kann also durchaus sein, dass man an diesen Tagen Appetit auf Fettiges hat und dass solche Speisen auch gut bekommen. Wer aber fettarm essen muss, um beispielsweise seinen Cholesterinspiegel oder das Körpergewicht normal zu halten, sollte gerade jetzt auf fettreiche Kost verzichten.

Was man essen sollte
Besonders schmackhaft sind an Zwillingetagen Gerichte, die mit Öl oder Fett zubereitet werden, also Frittiertes, Gebratenes oder Gegrilltes.
Gemüse: Artischocken, Blumenkohl, Brokkoli, Getreide (Gerste, Hafer, Weizen).
Fleisch: Gans, Schwein, Wild.
Gewürze: Safran, Senf, Sesam.
Sonstiges: Distelöl, Kakao, Nudeln, Walnüsse, Weizenkeimöl.

Schönheits- und Körperpflege

Das Pflegeprogramm an Zwillingetagen umfasst vor allem den Schulterbereich, die Arme und die Hände. Maniküre, Bäder, Massagen und Gymnastik sind angesagt! Das Beste allerdings, was man an Zwillingetagen für Schönheit und Wohlbefinden tun kann, sind ausgedehnte Spaziergänge an der frischen Luft.

Was man tun kann
Anregende Bäder ☽
Entspannende Massagen ☽

Mondtipps für jeden Tag – der Mondstand

Tiefenreinigung der Haut ◐
Haare waschen
Haare färben, tönen ◐

Was man lassen sollte
Körperhaare entfernen ◐
Eingewachsene Nägel ziehen ◐

Haushalt

Zwillingetage sind Lufttage. Sie sind bei abnehmendem Mond für die meisten Reinigungsarbeiten in Haus und Wohnung bestens geeignet. Nicht vergessen, die Wohnung ausgiebig zu lüften!

Was man tun kann
Großer Hausputz ◐
Feuchtreinigung von Holz- und Parkettböden ◐
Wäsche bleichen ◐
Kellerregale reinigen ◐
Speisekammer reinigen ◐
Wohnung ausgiebig lüften ◐
Schimmel und Feuchtigkeit beseitigen ◐
Fenster putzen ◐
Kuchen backen ◐
Metalle reinigen ◐
Imprägnieren von Textilien ◐
Chemische Reinigung ◐
Garderobe einlagern ◐
Schuhe putzen ◐
Streichen und lackieren ◐

An Zwillingetagen sollte man die Zimmerpflanzen besser nicht gießen, da dadurch Pflanzenschädlinge angelockt werden könnten.

Was man lassen sollte
Zimmer- und Balkonpflanzen gießen
Staub wischen ◐
Obst einkochen ◐

Bauen und heimwerken

Das Luftzeichen Zwillinge ist ziemlich neutral, jedenfalls, was seinen Einfluss auf die Tätigkeiten in diesem Bereich betrifft.

Was man tun kann
Baugrube ausheben ◐
Putzmörtel aufbringen bzw. ausbessern ◐

Mond in den Zwillingen

Hausfassade (Putz) tünchen ☽
Ziegeldach eindecken ☽
Stroh- oder Schindeldach eindecken ☽
Verglasung und Einbau von Fenstern mit Holzrahmen
Malerarbeiten aller Art ☽

Was man lassen sollte
Installation einer Wasser- oder Heizanlage ☽
Wassersuche und Wasserbau

Garten

Das Blütenzeichen Zwillinge ist ein hell-luftiges, nicht sehr fruchtbares Zeichen, bei dem man lediglich rankende Gewächse sowie Blumen pflanzen oder säen sollte.

Als Zeichen des absteigenden Mondes ist Zwillinge günstig, um Wurzelgemüse zu säen oder zu setzen, wenn kein Termin bei abnehmendem Mond gefunden wird.

Was günstig ist
Kletterpflanzen säen, pflanzen ☽
Rosen (zurück)schneiden ☽
Schädlingsbekämpfung von oberirdischem Ungeziefer ☽
Blütenpflanzen säen, setzen ☽
Zwiebeln der Sommerblüher setzen ☽
Düngen von Blütenpflanzen ☽
Phosphordüngung ☽

Was nicht günstig ist
Pflanzen gießen bzw. wässern
Schnitt von Obstbäumen
Boden umgraben, lockern ☽
Obst und Gemüse ernten, einlagern

Landwirtschaft und Tierhaltung

Was günstig ist
Heustock ansetzen ☽
Kartoffeln häufeln ☽
Oberirdische Schädlinge bekämpfen ☽
Stallreinigung ☽
Milchverarbeitung

Was nicht günstig ist
Gießen und wässern
Stall neu beziehen
Lagerstreu einbringen

Beruf und Karriere

Zwillingetage sind günstig für den Aufbau neuer geschäftlicher Kontakte und die Pflege schon bestehender Geschäftsbeziehungen. Man sollte aber auch darauf achten, dass den Gesprächen dann bald die Taten folgen.

Was günstig ist
Lernen
Schreiben ◐
Rechtsangelegenheiten regeln
Geschäftliche Besprechungen ◐
Neue Kontakte aufbauen
Verkäufe ◐
Geschäftsreise antreten

Liebe und Partnerschaft

An Zwillingetagen ist Klarheit und Wahrheit in der Beziehung besonders wichtig. Sie sind also eine gute Zeit für intensive Gespräche, die zwei Menschen einander (wieder) näher bringen.

Vertrauen und Verständnis prägen die Zwillingetage. Eine gute Zeit für die Vertiefung bestehender und für das Knüpfen neuer Bekanntschaften!

Was gut tut
Freundschaften festigen
Neue Bekanntschaften schließen

Freizeit und Erholung

»Kommunikation und Geselligkeit« ist das Thema der Zwillingetage. Gute Gespräche im Familienkreis, ein wenig Klatsch und Tratsch mit Freunden in der Kneipe, aber auch ein gutes Buch im bequemen Sessel – das gehört zu den Freuden dieser Tage.

Was günstig ist
Kurzreise antreten
Party feiern
Theaterbesuch
Restaurantbesuch
Sport treiben ◐
Radfahren ◐
Jogging
Freunde und Verwandte besuchen
Briefe schreiben ◐
Lesen
Reparieren ◐

Mond im Krebs

Der Mond im Krebs

Kraft Absteigend
Element Wasser
Pflanzenteil Blatt
Nahrung Kohlenhydrate
Witterungsqualität Feuchtigkeit
Körper Lunge, Magen, Leber, Galle
Organsystem Nerven
Geschlecht Weiblich

Mondpositionen
Neumond im Krebs: Juli
Zunehmender Mond im Krebs: Januar bis Juli
Vollmond im Krebs: Januar
Abnehmender Mond im Krebs: Juli bis Januar

Die Grundstimmung des Tages
An Krebstagen kann es leicht passieren, dass die Gefühle stärker sind als der Verstand. Man sehnt sich nach Ruhe und Geborgenheit, nach menschlicher Nähe und Harmonie. Die Empfindsamkeit kann leicht zur Überempfindlichkeit werden.

Die Witterungstendenz
Krebstage sind Wassertage. An diesen Tagen kann man mit einer leicht erhöhten Niederschlagsneigung rechnen. Luft- und Bodenfeuchtigkeit zeigen im Verhältnis zu den vorangegangenen und folgenden Tagen erhöhte Werte, es fällt verstärkt Tau auf Wiesen und Weiden.

Gesundheit
Lunge, Magen, Leber, Galle verlangen an Krebstagen besondere Aufmerksamkeit. Alles, was man heute für diese Körperregionen tut, um zu heilen oder zu pflegen, wirkt besonders wohltuend; alles, was diesen Organen schadet, kann jetzt besonders ungünstig sein.

Diätfehler können sich an Krebstagen besonders deutlich bemerkbar machen – lästiges Aufstoßen oder Sodbrennen sind entsprechende Signale. Wer in diesem Bereich seine Schwächen hat, sollte an Krebstagen (und auch schon davor) auf leichte Kost Wert legen.

> Krebstage eignen sich – vor allem in der Zeit von Juli bis Januar – als Fast- und Entschlackungstage. Eine gute Zeit auch, um zu entspannen! Vorsicht vor überhöhtem Alkoholkonsum!

Mondtipps für jeden Tag – der Mondstand

Was man tun kann
Maßnahmen zur Stärkung des Immunsystems ◐
Entschlackungs- oder Schlankheitskur ◐
Kräftigende Massagen ◐

Was man lassen sollte
Genussmittel – vor allem Alkohol
Zu viel Fett
Chirurgischer Eingriff im Bereich der oben genannten Organe

Gesunde Ernährung
An Krebstagen – wie auch an allen anderen Blatttagen – verstärkt die Mondkraft die Qualität der Kohlenhydrate. Diese werden jetzt vom Organismus sehr gut aufgenommen und verwertet. Wer jedoch unter Stoffwechselproblemen leidet oder übergewichtig ist, sollte heute Zurückhaltung üben.

Was man essen sollte
Neben kohlenhydratreichen Nahrungsmitteln empfehlen sich an Krebstagen wasserhaltige Gemüse und vor allem Meeresprodukte aller Art.
Früchte und Gemüse: Auberginen, Grünkern, Kohlrabi, Kopfsalat, Kürbis, Mais, Melonen, Sauerampfer, Spinat, Sprossen.
Fische, Meeresfrüchte: Austern, Hummer, Muscheln, Seefische.
Sonstiges: Ahornsirup, Honig, brauner Zucker.

An Krebstagen sollte man nach Möglichkeit sowohl das Haareschneiden als auch das Haarewaschen vermeiden.

Schönheits- und Körperpflege
Die Mondkräfte wirken an Krebstagen vorwiegend auf die inneren Organe, so dass eine gesunde, ausgewogene Ernährung das beste Schönheitselixier ist. Aber auch Wasseranwendungen entfalten heute ihre wohltuenden Wirkungen.

Was man tun kann
Beruhigende Bäder
Entspannende Schönheitsbäder ◐
Tiefenreinigung der Haut ◐

Was man lassen sollte
Haare waschen
Haare schneiden
Peeling
Ausgiebige Sonnenbäder

Mond im Krebs

Haushalt

Krebstage sind Wassertage. Sie sind bei abnehmendem Mond für einige feuchte Reinigungsarbeiten geeignet – ganz besonders für die große Wäsche. Das Lüften von Haus und Keller sollte man an diesen Tagen auf ein Minimum beschränken.

Was man tun kann
Zimmer- und Balkonpflanzen düngen ◐
Zimmer- und Balkonpflanzen gießen
Hausputz ◐
Wäsche waschen ◐
Flecken entfernen ◐
Chemische Reinigung ◐

Was man lassen sollte
Backen
Abfüllen, einkochen, einlagern
Milch verarbeiten
Fenster putzen ◐
Garderobe einlagern ◐
Wischen von Holzböden
Schimmel und Feuchtigkeit beseitigen
Ausgiebiges Lüften
Streich- und Lackierarbeiten

Außerdem sind jetzt noch diese Tätigkeiten nicht begünstigt: Lebensmittel einfrieren, Butter zubereiten, Früchte und Kräuter trocknen, Schuhe putzen.

Bauen und heimwerken

Der Krebs wie auch die anderen Wasserzeichen spielen in diesem Bereich eine wichtige Rolle: Manchmal sind sie optimal, oft allerdings auch unerwünscht.

Was man tun kann
Wasserableitung (Drainage) ◐
Installation einer Wasser- oder Heizanlage
Wassersuche und Wasserbau ◐

Was man lassen sollte
Putzmörtel aufbringen bzw. ausbessern
Hausfassade tünchen
Dach eindecken ◐
Holzdielen verlegen
Fenster verglasen und einsetzen
Malerarbeiten aller Art

Garten

Das Blattzeichen Krebs ist ein feucht-warmes, ganz besonders fruchtbares Zeichen, das fruchtbarste überhaupt. Deshalb sind Krebstage meist ideal zum Säen und Pflanzen. Auch zum Gießen und Düngen sind diese Tage sehr geeignet. Allerdings nicht zum Ernten: Es besteht dann nämlich die Gefahr, dass das Erntegut rasch verdirbt!

Was günstig ist
Verschiedene Kohlsorten pflanzen ☽
Blattgemüse säen, pflanzen ☽
Kopfsalat pflanzen ☽
Spargel pflanzen ☽
Komposthaufen ansetzen ☽
Kompost ausbringen ☽
Gründüngung aussäen, einarbeiten ☽
Pflanzen gießen, wässern
Blumen düngen ☽
Rasen mähen, wenn er schnell nachwachsen soll ☽
Oberirdische Schädlinge bekämpfen ☽

Alles, was man an Krebstagen erntet, sollte zum sofortigen Verbrauch bestimmt sein. Das betrifft nicht nur Obst und Gemüse, sondern auch Kräuter und Heilpflanzen.

Was nicht günstig ist
Pflanzen säen oder setzen, die rasch in die Höhe wachsen sollen
Obstbäume und -sträucher schneiden (auf keinen Fall bei Vollmond!)
Pflanzen veredeln
Ernten, einlagern und konservieren

Landwirtschaft und Tierhaltung

Was günstig ist
Wässern und gießen
Oberirdische Schädlinge bekämpfen ☽
Stallreinigung

Was nicht günstig ist
Getreide aussäen ☽
Getreide ernten ☽
Heustock ansetzen ☽
Kartoffeln ernten, einlagern
Entwöhnen von Kälbern ☾
Stall neu beziehen
Viehaustrieb auf die Weide

Mond im Krebs

Beruf und Karriere
Krebstage sind günstig für den vertrauensvollen Umgang mit Berufskollegen und Geschäftspartnern sowie für den Abschluss von Geschäften, die allen Nutzen bringen.

Was günstig ist
Arbeiten, die viel Feingefühl erfordern ◐
Kommunikation, Kontakte

Was weniger günstig ist
Lernen ◐
Neues Projekt planen ◐
Verträge abschließen ◐
Geldangelegenheiten regeln ◐
Verkäufe

Liebe und Partnerschaft
An Krebstagen ist das Verlangen nach Geborgenheit und Nähe besonders ausgeprägt. Ein Abend zu Hause mit Kerzen, einem guten Essen und einem Glas Wein ist der richtige Rahmen, um dieses Bedürfnis auszuleben.

Was gut tut
Zärtlichkeit
Familienbande festigen
Seelenvolle Erotik

Freizeit und Erholung
Hinaus ins Grüne oder ans Wasser – das ist die Devise der Krebstage. Wer dazu wider Erwarten keine Lust verspürt, kann sein Auto auf Hochglanz bringen oder ganz einfach von der nächsten Urlaubsreise träumen.

Was günstig ist
Ausflug ans Wasser
Schwimmen
Musizieren
Restaurantbesuch zu zweit
Textilgestaltung
Kochen
Wohnung neu gestalten
Auto pflegen

»Den Partner verwöhnen« heißt das Motto dieses Tages. Eine gute Zeit für ein gemeinsames Essen oder einen netten Besuch bei vertrauten Freunden!

Der Mond im Löwen

Kraft Absteigend
Element Feuer
Pflanzenteil Frucht
Nahrung Eiweiß
Witterungsqualität Wärme
Körper Herz, Kreislauf, Blutdruck
Organsystem Sinnesorgane
Geschlecht Männlich

Mondpositionen
Neumond im Löwen: August
Zunehmender Mond im Löwen: Februar bis August
Vollmond im Löwen: Februar
Abnehmender Mond im Löwen: August bis Februar

Die Grundstimmung des Tages

Starkes Selbstbewusstsein und Kreativität gehen an Löwetagen Hand in Hand. Eine gute Zeit, um mit Kühnheit neue Projekte in Angriff zu nehmen! Aber nicht überheblich werden!

An Löwetagen geht man mutig voran. Das Selbstbewusstsein ist gestärkt – ebenso aber auch die Tendenz zur Selbstdarstellung und zum Besitzanspruch. Alles, was Spaß macht und Aktion bietet, kann man jetzt in vollen Zügen genießen; das sollte man aber auch seinen Mitmenschen gönnen.

Die Witterungstendenz
Löwetage sind – natürlich in Abhängigkeit von der Jahreszeit – besonders warm und trocken. Im Sommer besteht allerdings eine verstärkte Neigung zu Gewittern, die oft von sehr heftigen und ergiebigen Regenfällen begleitet werden. Steht der Neu- oder Vollmond im Löwen, schlägt das Wetter häufig um.

Gesundheit
Herz, Kreislauf, Zwerchfell und Rücken verlangen an Löwetagen besondere Zuwendung. Kreislaufprobleme und Rückenschmerzen können einem an Löwetagen zu schaffen machen. Bei zunehmendem Mond – vor allem in der Nähe des Vollmonds – treten häufiger nervöse Unruhe und Schlafstörungen auf.

Was man tun kann
Damit beginnen, schlechte Gewohnheiten (z. B. das Rauchen) aufzugeben ●

Mond im Löwen

Brennnesseltee zur Blutreinigung und Entschlackung trinken ◐
Hühneraugen, Warzen und eingewachsene Nägel entfernen ◐
Zahnärztliche Behandlung ◐

Was man lassen sollte
Chirurgischer Eingriff in den oben genannten Körperregionen
Impfungen ◐

Gesunde Ernährung

An Löwetagen beeinflussen die Mondkräfte die Eiweißqualität. Unser Organismus kann jetzt alle mit der Nahrung zugeführten Eiweißstoffe optimal aufnehmen und verwerten. Wer jedoch Verdauungs- oder Stoffwechselprobleme hat, sollte an diesen Tagen zurückhaltend sein und nicht zu viel Eiweiß zu sich nehmen.

An Löwetagen empfiehlt es sich, eiweißreiche Kost mit viel frischem Obst und Fruchtgemüsen zu kombinieren. Viel trinken!

Was man essen sollte
Neben eiweißreicher Kost und rotem Obst oder roten Gemüsen bevorzugt man an Löwetagen das Außergewöhnliche, Exquisite.
Obst und Gemüse: Ananas, Aprikosen, Grapefruits, Himbeeren, Hülsenfrüchte, Orangen, Quitten, Süßkirschen, Weintrauben.
Fleisch und Fisch: Fasan, Forelle, Hirsch, Kaviar, Langusten, Shrimps, Truthahn.

Schönheits- und Körperpflege

Fitness – körperliche und mentale – sollte das Ziel eines Pflegeprogramms an den Löwetagen heißen. Dazu gehören Sport, Gymnastik und viel Bewegung an der frischen Luft. Dabei und danach sollte man viel trinken – am besten klares Wasser oder ungesüßte Früchtetees.

Was man tun kann
Haare schneiden, wenn sie zwar langsam, aber dicht nachwachsen sollen ◐
Haare schneiden, wenn sie rasch nachwachsen oder lang werden sollen ◐
Aphrodisische Bäder ○ ◐
Saunabad ◐
Haare waschen
Kräuterkissen herstellen ◐

Was man lassen sollte
Ausgiebige Sonnenbäder

Haushalt

Löwetage sind Wärmetage von besonders ausgeprägter Qualität. Sie sind deshalb auch für trockene Reinigungsarbeiten (bei abnehmendem Mond) sowie für das Konservieren von Obst und Fruchtgemüse geeignet.

Was man tun kann
Ausgiebig lüften
Feuchtreinigung von Holz- und Parkettböden ◐
Fenster putzen ◐
Porzellan reinigen ◐
Kellerregale und Obsthorden reinigen
Vorräte einlagern ◐
Obst einkochen, einfrieren
Kuchen backen
Schuhe putzen ◐
Chemische Reinigung ◐

Was man lassen sollte
Imprägnieren von Textilien ◐
Flecken entfernen ◐
Abbeizen und Entfärben ◐
Fensterrahmen reinigen ◐

Wenn man an Löwetagen ausgiebig lüftet, sollte man darauf achten, dass die Luftfeuchtigkeit in den Räumen nicht zu stark absinkt.

Bauen und heimwerken

Obwohl der Löwe ein trockenes Zeichen ist, sind die Löwetage doch nicht für alle Bauarbeiten geeignet, weil sie ihrer Natur nach nicht nur trocken, sondern auch sehr heiß sind.

Was man tun kann
Einen Bau beginnen
Hausfassade tünchen ◐

Was man lassen sollte
Beton und Estrich gießen
Putzschäden ausbessern ◐ ○
Dachstuhl fertigen und aufrichten
Strohdach eindecken ◐
Holzdielen und -decken verlegen
Malerarbeiten
Installation einer Wasser- oder Heizanlage ◐
Wassersuche und Wasserbau

Mond im Löwen

Garten
Das Fruchtzeichen Löwe ist ein heißes, trockenes, nicht sehr fruchtbares Zeichen, so dass es an Löwetagen vor allem angebracht ist, Getreide bzw. Rasen zu säen. Ungünstig sind Löwetage für das Rasenmähen sowie das Entfernen (Roden) von Pflanzen und Gehölzen, die nicht mehr nachwachsen sollen.

Was günstig ist
Früchte einkochen
Kräuter sammeln, ernten
Obstbaumschnitt ☽
Rasen ansäen ☽
Obstbäume veredeln ☽
Erdbeeren pflanzen ☽

Was nicht günstig ist
Kunstdünger ausbringen
Boden umgraben, lockern ☽
Obst und Gemüse ernten
Unkraut jäten ☽

Landwirtschaft und Tierhaltung
Was günstig ist
Getreide aussäen ☽
Getreide ernten, einlagern ☽
Weinstöcke setzen ☽
Tiere decken ☽
Stallreinigung
Milch verarbeiten

Was nicht günstig ist
Kartoffeln häufeln ☽
Kunstdünger ausbringen
Kälber entwöhnen ○
Stall neu beziehen
Viehaustrieb auf die Weide

Beruf und Karriere
Löwetage sind günstig, um kühne Projekte mit dem nötigen Selbstbewusstsein »an den Mann zu bringen«. Doch Vorsicht: Es besteht durchaus die Gefahr, ein Risiko zu unterschätzen! Der Wille allein reicht oft nicht aus, um ein Ziel zu erreichen.

> Auch wenn Löwetage ansonsten nicht besonders günstig zum Pflanzen oder Säen sind, eignen sie sich bestens zum Ansäen von Rasen. Man muss aber dafür sorgen, dass die Saatfläche gut feucht gehalten wird.

Mondtipps für jeden Tag – der Mondstand

Was günstig ist
Vorstellungsgespräch ◐
Kreative Tätigkeiten
Lernen
Verkäufe ◐
Steuerangelegenheiten regeln

Liebe und Partnerschaft
An Löwetagen ist die Liebe wild und voller Leidenschaft. Da werden Wünsche wahr, die sonst im Verborgenen bleiben. Geben Sie sich dieser Stimmung hin, denn Hingabe kann die Leidenschaft noch steigern.

Was gut tut
Flirten, verführen und erobern
Romantische Stimmung
Raffinierte Düfte
Zärtlichkeit

An Löwetagen muss man vor allem bei zunehmendem Mond mit verstärktem Stresseinfluss rechnen, der mit Annäherung an den Vollmond noch zunimmt.

Was nicht schön ist
Misstrauen, Eifersucht

Freizeit und Erholung
Langeweile ist out, Spannung ist angesagt. Abenteuer, Sport und Spiel sind die bevorzugten Aktivitäten an den Tagen, an denen der Mond im Löwen steht. Dabei sucht man schon mal den besonderen »Kick«.

Was günstig ist
Picknick
Party feiern
Tanzen gehen
Opern- oder Konzertbesuch
Beschäftigung mit moderner Kunst
Autokauf
Sport treiben ◐
Wohnungsumzug ●

Was weniger günstig ist
Neigung zur Verschwendung
Kochen ◐
Träumen, meditieren ◐

Der Mond in der Jungfrau

Kraft Absteigend
Element Erde
Pflanzenteil Wurzel
Nahrung Salz
Witterungsqualität Kälte
Körper Stoffwechsel, Verdauung
Organsystem Blutkreislauf
Geschlecht Weiblich

Mondpositionen
Neumond in der Jungfrau: September
Zunehmender Mond in der Jungfrau: März bis September
Vollmond in der Jungfrau: März
Abnehmender Mond in der Jungfrau: September bis März

Die Grundstimmung des Tages
Mit der Leidenschaft tut man sich schwer an Jungfrautagen. Ordnung, Sicherheit und kühles Abwägen stehen im Vordergrund, ebenso Pflichtbewusstsein und Verantwortungsgefühl – sowohl was den Beruf angeht als auch Familie und eigene Gesundheit. Große Taten darf man an Jungfrautagen erfahrungsgemäß aber nicht erwarten.

Die Witterungstendenz
An Jungfrautagen empfindet man oft Kühle. Auch bei ansonsten warmer Witterung bleibt der Erdboden relativ kalt, und auch die Luft kühlt sich in den Abendstunden ziemlich rasch ab.

Jeder, der häufig Probleme mit der Verdauung hat, sollte sich an Jungfrautagen besonders leicht ernähren, die nötigen Ballaststoffe nicht vergessen und auf Fettes möglichst ganz verzichten.

Gesundheit
Verdauungsorgane, Bauchspeicheldrüse und Milz sind an Jungfrautagen besonders angesprochen. Alles, was man jetzt für diese Körperregion tut, um zu heilen oder zu pflegen, wirkt besonders wohltuend; alles, was diesen Organen schadet, kann sehr ungünstig sein.
Wer Verdauungsprobleme hat, sollte an Jungfrautagen auf schwere, insbesondere fettreiche Speisen besser verzichten. Andererseits sind Jungfrautage – besonders im Frühjahr – sehr gut geeignet, um eine Blutreinigungs- bzw. Entschlackungskur zu machen.

Mondtipps für jeden Tag – der Mondstand

Was man tun kann
Diät machen ☽
Kur oder Rehabilitationsmaßnahmen beginnen ☽
Heilende Bäder

Was man lassen sollte
Schwere, fettreiche Speisen
Chirurgischer Eingriff in der oben genannten Körperregion
Impfungen ☽

Gesunde Ernährung

An Jungfrautagen – wie auch an allen anderen Wurzeltagen – wirken die Mondimpulse auf die Salzqualität. Kochsalz, das in den Speisen enthalten ist, wird jetzt vom Organismus besonders gut aufgenommen und verwertet. Wer jedoch salzarm essen muss – beispielsweise bei Bluthochdruck –, sollte an Jungfrautagen äußerst vorsichtig sein, da schon geringe Salzmengen eine unerwünschte Wirkung hervorrufen können.

Wer wegen Bluthochdruck salzarm essen muss, sollte an Jungfrautagen seine Salzmengen besonders niedrig dosieren.

Was man essen sollte
Neben salzhaltigen Lebensmitteln werden vor allem Wurzelgemüse sowie Trockenprodukte empfohlen.
Obst und Gemüse: Bataten, Champignons, Fenchel, Kartoffeln, Knoblauch, Pastinaken, Sellerie, Zwiebeln.
Fleisch und Fisch: Kalb, Salzheringe.
Gewürze: Estragon, Ingwer, Kümmel, Salbei, Thymian.
Sonstiges: Buttermilch, Quark.

Schönheits- und Körperpflege

Bei Hautunreinheiten, zu trockener oder fettiger Haut hilft oft eine Blutreinigungskur mit Brennnesseltee oder -saft, die man vor allem an Jungfrautagen, aber auch an den anderen Erdtagen (Stier, Steinbock) durchführen sollte.

Was man tun kann
Dauerwelle legen
Heilende Bäder ☽

Was man lassen sollte
Heil- und Kosmetiksalben herstellen
Anregende Bäder
Haare tönen, färben

Mond in der Jungfrau

Haushalt
Jungfrautage sind Kältetage. Sie sind – besonders bei zunehmendem Mond – für Hausarbeiten eher weniger geeignet.

Was man tun kann
Zimmer- und Balkonpflanzen düngen ☽
Zimmer- und Balkonpflanzen umtopfen ☽
Wohnräume und Kleiderschränke nur kurz lüften ☽
Fußböden trocken reinigen ☽
Staub wischen ☽

Was man lassen sollte
Einlagern, abfüllen, konservieren
Sauerkraut ansetzen
Butter zubereiten
Anheizen im Herbst ☽

Bauen und heimwerken
Das Erdzeichen Jungfrau setzt keine besonderen Akzente in Bezug auf alle Arbeiten im Baubereich. Allerdings sind Jungfrautage ganz allgemein günstig für Reparaturarbeiten in Haus und Garten.

Was man tun kann
Erdaushub für das Fundament ☽
Beton und Estrich gießen ☽
Ziegeldach eindecken ☽
Fußbodenbeläge verlegen ☽
Malerarbeiten ☽
Hausfassade tünchen ☽
Kleinreparaturen in Haus und Garten ☽

Was man lassen sollte
Wassersuche und Wasserbau
Installation einer Wasser- oder Heizanlage ☽

Garten
Das Wurzelzeichen Jungfrau ist ein kühl-trockenes, nur mäßig fruchtbares Tierkreiszeichen, das dennoch viele Arbeiten im Garten begünstigt. Das betrifft sowohl das Setzen wie auch das Umsetzen von Pflanzen, die Bodenbearbeitung und die Schädlingsbekämpfung.

Jungfrautage sind zwar nicht besonders fruchtbar, sie eignen sich aber bestens für fast alle Pflegearbeiten im Garten – ganz besonders bei abnehmendem Mond.

Was günstig ist
Boden umgraben ◐
Bäume pflanzen, die sehr hoch werden sollen ◐
Verpflanzen alter Bäume (im Frühjahr oder Herbst)
Rasen säen ◐
Setzen von Stecklingen
Komposthaufen ansetzen ◐
Pflanzen düngen ◐
Unterirdisches Ungeziefer bekämpfen ◐
Laub rechen ◐

Was nicht günstig ist
Kopfsalat auspflanzen
Rankende Gewächse säen, setzen ◐
Veredeln von Obstgehölzen oder Rosen ◐
Früchte und Samen ernten

Landwirtschaft und Tierhaltung
Was günstig ist
Kartoffeln anbauen ◐
Kartoffeln häufeln ◐
Pflanzen düngen ◐
Stall reinigen
Viehaustrieb auf die Weide
Misthaufen ansetzen ◐

Jungfrautage sind günstige Termine, um einen Kompost- oder Misthaufen anzulegen.

Was nicht günstig ist
Getreide ernten, einlagern
Entwöhnen von Kälbern ○
Stall neu beziehen

Beruf und Karriere
Jungfrautage sind günstig, um mit möglichst wenig finanziellem und materiellem Aufwand optimale Ergebnisse zu erreichen. Da dreht man den Cent zweimal um, bevor man ihn ausgibt.

Was günstig ist
Vorstellungsgespräch ◐
Lernen
Schreiben ◐
Reiseplanung
Behördengänge

Mond in der Jungfrau

Geschäftliche Besprechungen ◐
Planung des Budgets ◐
Geldangelegenheiten regeln ◐
Immobilien verkaufen ◑
Immobilien kaufen ◐
Sparen

Was weniger günstig ist
Kreative Tätigkeiten
Arbeiten, die viel Fingerspitzengefühl erfordern ◐
Werbung ◐

Liebe und Partnerschaft
An Jungfrautagen sind die Partner eher mit ihren eigenen Angelegenheiten befasst, so dass die Gemeinsamkeit zur Zweisamkeit werden kann. Das muss kein Mangel sein, wenn man das rechte Maß zwischen Distanz und Nähe findet.

Was gut tut
Perfekte Balance zwischen körperlicher Nähe und Distanz

Was nicht schön ist
Gereizte Stimmung
Prüderie und Ängstlichkeit in der Erotik

An Jungfrautagen kommt es vor, dass die Gefühle schweigen und die kritische Distanz überwiegt. Das ist dann keine gute Zeit für vertrauensvolle Gespräche.

Freizeit und Erholung
Sich selbst einmal so richtig verwöhnen – das könnte das richtige Programm für die Jungfrautage sein. Da kann man beispielsweise die eigenen vier Wände verschönern, dem Körper Gutes tun, die Seele baumeln lassen …

Was günstig ist
Ausflug ins Grüne
Einkaufen, wenn man nicht viel ausgeben will
Sparplan aufstellen ◐
Aufräumen, ordnen
Ausruhen ◐
Yoga ◑

Was weniger günstig ist
Neigung zu Kritik und Auseinandersetzung
Bekanntschaften pflegen

Mondtipps für jeden Tag – der Mondstand

Der Mond in der Waage ⚖

Kraft Absteigend
Element Luft
Pflanzenteil Blüte
Nahrung Fett
Witterungsqualität Helligkeit
Körper Hüfte, Blase, Nieren
Organsystem Drüsen
Geschlecht Männlich

Mondpositionen
Neumond in der Waage: Oktober
Zunehmender Mond in der Waage: April bis Oktober
Vollmond in der Waage: April
Abnehmender Mond in der Waage: Oktober bis April

Die Grundstimmung des Tages
An Waagetagen wird es eher schwerer fallen, grundsätzliche Entscheidungen zu treffen, denn die Entschlusskraft ist ziemlich gering. Dafür sucht und findet man Harmonie in den Begegnungen mit Menschen sowie in der Partnerschaft. Doch Vorsicht ist geboten: Ist die Harmonie gestört, so neigt man leicht zur Eifersucht!

Waagetage verlangen nach Ausgleich und Harmonie. Doch Vorsicht: Falls die Harmonie gestört ist, neigt man zur Eifersucht!

Die Witterungstendenz
Waagetage wirken oft heiter und hell, auch wenn sich die Sonne nicht allzu häufig zeigt. Außerdem besteht eine Neigung zu relativ geringer Luftfeuchtigkeit, so dass der Eindruck von Trockenheit erzeugt wird.

Gesundheit
Hüfte, Blase und Nieren verlangen an Waagetagen unsere besondere Aufmerksamkeit. Alles, was man jetzt für diese Körperregion unternimmt, um zu heilen oder zu pflegen, wirkt besonders wohltuend; alles, was diesen Organen schadet, kann besonders ungünstig sein.
An Waagetagen heißt es, den Unterleib vor Unterkühlung zu schützen, weil sonst Blasen- oder Nierenbeckenentzündung drohen kann. Um Nieren und Blase gut durchzuspülen, sollte man an diesen Tagen – vor allem nachmittags – reichlich trinken.

Mond in der Waage

Was man tun kann
Fasttag zur Entschlackung und Reinigung einlegen ●
Beckenbodengymnastik
Kräftigende Massagen zum Muskelaufbau ◐

Was man lassen sollte
Chirurgischer Eingriff in der oben genannten Körperregion

Gesunde Ernährung

An Waagetagen beeinflusst der Mond die Qualität von Fetten und Ölen in der Nahrung. Diese lebenswichtigen Nährstoffe werden jetzt besonders gut aufgenommen und vom Organismus optimal verwertet. Es kann also durchaus sein, dass man an diesen Tagen Appetit auf Fettiges hat. Wer aber fettarm essen muss, um beispielsweise seinen Cholesterinspiegel normal zu halten, sollte gerade jetzt auf fettreiche Kost verzichten.

Fettreiche Kost wird an Waagetagen besonders gut vertragen. Doch Vorsicht bei Übergewicht, vor allem, wenn der zunehmende Mond in der Waage steht!

Was man essen sollte
Fetthaltige Speisen bzw. solche, die mit Fett zubereitet werden, werden an Waagetagen gerne gegessen. Beachten sollte man noch, dass an diesen Tagen das »Auge mitisst«, so dass ein schön gedeckter Tisch und attraktiv angerichtete Speisen besonders willkommen sind.
Obst und Gemüse: Blumenkohl, Haselnüsse, Holunder, Kastanien, Malven, Mandeln, Pistazien, Rosenkohl, Sanddorn, Sonnenblumenkerne.
Fleisch: Ente, Rind, Wachtel.
Sonstiges: Butter, Marzipan, Mohn, Sahne.

Schönheits- und Körperpflege

Vor allem körperliche, aber auch seelische Anregung ist an Waagetagen gefragt. Die findet man am besten bei Sport und Spiel in der freien Natur. Aber Vorsicht vor Unterkühlung – besonders den Unterkörper sollten Sie schön warm halten!

Was man tun kann
Anregende, vitalisierende Bäder
Tiefenreinigung der Haut ◐
Haare waschen
Haare färben, tönen ◐
Bürstenmassagen
Körperhaare entfernen ◐

Was man lassen sollte
Heilende Bäder ☽

Haushalt

Waagetage sind Lufttage. Sie sind bei abnehmendem Mond für fast alle Reinigungsarbeiten hervorragend geeignet. Die Wohnung sollte an diesen Tagen ausgiebig gelüftet werden.

Was man tun kann
Hausputz ☽
Wischen von Holz- und Parkettböden ☽
Umräumen und neu einrichten
Ungeziefer in Haus und Wohnung bekämpfen ☽
Schimmel und Feuchtigkeit beseitigen ☽
Wäsche bleichen ☽
Blumen für die Vase pflücken ☽
Kuchen backen ☽
Butter zubereiten
Kellerregale und Obsthorden reinigen ☽
Speisekammer reinigen ☽
Fenster putzen ☽
Schuhe putzen ☽
Chemische Reinigung ☽
Imprägnieren von Textilien ☽
Garderobe einlagern ☽
Metalle reinigen ☽

Wenn Zimmer- oder Balkonpflanzen nicht mehr so recht blühen wollen, kann man sie an Waagetagen bei abnehmendem Mond zwischendüngen.

Was man lassen sollte
Zimmer- und Balkonpflanzen gießen
Obst einkochen ☽

Bauen und heimwerken

Waagetage sind Lufttage mit recht trockenem Charakter. Sie üben keinen besonderen Einfluss auf die Tätigkeiten in diesem Bereich aus. Die durch die Mondphasen bedingten Kräfte überwiegen deutlich.

Was man tun kann
Hausfassade tünchen ☽
Stroh- oder Ziegeldach eindecken ☽
Fenster verglasen und einsetzen ☽
Malerarbeiten ☽

Was man lassen sollte
Installation einer Wasser- oder Heizanlage ☽
Wassersuche und Wasserbau

Garten
Das Blütenzeichen Waage ist ein trocken-warmes, für die Fruchtbarkeit eher neutrales Tierkreiszeichen. Besonders Blumen (vor allem Rosen), die an Waagetagen gesät oder gepflanzt werden, entwickeln einen üppigen Blütenflor und prächtige Farben.

Was günstig ist
Blumenzwiebeln der Frühjahrsblüher setzen ☽
Einjährige Blumen säen ☽
Heilpflanzen säen ☽
Laubbäume aussäen
Rosen schneiden ☽
Heckenschnitt

Was nicht günstig ist
Kopfsalat säen ☽
Veredeln von Obstgehölzen und Rosen ☽
Ernten, einlagern und konservieren
Pflanzen gießen

An Waagetagen wird man manchmal geneigt sein, so genannte Routinearbeiten zu vernachlässigen. Aufpassen, dass dabei nichts Wichtiges vergessen wird!

Landwirtschaft und Tierhaltung
Was günstig ist
Heustock ansetzen ☽
Kartoffeln häufeln ☽
Heilkräuterbehandlung bei Tieren ☽
Stall reinigen ☽
Viehaustrieb auf die Weide

Was nicht günstig ist
Wässern und Gießen der Pflanzen
Stall neu beziehen
Lagerstreu einbringen

Beruf und Karriere
Waagetage sind günstig, um berufliche Ziele zu formulieren und geschäftliche Strategien auszuarbeiten. Man sollte aber immer darauf achten, dass der besten Planung auch die richtigen Entscheidungen folgen müssen, wenn der Erfolg sich einstellen soll.

Was günstig ist
Vorstellungsgespräch ◐
Kreative Tätigkeiten
Arbeiten mit viel Fingerspitzengefühl ◐
Kommunikation, Kontakte
Verkäufe ◐
Geschäftsbilanz erstellen
Erbschaftsangelegenheiten regeln
Verträge abschließen ◐

Was weniger günstig ist
Neue Projekte planen ◐
Budgetplanung ◐

Liebe und Partnerschaft
An Waagetagen kommt es darauf an, Verständnis für den Partner zu entwickeln, auf seine Wünsche einzugehen.

Was gut tut
Harmonische Stimmung
Freundschaften pflegen und festigen
Kleine Geschenke
Liebeserklärung
Romantische Verführungen
Kultivierte Erotik

Musik und darstellende Kunst gewinnen an Waagetagen besonderes Interesse. Auch die Beschäftigung mit Mode und modernem Design bereitet viel Freude.

Freizeit und Erholung
Frische Luft – für die Lunge wie für den Kopf – sorgt an Waagetagen für Klarheit und gute Laune. Abends ist dann Zerstreuung angesagt, am besten im Kreis guter Freunde.

Was günstig ist
Opern- bzw. Konzertbesuch
Museumsbesuch
Lesen
Tanzen
Einkaufsbummel
Freunde besuchen
Wohnung verschönern

Was weniger günstig ist
Mangelnde Entschlusskraft

Der Mond im Skorpion

Kraft Absteigend
Element Wasser
Pflanzenteil Blatt
Nahrung Kohlenhydrate
Witterungsqualität Feuchtigkeit
Körper Geschlechtsorgane, Harnwege
Organsystem Nerven
Geschlecht Weiblich

Mondpositionen
Neumond im Skorpion: November
Zunehmender Mond im Skorpion: Mai bis November
Vollmond im Skorpion: Mai
Abnehmender Mond im Skorpion: November bis Mai

Die Grundstimmung des Tages
»Seele« und »Sinnlichkeit« sind die dominanten Begriffe der Skorpiontage. Das Tierkreiszeichen setzt erhebliche emotionale Energien frei, die sich vor allem in der Sexualität ausleben.

> Das Tierkreiszeichen Skorpion setzt starke Gefühle frei. Oft sind sie stärker als der Verstand und können auch zu seelischen Konflikten führen.

Die Witterungstendenz
Skorpiontage sind Wassertage von besonders ausgeprägtem Charakter. Die Erde wird an diesen Tagen nie ganz trocken. Außerdem besteht eine erhöhte Neigung zu Niederschlägen.

Gesundheit
Die Geschlechtsorgane sowie die Harnwege sind an Skorpiontagen besonders empfindsam und verlangen erhöhte Aufmerksamkeit.
Unterkühlung ist an Skorpiontagen die häufigste Ursache von Harnwegsentzündungen. Schwangere sollten an diesen Tagen besonders vorsichtig sein – vor allem bei zunehmendem Mond herrscht eine Tendenz zu Fehlgeburten.

Was man tun kann
Sitzbäder (z. B. mit Zusatz von Schafgarbe)
Entschlackungs- oder Schlankheitskur ☽
Warzen entfernen ☽
Zahnärztliche Behandlung ☽

Mondtipps für jeden Tag – der Mondstand

Was man vermeiden sollte
Kalte Füße
Chirurgischer Eingriff in der oben genannten Körperregion
Impfungen

Gesunde Ernährung
An Skorpiontagen – wie auch an allen anderen Blatttagen – verstärkt die Mondkraft die Qualität der Kohlenhydrate. Diese werden an diesen Tagen vom Organismus sehr gut aufgenommen und verwertet. Kohlenhydrate erhöhen die körperliche Leistungskraft und gelten allgemein als »Nervennahrung«. Wer jedoch unter Stoffwechselproblemen leidet oder übergewichtig ist, sollte jetzt Zurückhaltung üben.

Was man essen sollte
Grüne Gemüse, Blattsalate und wasserreiche sowie kohlenhydratreiche Lebensmittel werden an Skorpiontagen bevorzugt. Auch Mehlspeisen sind an diesen Tagen besonders bekömmlich.
Obst und Gemüse: Bataviasalat, Chicorée, Endiviensalat, Essiggurken, Kresse, Löwenzahn, Radiccio, Rhabarber, Sauerkraut, Wirsingkohl, Zucchini.
Fleisch und Fisch: Heringe, Kalb.
Gewürze: Essig, Pfefferminze.
Sonstiges: Buchweizen, Dinkel, Vollkornprodukte.

Schönheits- und Körperpflege
Ganzkörpermassagen, auch als Partnermassagen, passen sehr gut in das Pflegeprogramm an Skorpiontagen. Dazu passt ein Saunabesuch und/oder ein Ausflug ans Wasser, um Körper und Seele etwas Gutes zu tun.

Wasseranwendungen in jeder Form wirken an Skorpiontagen besonders wohltuend. Sie pflegen und entspannen in jeder Mondphase.

Was man tun kann
Beruhigende Bäder
Entspannungsübungen ◐
Fuß- und Nagelpflege ◐
Hand- und Nagelpflege ◐
Kräuterkissen herstellen ◐
Tiefenreinigung der Haut ◐
Körperhaare entfernen ◐

Was man lassen sollte
Aphrodisische Bäder ◐

Mond im Skorpion

Haushalt

Skorpiontage sind Wassertage. Sie sind günstig für viele feuchte Reinigungsarbeiten, die man bei abnehmendem Mond durchführen sollte. Lebensmittel sollte man an Skorpiontagen weder einlagern noch konservieren.

Was man tun kann
Wäsche waschen ☽
Fensterrahmen reinigen ☽
Hausputz ☽
Chemische Reinigung ☽
Flecken entfernen ☽

Was man lassen sollte
Milch verarbeiten
Backen
Fenster putzen ☽
Porzellan reinigen ☽
Schimmel und Feuchtigkeit beseitigen
Schuhe putzen ☽
Ausgiebiges Lüften
Garderobe einlagern ☽
Streich- und Lackierarbeiten

> Wenn man die Wäsche bei abnehmendem Mond an einem Skorpiontag wäscht, erreicht man mit weniger Waschmittel einen optimalen Reinigungseffekt.

Bauen und heimwerken

Als Wassertage sind Skorpiontage für das Bauen weniger gut geeignet. Wenn man dennoch an diesen Tagen einige Arbeiten erledigen muss, sollte man unbedingt darauf achten, dass die richtige Mondphase gegeben ist.

Was man tun kann
Erdaushub, wenn sofortige Wasserableitung (Drainage) vorgesehen ist ☽
Wasserableitung ☽
Installation einer Wasser- oder Heizanlage ☽
Wassersuche und Wasserbau ☽

Was man lassen sollte
Erdaushub, wenn Drainage erst später erfolgt
Hausfassade tünchen
Dach eindecken ☽
Fenster verglasen und einsetzen

Mondtipps für jeden Tag – der Mondstand

Garten

Das Blattzeichen Skorpion ist ein feucht-kühles, sehr fruchtbares Zeichen, bei dem man vieles säen oder pflanzen kann, was nach oben wächst und über dem Erdboden Ertrag bringt. Was besonders wichtig ist: Alles, was an Skorpiontagen gesät oder gepflanzt wird, zeichnet sich durch große Widerstandskraft aus.

Was günstig ist
Komposthaufen ansetzen ☽
Blattgemüse säen, pflanzen ☽
Kopfsalat pflanzen ☽
Nadel- und Laubbäume aussäen
Pflanzen gießen, wässern
Pflanzen düngen ☽
Rasen mähen, wenn er schnell nachwachsen soll ☽
Hecke schneiden, wenn sie schnell nachwachsen soll
Schnecken bekämpfen ☽
Gartenteich anlegen, ausbessern ☽

Nach dem Krebs ist der Skorpion ein besonders fruchtbares Tierkreiszeichen. Wenn der Mond in diesem Zeichen steht, ist es auch günstig, Nadel- und Laubbäume auszusäen.

Was nicht günstig ist
Ausschneiden von Obstbäumen und -sträuchern
Bäume fällen (Borkenkäfer)
Obst- und Ziergehölze veredeln ☽
Obst ernten

Landwirtschaft und Tierhaltung

Was günstig ist
Tiere decken
Stall reinigen

Was nicht günstig ist
Heustock ansetzen ☽
Kastrieren von Tieren
Stall neu beziehen
Lagerstreu einbringen
Milch verarbeiten

Beruf und Karriere

Skorpiontage sind günstig, um intuitiv Situationen einzuschätzen und die notwendigen Entscheidungen zu treffen. So wichtig das ist – auch der Verstand ist gefragt, wenn man nicht einer Illusion unterliegen will!

Mond im Skorpion

Was günstig ist
Neues Projekt planen
Geschäftliche Besprechungen ◐
Nachforschungen anstellen ◐
Testament machen ◐

Was weniger günstig ist
Lohn- bzw. Gehaltserhöhung beantragen ◐
Geldangelegenheiten regeln ◐
Verkäufe

Liebe und Partnerschaft
An Skorpiontagen kommen Gefühle in ihren extremsten Ausdrucksformen vor. Alles ist möglich – heftige, wilde Liebesattakken, aber auch unbegründete Aggressionen und unkontrollierte Eifersuchtsszenen. Die Gemeinsamkeit kann sich bei der Beherrschung solcher Gefühle bewähren.

Skorpiontage sind auch sehr geeignet, um Werbemaßnahmen vorzubereiten oder durchzuführen, weil die emotionale Wirkung jetzt besonders hoch ist.

Was gut tut
Leidenschaftliche, raffinierte Erotik
Knisternde Sinnlichkeit
Nicht alltägliche Erfüllung sexueller Wünsche

Was nicht schön ist
Gereiztheit, Aggressivität
Eifersucht

Freizeit und Erholung
Wenn der Mond im Skorpion steht, hat man kaum Sinn für Äußerlichkeiten, sondern zieht sich eher in seine kleine Welt zurück, um über die großen Fragen des Lebens nachzudenken. Es ist gut, wenn man dann einen vertrauten Menschen an seiner Seite hat.

Was günstig ist
Musizieren
Meditieren
Autokauf ◐
Autoreparatur ◐

Was weniger günstig ist
Beschäftigung mit moderner Kunst
Ausflug machen

Mondtipps für jeden Tag – der Mondstand

Der Mond im Schützen

Kraft Schon aufsteigend; Wendepunkt zwischen absteigender und aufsteigender Kraft
Element Feuer
Pflanzenteil Frucht
Nahrung Eiweiß
Witterungsqualität Wärme
Körper Oberschenkel, Venen
Organsystem Sinnesorgane
Geschlecht Männlich

Mondpositionen
Neumond im Schützen: Dezember
Zunehmender Mond im Schützen: Juni bis Dezember
Vollmond im Schützen: Juni
Abnehmender Mond im Schützen: Dezember bis Juni

Die Grundstimmung des Tages
Neue Ziele, neue Pläne, neue Wege – an Schützetagen ist der Blick nach vorn gerichtet. Man will alles wissen, alles erleben, nicht in Ruhe oder Routine verharren. Eine gewisse innere Unruhe, die man jetzt verspürt, kann aber auch leicht zu unbedachten, vorschnellen Entscheidungen führen, die man später bereut.

Die Witterungstendenz
Schützetage sind Wärmetage von relativ ausgeglichenem Charakter – mäßig warm, freundlich und ziemlich trocken. Im Sommer muss man an Schützetagen häufiger mit Gewittern und ergiebigen Niederschlägen rechnen. Bei Neu- und Vollmond ist an Schützetagen ein rascher Wetterumschwung möglich.

Auch wenn es einen an Schützetagen ins Freie zieht – sportlich untrainierte Menschen sollten an Schützetagen auch die Knie- und Fußgelenke nicht übermäßig belasten.

Gesundheit
Lendenwirbelsäule, Oberschenkel und Venen sollten an Schützetagen besonders beachtet werden. Untrainierte gehen bei übermäßiger sportlicher Belastung an Schützetagen das Risiko ein, sich schnell einen Muskelkater zuzuziehen.

Was man tun kann
Zahnbehandlung ☽
Stärkende ☽ oder entspannende ☽ Massagen

Mond im Schützen

Was man lassen sollte
Chirurgischer Eingriff in der oben genannten Körperregion
Impfungen ○

Gesunde Ernährung

An Schützetagen – wie auch an den anderen Fruchttagen – beeinflussen die Mondkräfte die Eiweißqualität. Unser Organismus kann jetzt alle mit der Nahrung zugeführten Eiweißstoffe optimal aufnehmen und verwerten. Wer jedoch Verdauungs- oder Stoffwechselprobleme hat, sollte an Schützetagen in dieser Hinsicht eher zurückhaltend sein und nicht zu viel Eiweiß zu sich nehmen.

Was man essen sollte
Neben eiweißhaltigen Lebensmitteln und roten Gemüsen genießt man an diesen Tagen besonders gerne exotische Speisen und Gewürze, die die Sehnsucht nach der Ferne wach halten.
Obst und Gemüse: Äpfel, Auberginen, Birnen, Brombeeren, Datteln, Heidelbeeren, Kiwi, Mangos, Pfirsiche, Schwarze Johannisbeeren, Sprossen, Sojabohnen, Zucchini.
Fleisch und Fisch: Hase, Hirsch, Karpfen, Reh, Scholle, Tintenfisch.
Gewürze: Curry.
Sonstiges: Quark, Tofu.

Schönheits- und Körperpflege

Schützetage sollten mit sportlicher Aktivität, vor allem mit dem Laufen oder Gehen, verbunden sein. Aber auch Krafttraining an diesen Tagen hilft, das Körpergefühl zu verbessern. An Schützetagen ist es besonders wichtig, ausreichend zu essen und reichlich zu trinken.

Erleben Sie ein ganz neues Körpergefühl, wenn Sie sich an Schützetagen ein aphrodisisches Bad und eine sanfte Massage gönnen.

Was man tun kann
Aphrodisische Bäder ☽
Saunabad ☽
Nagelpflege ☽
Tiefenreinigung der Haut ☽
Eingewachsene Nägel ziehen ☽
Kräuterkissen herstellen ☽

Was man lassen sollte
Ausgiebige Sonnenbäder ☽

Mondtipps für jeden Tag – der Mondstand

Haushalt

Schützetage sind Wärmetage, an denen es einen eher ins Freie zieht. Wer dennoch etwas im Haushalt tun will, dem seien vor allem Reinigungsarbeiten bei abnehmendem Mond nahe gelegt. Lüften kann man an diesen Tagen gründlich.

Was man tun kann
Eine neue Wohnung beziehen ●
Feuchtreinigung von Holz- und Parkettböden ◐
Fenster putzen ◐
Speisekammer reinigen ◐
Porzellan reinigen ◐
Brot backen
Einkochen von Früchten
Einfrieren von Obst und anderen Lebensmitteln
Anheizen im Herbst ◐

Was man lassen sollte
Fett erhitzen (Vorsicht Brandgefahr!)
Fensterrahmen reinigen ◐
Zimmer- und Balkonpflanzen einpflanzen oder umtopfen ◐
Zimmer- und Balkonpflanzen düngen ◐

Malerarbeiten kann man sich an Schützetagen bei abnehmendem Mond vornehmen. Die Farbe wird gut angenommen und trocknet rasch und gut durch.

Bauen und heimwerken

Als Feuerzeichen ist der Schütze von warmem und trockenem Charakter, so dass – vor allem bei abnehmendem Mond – viele Arbeiten positiv beeinflusst werden.

Was man tun kann
Beton und Estrich gießen ◐
Putzmörtel auftragen bzw. ausbessern ◐
Hausfassade tünchen ◐
Fenster verglasen und einsetzen ◐
Malerarbeiten aller Art ◐

Was man lassen sollte
Dachstuhl fertigen und aufrichten
Strohdach eindecken ◐
Holzdielen und -decken verlegen
Installation einer Wasser- oder Heizanlage ◐
Wassersuche und Wasserbau
Wege-, Straßen- und Zaunbau

Mond im Schützen

Garten
Das Fruchtzeichen Schütze ist ein trockenes, wenig fruchtbares Zeichen. Pflanzen sollte man an Schützetagen vor allem Gewächse, die sehr hoch hinaus wachsen sollen. Daneben sind Schützetage sehr gute Erntetage.

Was günstig ist
Tomaten pflanzen ◐
Stangenbohnen legen ◐
Obst- und Ziergehölze veredeln ◐
Obst und Gemüse düngen ◐ ○
Obstbaumschnitt ◐
Obst und Gemüse ernten, einlagern
Oberirdische Schädlinge bekämpfen ◐
Pikieren von Frucht-Jungpflanzen ◐

Was nicht günstig ist
Jäten, weil dadurch noch mehr Unkraut aus dem Boden »hervorgelockt« wird ◐
Heckenschnitt

Schützetage sind günstig, wenn man im Spätwinter die Obstbäume beschneidet, weil dann der abnehmende Mond in diesem Feuerzeichen steht.

Landwirtschaft und Tierhaltung
Was günstig ist
Getreide anbauen ◐
Getreide düngen ◐
Getreide ernten, einlagern ◐
Rebenschnitt ◐
Düngen der Rebstöcke ◐
Oberirdische Schädlinge bekämpfen ◐
Trauben ernten
Stall neu beziehen
Lagerstreu einbringen
Milch verarbeiten

Was nicht günstig ist
Stallreinigung

Beruf und Karriere
Schützetage sind günstig, um mit viel Energie und Kraft die Voraussetzungen für erfolgreiches Handeln zu schaffen. Dabei sollte man nicht vergessen, dass auch andere ihre Ziele haben und diese durchsetzen wollen.

Mondtipps für jeden Tag – der Mondstand

Was günstig ist
Vorstellungsgespräch ◑
Fortbildung/Seminar ◐
Rechtsangelegenheiten regeln
Verhandlungen führen
Verträge abschließen ◐
Verkäufe ◑

Was weniger günstig ist
Steuerangelegenheiten regeln
Geschäftsbriefe schreiben ◐

Liebe und Partnerschaft

An Schützetagen wachsen der Liebe Flügel, die Lust auf Neues scheint ohne Grenzen. Wer jetzt seiner Spontaneität in der Sexualität freien Lauf lässt, kann – im besten Sinne des Wortes – etwas erleben.

Was gut tut
Zukunftspläne machen
Neue Bekanntschaften schließen
Abwechslungsreiche Erotik
Liebe im Freien

Der Mond im Schützen weckt die Reiselust. Wenn es geht, sollten Sie wenigstens einen Ausflug oder einen ausführlichen Spaziergang machen – vielleicht ins Reisebüro!

Freizeit und Erholung

Die Sehnsucht nach Ferne und Abenteuer packt uns, wenn der Mond durch das Tierkreiszeichen Schütze wandert. Wer dableiben muss, sucht das Abenteuer in der Nähe, zur Not sogar im Kino oder vor dem Fernseher.

Was günstig ist
Picknick
Reise antreten
Kino, Fernsehen
Museumsbesuch
Sport treiben ◐
Streitigkeiten schlichten

Was weniger günstig ist
Texte verfassen ◐
Zu Hause bleiben
Verstärkter Stresseinfluss

Mond im Steinbock

Der Mond im Steinbock

Kraft Aufsteigend
Element Erde
Pflanzenteil Wurzel
Nahrung Salz
Witterungsqualität Kälte
Körper Knochen, Knie, Haut
Organsystem Blutkreislauf
Geschlecht Weiblich

Mondpositionen
Neumond im Steinbock: Januar
Zunehmender Mond im Steinbock: Juli bis Januar
Vollmond im Steinbock: Juli
Abnehmender Mond im Steinbock: Januar bis Juli

Die Grundstimmung des Tages
Geradlinigkeit, Disziplin und die Achtung bestehender Werte bestimmen das Denken und Handeln an Steinbocktagen. Auch sonst eher ungeliebte Aufgaben kann man jetzt mit dem nötigen Pflichtbewusstsein erledigen.

An Steinbocktagen kann man sich ganz auf die Erfüllung wichtiger Aufgaben konzentrieren. Die Vernunft beherrscht die Gefühle.

Die Witterungstendenz
Steinbocktage sind Kältetage. Auch bei sonnigem und warmem Wetter steigt nach Sonnenuntergang rasch Kühle aus dem Boden hervor. Wenn Vollmond herrscht, können Steinbocknächte besonders kalt und frostig werden.

Gesundheit
Die Haut, das Skelett und besonders die Knie verdienen an den Steinbocktagen unsere volle Aufmerksamkeit. Alles, was man jetzt für diese Körperregionen unternimmt, um zu heilen oder zu pflegen, wirkt besonders wohltuend. Vermeiden sollte man nach Möglichkeit eine Überlastung der Fuß- und Kniegelenke durch langes Gehen und Stehen.

Was man tun kann
Hautpflege in jeder Form
Gymnastik, vor allem Dehnübungen
Heilende Bäder

Was man lassen sollte
Ausgiebige Sonnenbäder
Chirurgischer Eingriff in den oben genannten Körperregionen
Impfungen

Gesunde Ernährung
An Steinbocktagen – wie auch an den anderen Wurzeltagen – stärken die Mondimpulse die Salzqualität. Kochsalz, das in den Speisen enthalten ist, wird jetzt vom Organismus besonders gut aufgenommen und verwertet. Wer jedoch salzarm essen muss – beispielsweise bei Bluthochdruck –, sollte an Steinbocktagen äußerst vorsichtig sein.

Was man essen sollte
Salzhaltige Lebensmittel, grüne Gemüse sowie Wurzelgemüse sind die bevorzugten Zutaten für die Kost an den Steinbocktagen. Übrigens: An diesen Tagen soll es meist recht schnell gehen, so dass man auf einfache Kost Wert legt.
Gemüse: Kartoffeln, Kohlrüben, Meerrettich, Pastinaken, Radieschen, Rettich, Sellerie, Steckrüben.
Fleisch und Fisch: Hackfleisch, Lachs.
Sonstiges: Erdnüsse, Fleischbrühe, Kapern, Weißwein.

Steinbocktage sind geradezu ideal für die Hautpflege. Bei zunehmendem Mond sind Maßnahmen zur Hauternährung und -kräftigung besonders effektiv, bei abnehmendem Mond die Hautreinigung.

Schönheits- und Körperpflege
Wenn es geht, sollten Sie wenigstens einen der Steinbocktage in jedem Monat als Pflege- und Kosmetiktag einplanen. Die Mondkräfte aktivieren die Haut, welche deshalb besonders sensibel reagiert und für jegliche Pflege – sei sie ernährend, reinigend oder entspannend – äußerst empfänglich ist. Allerdings sollte von einer Tiefenreinigung der Haut abgesehen werden.

Was man tun kann
Gesichtsmaske zur Straffung der Haut ☽
Nagelpflege
Eingewachsene Nägel korrigieren ☽
Körperhaare entfernen ☽
Salben herstellen
Kräuterkissen herstellen ☽
Salben abfüllen ☽

Was man lassen sollte
Tiefenreinigung der Haut

Mond im Steinbock

Haushalt

Steinbocktage sind Kältetage. Sie sind für Arbeiten in Haus und Wohnung nicht so gut geeignet. Besser wäre es, den Steinbockeinfluss für die Haut- und Körperpflege zu nutzen.

Was man tun kann
Staub wischen ◐
Wurzelgemüse einmachen
Sauerkraut ansetzen

Was man lassen sollte
Chemische Reinigung
Bügeln
Schuhe kaufen
Ausgiebiges Lüften ◐

Bauen und heimwerken

Steinbocktage sind die Erdtage, welche für Bauarbeiten günstige Voraussetzungen bieten – vor allem dann, wenn der Mond gerade abnimmt.

Was man tun kann
Erdaushub für das Fundament ◐
Beton und Estrich gießen ◐
Putzmörtel aufbringen bzw. ausbessern ◐
Ziegeldach eindecken ◐
Ziegeldach reinigen ◐
Holzdielen und -decken verlegen ◐
Malerarbeiten ◐
Wege-, Straßen- und Zaunbau ◐

Was man lassen sollte
Wasserableitung (Drainage)
Wassersuche und Wasserbau

Als Wurzeltage sind Steinbocktage sehr günstig für das Jäten von Unkraut – bei abnehmendem Mond.

Garten

Das Wurzelzeichen Steinbock ist ein kühles und bedingt fruchtbares Tierkreiszeichen. Steinbocktage sind daher für das Säen bzw. Setzen von Wurzelgemüse sowie das Pflanzen von Bäumen geeignet. Blumen und Zierpflanzen sollte man an diesen Tagen aber nicht säen oder setzen. Günstig ist es, die Bodenpflege an Steinbocktagen durchzuführen.

Mondtipps für jeden Tag – der Mondstand

Was günstig ist
Wurzelgemüse säen, setzen ☽
Bäume pflanzen ☽
Lockern des Bodens ☽
Unkraut jäten ☽
Gartenwege anlegen, Zäune setzen ○ ☽
Roden, Auslichten von Sträuchern und Hecken ☽
Komposthaufen ansetzen ☽
Unterirdische Schädlinge bekämpfen ☽
Zwischendüngung bei schwacher Wurzelbildung ☽
Ernten, Einlagern und Konservieren von Wurzelgemüse
Laub rechen ☽

Was nicht günstig ist
Umsetzen bzw. Umtopfen von Pflanzen
Schnitt der Obst- und Ziergehölze

Landwirtschaft und Tierhaltung
Was günstig ist
Kartoffeln setzen ☽
Kartoffeln häufeln ☽
Kartoffeln ernten, einlagern
Unkraut bekämpfen ☽
Huf-, Klauen- und Krallenpflege ☽
Stall neu beziehen
Misthaufen ansetzen ☽

Steinbocktage sind auch günstig für größere Einkäufe und die Planung langfristiger Vorhaben, z. B. den Erwerb von Immobilien.

Was nicht günstig ist
Getreide anbauen ☽

Beruf und Karriere
Steinbocktage sind günstig, um Ehrgeiz und Profilierungswillen zum Ausdruck zu bringen und somit Anerkennung zu gewinnen. Doch bedenken Sie, dass bloßer Aktionismus nicht viel bringt – besser geht es mit Umsicht und Rücksicht.

Was günstig ist
Neue Stelle antreten ●
Fortbildung/Seminar ☽
Neues Projekt planen
Geschäftsbeziehungen ausbauen
Verträge abschließen ☽

Mond im Steinbock

Behördengänge erledigen
Budgetplanung ◐
Geschäftsbilanz erstellen
Geldangelegenheiten regeln ◐
Verkäufe ◐
Erbschaftsangelegenheiten regeln

Was weniger günstig ist
Werbung ◐

Liebe und Partnerschaft

An Steinbocktagen kommen nicht selten Partnerschaftsprobleme, die immer wieder verdrängt wurden, an die Oberfläche. Das ist eine gute Gelegenheit, die Liebe vom Ballast des Alltags zu befreien und neue Wege der Gemeinsamkeit einzuschlagen.

Es kann sein, dass sich andere Menschen an Steinbocktagen Ihnen gegenüber etwas reserviert verhalten. Das muss durchaus nicht ihrer Grundstimmung entsprechen.

Was gut tut
Geborgenheit im Schoß der Familie
Nähe des Partners

Was nicht schön ist
Melancholische Stimmung
Unterkühlte Gefühle
Sex als Pflichtübung

Freizeit und Erholung

Das Theatererlebnis ist an Steinbocktagen besonders gefragt. Manche wollen aber auch lieber ins Fitnessstudio, um dort ihre Kräfte zu messen. Oder sie verschaffen sich die nötige Übersicht durch den Besuch einer politischen Veranstaltung.

Was günstig ist
Theaterbesuch
Kegeln
Fitnesstraining
Spielkasino besuchen
Streitigkeiten schlichten

Was weniger günstig ist
Tanzen gehen
Kurzreise antreten ◐
Kunstgewerbliche Tätigkeiten

Mondtipps für jeden Tag – der Mondstand

Der Mond im Wassermann

Kraft Aufsteigend
Element Luft
Pflanzenteil Blüte
Nahrung Fett
Witterungsqualität Helligkeit
Körper Unterschenkel, Knöchel, Venen
Organsystem Drüsen
Geschlecht Männlich

Mondpositionen
Neumond im Wassermann: Februar
Zunehmender Mond im Wassermann: August bis Februar
Vollmond im Wassermann: August
Abnehmender Mond im Wassermann: Februar bis August

Die Grundstimmung des Tages
Die Kraft der Gemeinsamkeit wird einem an Wassermanntagen besonders bewusst. Man sucht Kontakte, neue Freunde und Weggefährten und engagiert sich im sozialen Bereich. Aber Vorsicht: Übersteigerter Idealismus kann allzu leicht enttäuscht werden – dann können Frustrationen die Folge sein.

Neue Erkenntnisse, starke Intuition – so könnte man die allgemeine Tendenz an Wassermanntagen kurz und knapp beschreiben.

Die Witterungstendenz
Wassermanntage sind Lichttage. Man empfindet an diesen Tagen die Helligkeit besonders deutlich. Bei klarem Wetter hat man – vor allem in den Bergen – meist eine sehr gute Fernsicht. Besonders im Frühjahr ist die Sonneneinstrahlung an Wassermanntagen sehr intensiv.

Gesundheit
Unterschenkel, Knöchel und die Venen wollen an Wassermanntagen besonders beachtet werden. Alles, was man jetzt für diese Körperregion unternimmt, um zu heilen oder zu pflegen, wirkt besonders wohltuend; alles, was ihr schadet, kann besonders ungünstig sein.
Bei Venenentzündungen oder Krampfadern ist man an Wassermanntagen besonders empfindlich. Da hilft es, öfter mal die Beine hochzulegen und den Stadtbummel auf einen anderen Tag zu verschieben.

Mond im Wassermann

Was man tun kann
Entspannende Massagen ◐
Anregende Bäder
Warzen und Hühneraugen entfernen ◐

Was man lassen sollte
Zähneziehen
Chirurgischer Eingriff in der oben genannten Körperregion

Gesunde Ernährung

An Wassermanntagen – wie auch an allen anderen Blütentagen – beeinflusst der Mond die Qualität von Fetten und Ölen in der Nahrung. Diese lebenswichtigen Nährstoffe werden jetzt besonders gut aufgenommen und vom Organismus optimal verwertet. Wer aber fettarm essen muss, um beispielsweise seinen Cholesterinspiegel normal zu halten, sollte gerade jetzt auf fettreiche Kost verzichten.

Was man essen sollte
Fetthaltige Speisen bzw. solche, die mit Fett zubereitet werden, sind an Wassermanntagen besonders bekömmlich. Außerdem hat man Lust auf exotische, auch extravagante Genüsse.
Gemüse: Artischocken, Avocados, Brokkoli, Oliven.
Fleisch und Fisch: Aal, Ente, Lachs, Thunfisch.
Sonstiges: Kaffee, Kokosflocken und -milch, Mandeln, Olivenöl.

Schönheits- und Körperpflege

An Wassermanntagen sollte man vor allem den Beinen Aufmerksamkeit widmen – Massagen, Gymnastik und regelmäßiges Laufen halten sie nicht nur in Form, sondern verhindern auch lästige Venenbeschwerden oder sogar Krampfadern.

Wassermanntage können mit einer erhöhten Stressbelastung einhergehen – dann sollte man an eine aktive Entspannung denken.

Was man tun kann
Vitalisierende Bäder
Eingewachsene Finger- und Fußnägel korrigieren ◐
Kräutersalben herstellen
Tiefenreinigung der Haut ◐
Haare waschen
Haare färben, tönen

Was man lassen sollte
Körperhaare entfernen ◐

Haushalt

Wassermanntage sind Lufttage. Sie sind bei abnehmendem Mond für viele Reinigungsarbeiten im Haus gut geeignet. Die Wohnung sowie Betten und Matratzen sollten ausgiebig gelüftet werden.

Was man tun kann

Ordnen, verstauen, aufräumen und einrichten
Reparaturen im Haushalt ☽
Fett auslassen (spritzt nicht)
Brot backen
Hausputz ☽
Reinigung von Holz- und Parkettfußböden ☽
Fenster putzen ☽
Wäsche bleichen ☽
Chemische Reinigung ☽
Imprägnieren von Textilien ☽
Schuhe putzen ☽
Ungeziefer bekämpfen ☽
Schimmel und Feuchtigkeit beseitigen ☽
Speisekammer reinigen ☽
Garderobe einlagern ☽
Streich- und Lackierarbeiten ☽

Was man lassen sollte

Zimmer- und Balkonpflanzen gießen
Staub wischen ☽
Marmeladen und Gelees einkochen ☽

Bauen und heimwerken

Als Luftzeichen ist der Wassermann relativ neutral, jedenfalls in Bezug auf die Tätigkeiten in diesem Bereich.

Was man tun kann

Einen Bau beginnen
Baugrube ausheben ☽
Hausfassade tünchen ☽
Strohdach eindecken ☽
Malerarbeiten ☽
Kleinere Reparaturen durchführen

Was man lassen sollte

Wassersuche und Wasserbau

Wenn es geht, sollte man an Wassermanntagen auf das Aus- und Umpflanzen im Garten verzichten, weil vor allem Jungpflanzen an diesen Tagen schlecht anwurzeln.

Mond im Wassermann

Garten

Das Blütenzeichen Wassermann ist ein trockenes, ziemlich unfruchtbares Zeichen, bei dem man nicht allzu viel säen oder pflanzen kann. Geeignet ist es aber für die Bodenbearbeitung und die Bekämpfung von Schädlingen sowie für das Ernten und Einlagern.

Was günstig ist
Blumen und Heilpflanzen säen, setzen ◐
Unkraut jäten ◐
Schädlingsbekämpfung ◐
Obst und Gemüse ernten, einlagern

Was nicht günstig ist
Lockern des Bodens ◐
Zwischendüngung für Blütenpflanzen ◐
Umpflanzen und Umtopfen
Pflanzen pikieren
Pflanzen gießen, wässern

Landwirtschaft und Tierhaltung
Was günstig ist
Heustock ansetzen ◐
Kartoffeln häufeln ◐
Stall neu beziehen
Lagerstreu einbringen
Stall reinigen ◐
Milch verarbeiten

Was nicht günstig ist
Wässern, Gießen der Pflanzen

Beruf und Karriere

Wassermanntage sind günstig für die Bilanzierung sowie auch für die Optimierung von Arbeitsabläufen und Finanzstrategien. Das gelingt auch im »stillen Kämmerlein«, doch sollte man auf den Rat von Mitarbeitern und Kollegen nicht verzichten.

Was günstig ist
Kreative Tätigkeiten
Lernen
Neues Projekt planen

Wassermanntage sind geeignet, wenn man Arbeiten erledigen will, die viel Fingerspitzen- und Feingefühl verlangen.

Mondtipps für jeden Tag – der Mondstand

Arbeiten mit viel Fingerspitzengefühl ◐
Werbung
Immobilien verkaufen ◐
Immobilien kaufen ◐
Geschäftsreise antreten
Neue Kontakte knüpfen
Verhandlungen führen
Verträge abschließen ◐

Liebe und Partnerschaft

An Wassermanntagen schmiedet man gerne Zukunftspläne und bemerkt dabei manchmal, dass in der Partnerschaft vielleicht doch das eine oder andere zu bröckeln beginnt. Nutzen Sie die Gelegenheit, und stellen Sie wieder Tiefe und Festigkeit her!

Was gut tut
Zukunftspläne schmieden
Phantasievoller Sex

Was nicht schön ist
Zweifel

> Wer sich mit der modernen Kunst beschäftigen will, kann an Wassermanntagen einen guten Zugang zu ihr finden.

Freizeit und Erholung

Wer es versteht, auf mehreren Hochzeiten zu tanzen, hat an Wassermanntagen meist ein reges Betätigungsfeld. Bei guter Zeitplanung – die jetzt auch gelingt – kann das ein erlebnisreicher Tag werden, an dem man viele neue Eindrücke gewinnt.

Was günstig ist
Reise antreten
Tanzen gehen
Oper- oder Konzertbesuch
Beschäftigung mit moderner Kunst
Kino, Fernsehen
Skateboard- und Eislaufen
Beschäftigung mit politischer Literatur
Wohnungswechsel ●
Autoreparatur ◐
Termine planen

Was weniger günstig ist
Die Qual der Wahl

Der Mond in den Fischen

Kraft Aufsteigend
Element Wasser
Pflanzenteil Blatt
Nahrung Kohlenhydrate
Witterungsqualität Feuchtigkeit
Körper Füße
Organsystem Nerven
Geschlecht Weiblich

Mondpositionen
Neumond in den Fischen: März
Zunehmender Mond in den Fischen: September bis März
Vollmond in den Fischen: September
Abnehmender Mond in den Fischen: März bis September

Die Grundstimmung des Tages
Phantasie und Hilfsbereitschaft sind die prägenden Elemente der Fischetage, an denen die Gefühle dominieren. Man neigt auch zu träumerischer Selbstvergessenheit und ist offen für spirituelle und übersinnliche Einflüsse. Dann kann es geschehen, dass man sich zu sehr von der Realität entfernt und das Erwachen manchmal schmerzlich ist.

> Es kann durchaus geschehen, dass man an Fischetagen mal »nicht ganz bei der Sache« ist und etwas verträumt durch die Welt geht.

Die Witterungstendenz
Fischetage sind Wassertage. An diesen Tagen ist die Niederschlagsneigung etwas stärker als sonst. Deutlicher ausgeprägt ist die Nebelneigung im Frühjahr und Herbst, begünstigt durch die relativ hohe Luftfeuchtigkeit, die an diesen Tagen herrscht.

Gesundheit
An Fischetagen sollten die Füße unsere besondere Aufmerksamkeit haben.
An Fischetagen wirken alle Genussmittel – Alkohol, Nikotin, Kaffee – besonders stark; die Suchtgefährdung ist erhöht.

Was man tun kann
Fußreflexzonenmassage
Damit beginnen, schlechte Gewohnheiten aufzugeben ●
Entspannende, pflegende und heilende Fußbäder

Mondtipps für jeden Tag – der Mondstand

Was man lassen sollte
Chirurgischer Eingriff in der oben genannten Körperregion

Gesunde Ernährung
An Fischetagen – wie auch an allen anderen Blatttagen – beeinflusst die Mondkraft die Qualität der Kohlenhydrate. Diese werden jetzt vom Organismus sehr gut aufgenommen und verwertet. Wer jedoch unter Stoffwechselproblemen leidet oder übergewichtig ist, sollte jetzt Zurückhaltung üben.

Was man essen sollte
Kohlenhydratreiche und wasserhaltige Lebensmittel sowie alle Blattgemüse werden an Fischetagen bevorzugt. Dazu kommen Pilze und Meerestiere sowie Süßigkeiten (wenn man sie sich erlauben kann).
Obst und Gemüse: Algen, Austernpilze, Bananen, Champignons, Eisbergsalat, Feldsalat, Kohl, Mangold, Morcheln.
Fleisch und Fisch: Heringe, Rind.
Gewürze: Beifuß.
Sonstiges: Gemüsesäfte, Hefe, Hirse, Honig, Reis, grüner Tee.

Ihre Füße, die tagaus, tagein strapaziert werden, sollten an Fischetagen Pflege und Stärkung erhalten. Sie werden es Ihnen danken.

Schönheits- und Körperpflege
Die Füße – die am meisten belasteten und oft am wenigsten beachteten Glieder – sollten wenigstens jetzt zu ihrem Recht kommen. Gehen Sie barfuß (am besten im feuchten Gras), und gönnen Sie den Füßen ein wohltuendes Bad oder eine belebende Massage.

Was man tun kann
Beruhigende Bäder
Entspannungsübungen ◐
Salben herstellen
Tiefenreinigung der Haut ◐

Was man lassen sollte
Nagelpflege (Füße)
Nagelbettkorrektur (Füße)
Peeling

Haushalt
Fischetage sind Wassertage. Sie sind bei abnehmendem Mond geradezu ideal für die große Wäsche sowie für andere Reini-

Mond in den Fischen

gungsarbeiten im Haus. Ungeeignet sind sie dagegen für alle Tätigkeiten, die mit dem Aufbewahren und Konservieren von Lebensmitteln zu tun haben.

Was man tun kann
Zimmerpflanzen gießen
Wäsche waschen ☽
Porzellan reinigen ☽
Metalle polieren ☽
Chemische Reinigung ☽
Flecken entfernen ☽
Fensterrahmen reinigen ☽

Was man lassen sollte
Einlagern, abfüllen
Obst und Gemüse einkochen
Einfrieren von Lebensmitteln
Backen
Butter bereiten
Kräuter und Früchte trocknen
Streich- und Lackierarbeiten
Fenster putzen ☽
Wischen von Holzböden
Schimmel und Feuchtigkeit beseitigen
Schuhe putzen ☽
Ausgiebiges Lüften ☽
Garderobe einlagern ☽

Wenn es um das Einlagern, Aufbewahren, Konservieren oder Einkochen von Lebensmitteln aller Art geht, sollten Sie Fischetage unbedingt meiden. Die Waren verderben schon nach kurzer Zeit.

Bauen und heimwerken
Fischetage sind Wassertage mit ausgeprägt feuchtem Charakter. Deshalb sind sie nur für spezielle Tätigkeiten günstig.

Was man tun kann
Wasserableitung (Drainage) ☽
Installation einer Wasser- oder Heizanlage
Wassersuche und Wasserbau ☽

Was man lassen sollte
Erdaushub für das Fundament ☽
Hausfassade anstreichen
Ziegeldächer eindecken, ausbessern ☽
Fenster verglasen und einsetzen

Mondtipps für jeden Tag – der Mondstand

Garten

Das Blattzeichen Fische ist ein feuchtes und sehr fruchtbares Tierkreiszeichen, das vor allem für das Säen und Pflanzen von Blattgemüse geeignet ist. Günstig sind Fischetage auch zum Gießen und Düngen, aber sehr ungünstig fürs Einlagern von frisch Geerntetem.

Was günstig ist
Komposthaufen ansetzen, Kompost ausbringen ☽
Blattgemüse säen, pflanzen ☽
Kopfsalat pflanzen ☽
Spargel pflanzen ☽
Blattkräuter säen, pflanzen ☽
Pflanzen gießen, wässern
Pflanzen düngen ☽
Ernten, aber nur zum sofortigen Verbrauch!
Rasen mähen, wenn er schnell nachwachsen soll ☽
Pikieren von Blatt-Jungpflanzen ☽
Gartenteich anlegen, ausbessern ☽

Obwohl Fischetage Blatttage sind, sollte man Kopfsalat zu diesen Terminen nicht unbedingt auspflanzen. Der während dieser Zeit gesetzte Salat schmeckt ausgesprochen wässrig.

Was nicht günstig ist
Tomaten pflanzen ☽
Monatserdbeeren pflanzen ☽
Stecklinge schneiden
Obstbaumschnitt
Obst- und Ziergehölze veredeln ☽
Konservieren, Einkellern, Lagern
Umsetzen und Umtopfen von Pflanzen

Landwirtschaft und Tierhaltung

Was günstig ist
Pflanzen gießen, wässern
Trauben zum sofortigen Verbrauch ernten
Stall neu beziehen

Was nicht günstig ist
Getreide anbauen ☽
Getreide ernten, einlagern ☽
Heustock ansetzen ☽
Kartoffeln ernten, einlagern
Stallreinigung
Milch verarbeiten

Mond in den Fischen

Beruf und Karriere
Fischetage sind günstig für die Erkundung der Gefühlslage von Mitarbeitern und Geschäftspartnern. Wer sich darauf richtig einstellen kann, wird seine Ziele leichter erreichen und seine Produkte besser verkaufen. Achten Sie aber darauf, dass das Gefühl nicht den Verstand zu stark unterdrückt.

An Fischetagen dominieren die Gefühle – nicht unbedingt der beste Zeitraum für »knallharte« Geschäfte, sachliche Analysen oder nüchterne Akten.

Was günstig ist
Kreative Tätigkeiten

Was weniger günstig ist
Geschäftsbriefe schreiben ◐
Arbeiten, die viel Körperkraft erfordern ● ◐
Rechtsangelegenheiten regeln ◐
Geldangelegenheiten regeln ◐
Verkäufe

Liebe und Partnerschaft
An Fischetagen bestimmen starke, sehr zärtliche Gefühle und eine harmonische Grundstimmung die Atmosphäre der Partnerschaft. Man hat Verständnis, und man wird verstanden – das ist das Beglückende, was einen die Sexualität an diesen Tagen so tief erleben lässt.

Was gut tut
Seelische Harmonie
Zärtlichkeit
Verwöhnen und verwöhnt werden

Freizeit und Erholung
Träumen, meditieren, die Beschäftigung mit spirituellen Dingen – das gehört dazu, wenn der Mond in den Fischen weilt. Auch die Kunst inspiriert uns an diesen Tagen zu tiefen Gefühlen und innerer Einkehr.

Was günstig ist
Ausflug ans Meer
Musizieren
Filme anschauen
Essen zu zweit ◐
Schwimmen, tauchen ◐
Meditation, Träumen

> **Du bist mein Mond ...**

Du bist mein Mond, und ich bin deine Erde;
Du sagst, du drehest dich um mich.
Ich weiß es nicht, ich weiß nur, dass ich werde
In meinen Nächten hell durch dich.

Du bist mein Mond, und ich bin deine Erde;
Sie sagen, du veränderst dich.
Allein du änderst nur die Lichtgebärde
Und liebst mich unveränderlich.

Du bist mein Mond, und ich bin deine Erde;
Nur mein Erdschatten hindert dich,
Die Liebesfackel stets am Sonnenherde
zu zünden in der Nacht für mich.

Friedrich Rückert (1788–1866)
Um 1820

Extra: Das Mondhoroskop

Wenn vom Horoskop die Rede ist, denkt jeder zuerst an das Sonnenzeichen oder an den Aszendenten. Doch auch der Mond setzt Akzente im Geburtshoroskop. Das Tierkreiszeichen, in dem sich der Mond zur Geburtsstunde eines Menschen aufhielt, gibt Aufschlüsse über die Gefühlswelt desjenigen, der zu diesem Zeitpunkt das Licht der Welt erblickte. Insofern stellt das Mondhoroskop auch eine sinnvolle und bisweilen notwendige Ergänzung des »Sonnenhoroskops« dar, die uns manche unserer Charaktereigenschaften besser verstehen lässt.

Inhalt

Lesen Sie in diesem Abschnitt

Was das Mondhoroskop verrät

Was das Mondhoroskop verrät

Im Geburtshoroskop eines Menschen, das viel Interessantes über dessen künftiges Leben vermittelt, gibt es mehrere Gesichtspunkte, durch deren Betrachtung der Astrologe seine Aussagen gewinnt.

Da ist zuerst das Sonnenzeichen, also das Tierkreiszeichen, in dem sich die Sonne zum Zeitpunkt der Geburt aufhält. Es beschreibt die Gesamtpersönlichkeit, so wie sie der Betreffende selbst sieht.

Dann ist der Aszendent von Bedeutung: Das ist das Zeichen des Tierkreises, das im Augenblick der Geburt gerade am östlichen Horizont aufgeht. Er vermittelt das Bild, das andere von diesem Menschen haben.

Schließlich muss noch die Konstellation der Planeten zu diesem Zeitpunkt berücksichtigt werden. Sie gibt Auskunft über Wünsche, Ziele und innere Beweggründe.

Das Mondhoroskop gibt Auskunft über die Gefühlswelt, das Un- und Unterbewusste in einer Persönlichkeit.

Bedeutung und Bestimmung des Geburtsmondes

Der Geburtsmond – das Tierkreiszeichen, in dem der Mond zur Geburtsstunde eines Menschen steht – beschreibt den inneren Kern der Persönlichkeit, zeigt, wie und mit welcher Kraft dieser Mensch fühlt und seine Empfindungen äußert – und wie er aus diesem inneren Antrieb heraus handelt. Die Mondstellung lässt überdies erkennen, wie der Betreffende auf andere Menschen reagiert und wie er sich verhält, wenn die Leidenschaft in ihm entflammt ist.

Im Folgenden werden auf der Grundlage dieses Mondhoroskops kurz und eher allgemein gehalten die verschiedenen »Mondtypen« beschrieben. Dabei wird auf grundlegende Charakterzüge, die Einstellung zu anderen Menschen, das Verhältnis in der Partnerschaft sowie auf zu erwartende Fähigkeiten und Talente eingegangen.

Allerdings sollte man hierbei unbedingt den folgenden Grundsatz beachten: Alle genannten Eigenschaften sind keine »schick-

Die Ermittlung des Geburtsmondes

salhaften« Etikettierungen, sondern Möglichkeiten, aus denen jeder das Beste machen kann und sollte. Erst so bekommen derartige Einschätzungen in aller Regel einen Sinn.

Wie man seinen Geburtsmond findet

Es gibt eine einfache Methode, mit der man sehr schnell berechnen kann, in welchem Tierkreiszeichen sich der Mond an einem bestimmten Tag aufhielt. So lässt sich auch der persönliche Geburtsmond finden.

Allerdings ist die Methode nicht ganz genau, weil sie die Geburtsstunde nicht berücksichtigt. Wenn der Mond an diesem Tag in ein anderes Zeichen wechselte, kann es beim Ergebnis eine Abweichung um ein Zeichen geben.

Eine einfache Methode, um schnell zu berechnen, in welchem Tierkreiszeichen sich der Mond an einem ganz bestimmten Tag aufhielt.

Und so geht's

Erster Schritt

Man wirft zunächst einen Blick in die Tabelle 1 und sucht die Kennzahl, die neben dem entsprechenden Geburtsjahr steht, um sie zu notieren.

Zweiter Schritt

Dann sucht man in der Tabelle 2 die Kennzahl des betreffenden Monats.

Dritter Schritt

Die gefundenen Ziffern werden addiert. Dazu zählt man dann noch die Ziffer des Geburtstages hinzu. Lag oder liegt das Ereignis in einem Schaltjahr (die Jahreszahl ist immer ohne Rest durch Vier teilbar), so muss zum Tagesdatum noch die Ziffer Eins addiert werden.

Vierter Schritt

Ist die ermittelte Summe gleich oder größer als 27, muss man davon noch die größtmögliche der Zahlen 27, 55 oder 82 subtrahieren. Falls die Summe eventuell kleiner als 27 ist, gilt die errechnete Zahl.

Fünfter Schritt

Anhand von Tabelle 3 kann man schließlich das Tierkreiszeichen bestimmen, in dem sich der Mond zum Zeitpunkt der Geburt befand.

Tabelle 1 Die Jahreskennzahlen

Jahr	Kennzahl	Jahr	Kennzahl	Jahr	Kennzahl	Jahr	Kennzahl
1900	20	1928	0	1955	26	1982	25
1901	3	1929	12	1956	10	1983	8
1902	13	1930	21	1957	20	1984	18
1903	22	1931	3	1958	2	1985	1
1904	4	1932	13	1959	12	1986	11
1905	16	1933	25	1960	23	1987	21
1906	26	1934	7	1961	6	1988	4
1907	8	1935	16	1962	15	1989	14
1908	17	1936	26	1963	25	1990	24
1909	1	1937	10	1964	8	1991	7
1910	11	1938	20	1965	19	1992	17
1911	20	1939	2	1966	1	1993	27
1912	3	1940	12	1967	11	1994	9
1913	14	1941	23	1968	21	1995	20
1914	24	1942	5	1969	4	1996	2
1915	6	1943	14	1970	13	1997	13
1916	16	1944	25	1971	24	1998	22
1917	0	1945	9	1972	7	1999	5
1918	10	1946	18	1973	17	2000	16
1920	1	1947	0	1974	26	2001	26
1921	13	1948	11	1975	10	2002	9
1922	23	1949	22	1976	20	2003	18
1923	5	1950	4	1977	3	2004	27
1924	14	1951	13	1978	12	2005	12
1925	26	1952	24	1979	23	2006	21
1926	8	1953	7	1980	5	2007	4
1927	17	1954	17	1981	16	2008	14

Tabelle 2 Die Monatskennzahlen

Monat	Kennzahl	Monat	Kennzahl
Januar	0	Juli	17
Februar	4	August	21
März	4	September	24
April	8	Oktober	27
Mai	11	November	3
Juni	14	Dezember	6

Wie man den Geburtsmond findet

Tabelle 3 Die Tierkreiszeichen

Widder	0, 1, 27
Stier	2, 3, 4
Zwillinge	5, 6
Krebs	7, 8
Löwe	9, 10
Jungfrau	11, 12, 13
Waage	14, 15
Skorpion	16, 17
Schütze	18, 19
Steinbock	20, 21, 22
Wassermann	23, 24
Fische	25, 26

Während das Tierkreiszeichen, das der Mond verlässt, noch nachwirkt, baut sich die Wirkung des Tierkreiszeichens, in das der Mond eintritt, erst langsam auf.

Ein Beispiel
Frau S. wurde am 12. Juni 1971 geboren.
Die Jahreskennzahl   24
Die Monatskennzahl   14
Der Geburtstag   12
Summe   50
Davon subtrahierbar   27
Ergebnis   23
Der Geburtsmond von Frau S. befand sich im Wassermann.

Noch ein Beispiel
Die Tochter von Frau S. kam am 17. September 2000 zur Welt.
Die Jahreskennzahl   16 +1   (Schaltjahr)
Die Monatskennzahl   24
Der Geburtstag   17
Summe   58
Davon subtrahierbar   55
Ergebnis   3
Am Geburtstag der Tochter befand sich der Mond im Stier.

Noch ein Tipp
Diese Methode lässt sich auch für die Bestimmung anderer Mondaktivitäten anwenden; dabei spielt der Umstand, dass der Mond während des bestimmten Tages in das nächste Tierkreiszeichen wechselt, oft keine erhebliche Rolle. Das liegt daran, dass die Einflüsse der Tierkreiszeichen nicht abrupt wechseln.

Die zwölf Geburtsmonde

Wenn Sie Ihren Geburtsmond kennen oder soeben berechnet haben, können Sie in der nun folgenden Zusammenstellung Ihre Konstellation aufsuchen und eine kurze Charakteristik dessen lesen, was Ihnen der Mond gewissermaßen in die Wiege gelegt hat. Bedenken Sie dabei, dass es sich um Tendenzen, um Möglichkeiten handelt, die durch Ihr bewusstes Denken und Handeln ausgeformt wurden und werden. Vielleicht kommt Ihnen das eine oder andere aber bekannt vor ...

Wenn der Geburtsmond im Widder stand

CHANCE Ideenreich, energisch, spontan
RISIKO Ungeduldig, unbeherrscht, rücksichtslos

Spontaneität, impulsives Handeln und starke Energien sind die Grundcharakteristika der Menschen, deren Geburtsmond im Widder stand.

Widdermonde haben stets den Anspruch, anderen voranzugehen, sie zu führen. Ihnen kommt es darauf an, eigene Ideen und Meinungen durchzusetzen, frei und unabhängig zu sein – zuweilen auch ohne besondere Rücksichtnahme gegenüber den Mitmenschen. Widdermond-Geborene sind immer auf der Suche nach neuen Erfahrungen. Sie brauchen das Gefühl, genügend Spielraum und Bewegungsfreiheit zu haben, um ihre Spontaneität und Dynamik sowie ihren Idealismus uneingeschränkt ausleben zu können. Selbst im alltäglichen Leben muss ihre lebhafte Phantasie ihren Ausdruck finden können. Die leider immer wieder zu bewältigende Routine des Alltags mögen sie ganz und gar nicht.

So positiv die Spontaneität des Widdermond-Geborenen ist, so negativ kann seine schnelle Erregbarkeit sein, aufgrund derer er oft dazu neigt, Konflikte auf aggressive Weise anzugehen, ohne Kompromisse zuzulassen. Der unter dem Widdermond Geborene strebt nach Anerkennung, will gefallen, will geliebt werden. Meist gelingt das, doch wenn er mit seiner Umwelt nicht klarkommt, wird er leicht gereizt und neigt zu emotionalen Ausbrüchen, die auch in eine Krise münden können. Dann stellt er seine Fähigkeiten infrage, fürchtet sich vor den eigenen Ideen, wird unkonzentriert und lustlos. Um ein glückliches Leben in der Gemeinschaft zu führen, sollte er lernen, auf andere Menschen einzugehen, Geduld und Rücksichtnahme zu üben, Kompromisse zu finden. Gleichzeitig sollte er daran arbeiten, seine Emotionen besser unter Kontrolle halten zu können.

Beim Widdermond können Spannungen entstehen, wenn seine persönliche Freiheit eingeschränkt wird oder wenn er seine Vorstellungen nicht verwirklichen kann.

Gesundheitliche Problemkreise beim Widdermond sind Kopfschmerzen, Neuralgien, Schlafstörungen, Koliken und Infekte. Psychosomatische Störungen treten vor allem im Zusammenhang mit emotionalen Blockaden auf.

Geburtsmonde Widder und Stier

In der Partnerschaft wird der Widdermond-Geborene stets bestrebt sein, seinen persönlichen Freiraum, eine (relative) Selbstständigkeit zu bewahren. Unter diesen Voraussetzungen geht er durchaus eine dauerhafte Beziehung ein, die er mit Elan und Leidenschaft gestaltet. Kritisch kann es allerdings werden, wenn die Beziehung zur Routine wird, wenn die Herausforderungen durch den Partner fehlen. Dann kann sein Interesse abkühlen, und er sucht sich neue Herausforderungen.

Wenn der Geburtsmond im Stier stand

CHANCE Beständig, gesellig, zärtlich
RISIKO Unbeweglich, besitzorientiert, genusssüchtig

Zufriedenheit, Herzlichkeit und zärtliche Sinnlichkeit sind die herausragenden Charaktereigenschaften der Menschen, deren Geburtsmond im Stier stand.

Stiermond-Geborene sind Genussmenschen, die sich im Kreis der Familie oder einer Gruppe Gleichgesinnter geborgen und glücklich fühlen. Sie haben eine geradezu unstillbare Sehnsucht nach menschlicher Nähe, liebevoller Zuwendung und körperlichem Kontakt. Sie tun alles, um diese Nähe zu fördern und zu erhalten. Spontaneität ist nicht Sache der unter dem Stiermond Geborenen. Eher bedächtig, langsam kommen sie in Gang, entwickeln dann aber eine erstaunliche Kraft, um das zu erreichen, was sie sich vorgenommen haben. Dabei ist ihr Streben oft auf den Erwerb und auf die Bewahrung materieller Güter gerichtet – von ihnen erwarten Sie Sicherheit und Stabilität.

Das Bewahren- und Festhaltenwollen, das für Menschen, die unter dem Stiermond geboren wurden, so charakteristisch ist, macht einerseits ihre Stärke aus, die sie zu stabilen, verlässlichen und treuen Mitmenschen werden lässt. Andererseits kann das manchmal sture Festhalten an Gewohntem, das Stemmen gegen jegliche Veränderung auch zu einer Belastung für ihre Umwelt werden. Fühlen sie sich dann unverstanden, ziehen sie sich gekränkt in ihr »Revier« zurück. Um ihre positiven Eigenschaften hervorzuheben und in Harmonie mit ihrer Umwelt zu leben, sollten Stiermond-Geborene lernen, auch einmal loszulassen. Wenn es ihnen gelingt, scheinbar unveränderbare Gewohnheiten, Besitzstände und Beziehungen auch einmal prüfend zu hinterfragen, dann wird es ihnen leichter fallen, den Blick auf neue Möglichkeiten, Bedürfnisse und Fähigkeiten zu richten, die sowohl dem Selbstwertgefühl gut tun als auch die Beziehungen zu anderen Menschen bereichern.

> Es kann geschehen, dass der Stiermond in eine gewisse Abhängigkeit von materiellen Gütern gerät, woraus sich Tendenzen zu Habgier und Geiz entwickeln können.

> Gesundheitliche Risiken bestehen beim Stiermond hinsichtlich Halsentzündungen, Angina, Funktionsstörungen der Schilddrüse sowie Stoffwechselproblemen als Folge übermäßigen Genusses.

In der Partnerschaft ist der Stiermond-Geborene voller Hingebung, anschmiegsam und zärtlich. Großen Wert legt er auf eine sinnliche, sexuell befriedigende Beziehung, wobei der eigene Genuss an erster Stelle steht. Der Wunsch, zu besitzen und zu erhalten, stabilisiert die partnerschaftliche Beziehung; er kann aber auch in die Krise führen: Wenn der Besitzanspruch gegenüber dem Partner so groß wird, dass diesem förmlich die »Luft zum Atmen« genommen wird, kann das mit Zurückweisung beantwortet werden. Dann kann der Stiermond-Geborene die Beziehung durch Klammern einerseits, aber auch durch Verlustängste und Eifersucht andererseits gefährden.

Wenn der Geburtsmond in den Zwillingen stand

CHANCE Einfühlsam, humorvoll, wissensdurstig
RISIKO Wankelmütig, oberflächlich, überheblich

Humor, Unbekümmertheit und auch eine gewisse Unverbindlichkeit gehören zu den typischen Charaktereigenschaften der Menschen, deren Geburtsmond in den Zwillingen stand.

Ihre Fähigkeit, sich leicht zwischen Gefühl und Verstand zu bewegen, macht sie als Gesprächspartner und Kollegen angenehm und wertvoll. Hervorzuheben ist ihre Einfühlsamkeit, die anderen Empathie und Verständnis signalisiert. Im geselligen Austausch können Zwillingemond-Geborene ihrem lebhaften Mitteilungsbedürfnis am besten nachgehen. Einfühlsamkeit bedeutet jedoch nicht unbedingt Gefühlstiefe. Da ist es bei den Zwillingemonden eher so, dass sie nur das als Gefühl zulassen, was sie erkennen, analysieren und verstehen können. Entsteht einmal ein Widerspruch zwischen dem, was sie denken, und dem, was sie fühlen, werden sie unsicher, und das führt dazu, dass sie schließlich doch dem Verstand folgen.

Wissensdurst und Kommunikationsbedürfnis sind beim Zwillingemond auf geradezu ideale Weise verbunden. Wo immer Abwechslung angesagt ist, Bewegung, Geselligkeit und Aktion – der Zwillingemond will dabei sein. Hat er keine Möglichkeit, zu reisen, Beziehungen zu knüpfen, Geschichten zu erzählen, Neues zu erforschen und davon zu berichten, verkümmert seine Lebensenergie.

In der Partnerschaft zieht es die nach Unabhängigkeit und Selbstständigkeit strebenden Zwillingemonde an die Seite sanfter und gefühlvoller Menschen, die es verstehen, das Emotionale in ihnen zu wecken. Obwohl sie in einer solchen Beziehung eher einen distanzierten Eindruck erwecken, bereichern sie die Part-

Das Zu-sich-selbst-Finden wird erleichtert, wenn es den Zwillingemonden hin und wieder gelingt, bewusst Pausen der Ruhe und der Besinnung einzulegen sowie Verbindlichkeiten einzugehen und auch einzuhalten.

Gesundheitliche Problemkreise sind Luftwegserkrankungen (Asthma) sowie nervöse Störungen und Konzentrationsstörungen.

Geburtsmonde Zwillinge und Krebs

nerschaft doch immer wieder mit ihrem scharfen Verstand und ihrer Fähigkeit, den anderen zu überzeugen und zu gewinnen. Geraten sie dagegen an einen Partner, der allzu besitzergreifend oder übermäßig fürsorglich ist, wird die Situation in den allermeisten Fällen kritisch.

Wenn der Geburtsmond im Krebs stand
CHANCE Gefühlvoll, hilfsbereit, kreativ
RISIKO Besitzergreifend, launisch, unselbstständig

Fürsorglich, voller Sanftmut und mit großer Gefühlstiefe begegnen uns in der Regel die Menschen, bei deren Geburt der Mond im Krebs stand.

In ihrer Sicht der Welt wie in ihren Beziehungen zu anderen Menschen lassen sich die unter dem Krebsmond Geborenen zuallererst von ihren Emotionen lenken. Sie haben geradezu eine »Antenne« für die Probleme und Bedürfnisse anderer, und sie sind immer bereit, ihre Fürsorge in die Waagschale zu legen, um ihren Mitmenschen Hilfe, Schutz und Sicherheit zu geben. Ein solches Verhalten erscheint selbstlos, ist es aber nicht unbedingt. Krebsmonde verstehen es auf diese Weise, andere Menschen für sich zu gewinnen, zuweilen auch, um von ihnen Besitz zu ergreifen, sie von sich abhängig zu machen.

Nicht selten verfügen Krebsmonde über eine ausgeprägte Begabung für kreative Tätigkeiten, vor allem im künstlerischen Bereich. Ihre lebhafte Phantasie befähigt sie dazu, ungewöhnlichen Ideen Gestalt zu verleihen. Allerdings sind ihre Ansichten oft sehr eigenwillig, und in ihrer Ausdrucksweise sind sie eher unbeständig, so dass der Eindruck der Launenhaftigkeit entstehen kann. Weil Krebsmonde ihre Lebensziele immer nur in Verbindung mit anderen Menschen suchen, geraten sie immer wieder in Konflikte, wenn ihre Liebe und Fürsorge abgewehrt oder sogar abgelehnt wird. Dann gewinnen Verlustängste und Selbstzweifel an Bedeutung, die nicht selten dazu führen, dass sich der solchermaßen Verschmähte in eine Scheinwelt flüchtet.

Um ihre Fähigkeit zu nutzen, anderen Menschen von einer selbstbewussteren Position aus zu begegnen und ihre Gefühle so auszudrücken, dass sie von anderen ohne den Eindruck, verpflichtet zu sein, angenommen werden, sollten es Krebsmonde lernen, mehr auf sich selbst zu vertrauen und Anerkennung und Wertschätzung nicht nur von anderen zu erwarten. Das gilt auch für eine Partnerschaft, in die Krebsmonde immer ihr ganzes Potenzial an Gefühlen, ihre Hingabe und meist auch viel Geduld

Krebsmonde sind in ihren Ansichten oft sehr eigenwillig und in ihrer Ausdrucksweise eher unbeständig, so dass manchmal der Eindruck der Launenhaftigkeit entsteht.

Gesundheitliche Probleme sind bei den übersensiblen Krebsmonden häufig mit Magenerkrankungen sowie mit Beschwerden im Bereich der Brust, der Gebärmutter und des Lymphsystems verbunden.

Was das Mondhoroskop verrät

einbringen. Sie geben unendlich viel, und sie erwarten ebenso viel. Bleibt die Zuwendung des Partners allerdings hinter ihren Erwartungen zurück, geraten sie leicht in Verzweiflung und stellen die gesamte Beziehung in Frage. Die eigene Enttäuschung ist so tief, dass oft der Wille und die Kraft fehlen, mit Geduld und Verstand die Beziehung wieder zu harmonisieren.

Wenn der Geburtsmond im Löwen stand

CHANCE Großzügig, optimistisch, beständig
RISIKO Überheblich, eitel, unbeherrscht

Großmut, unbändige Lebensfreude und selten versiegender Optimismus sind die grundlegenden Charaktereigenschaften der Menschen, die unter einem Löwemond geboren wurden.

Es ist das offene Wesen, ihre herzliche Art und die Großzügigkeit, die Löwemonde in der Gemeinschaft so beliebt und gewinnend machen. Mit ihrer Fröhlichkeit und ihrem intelligenten Humor prägen sie die Atmosphäre und werden leicht zum Mittelpunkt einer Gruppe. Diese Rolle scheint den Löwemonden auch angemessen; um sie zu erhalten, lassen sie nichts unversucht, um ihre Bedeutung herauszustreichen, ihre Unentbehrlichkeit unter Beweis zu stellen. Es lässt sich denken, dass dahinter zuweilen ein übertriebenes Selbstwertgefühl steckt, das zur Verwirklichung drängt. Bleiben ihnen aber Aufmerksamkeit, Anerkennung und Bewunderung versagt, leiden sie darunter außerordentlich. Das Gefühl, nicht geliebt zu werden, ist für Löwemonde fast unerträglich, und sie werden alles daran setzen, wieder die ihnen angemessen erscheinende Rolle zu spielen.

Hat er seinen Platz gefunden, ist der Löwemond von großer Beständigkeit. Abwechslung und ständige Veränderung bedeuten ihm nicht viel, lieber hält er an Gewohntem fest und genießt in Ruhe, was ihm das Leben zu bieten hat. Aus der Ruhe bringt ihn Kritik, auf die er empfindlich und bisweilen auch aggressiv reagiert, selbst wenn sie konstruktiv und helfend ist. Zur Selbstkritik ist er kaum in der Lage; fühlt er sich unverstanden, sucht er die Schuld vorzugsweise bei anderen und zieht sich schmollend zurück. Um seine so wertvollen und zugleich so widersprüchlichen Persönlichkeitseigenschaften positiv verwirklichen zu können, sollte der Löwemond lernen, sich nicht selbst zu wichtig zu nehmen, und immer wieder versuchen, sich in die Gefühlswelt anderer Menschen hineinzuversetzen.

Auch in der Partnerschaft suchen Löwemonde das Besondere, in das sie bereitwillig Vertrauen, Freude, Großzügigkeit und Sinn-

Der bewusste Umgang mit Gefühlen wie Einsamkeit, Verlustängsten und Trauer kann dem Löwemond helfen, die eigene Mitte zu finden und Bestätigung nicht nur bei anderen zu suchen.

Gesundheitliche Probleme können bei Löwemonden vor allem im Zusammenhang mit Herz und Kreislauf auftreten, nicht selten ist auch eine Tendenz zu Bluthochdruck festzustellen.

Geburtsmond Löwe und Jungfrau

lichkeit einbringen. Auch Beständigkeit ist ein Wert, auf den sie setzen und für den sie sich engagieren. Tritt allerdings ihr Bestreben nach Dominanz in der Beziehung allzu sehr in den Vordergrund, kann der Partner leicht überfordert werden, vor allem dann, wenn die Löwemonde ihre Neigung zur Eifersucht nicht unterdrücken können.

Wenn der Geburtsmond in der Jungfrau stand

CHANCE: Verständnisvoll, hilfsbereit, ordentlich
RISIKO Unbeweglich, ängstlich, verletzlich

Sehr vernunftbetont, mit beherrschten Gefühlen, aber voller Verständnis und Fürsorge – so begegnen uns Menschen, die unter dem Einfluss des Jungfraumondes geboren sind.

Mit ihrer ruhigen, zurückhaltenden Wesensart bringen sie anderen Menschen viel Verständnis entgegen, sind fürsorglich und hilfsbereit. Dabei bleiben sie realistisch, immer auf dem sicheren Boden der Tatsachen und scheuen sich, ihre tiefen Empfindungen zu offenbaren. Große Gefühle, zu denen sie durchaus fähig sind, halten sie möglichst unter Kontrolle, um stets die Übersicht zu behalten und die Dinge einschätzen und ordnen zu können.

Nützlich zu sein ist den Jungfraumonden ein Grundbedürfnis. Dabei konzentrieren sie sich auf das Praktische, das Machbare, das Überschaubare. Finden sie unter diesen Bedingungen eine Aufgabe, sind sie unermüdlich und lassen nicht locker, bis alles in Ordnung gebracht ist. Ihr Pflichtgefühl wird nur noch von ihrer Zuverlässigkeit übertroffen. Weniger erfolgreich sind sie, wenn es darum geht, sichere Positionen zu verlassen und mutig Neues zu wagen. In solchen Situationen hindert sie ihr Hang zum Perfektionismus und der Mangel an Spontaneität daran, sich auf ein Risiko einzulassen.

Um sich mit ihren Stärken in ein sinnerfülltes Leben einzubringen, sollten Jungfraumonde versuchen, von Zeit zu Zeit aus den einengenden Strukturen ihres geordneten Daseins auszubrechen und dem Unerwarteten, der Veränderung Raum zu geben. Wenn sie es zulassen, den »wind of change« zu spüren, können sie neue Ufer erreichen und werden spüren, dass das Glück etwas ist, dass man nur findet, wenn man auch danach sucht.

Auch in der Partnerschaft suchen Menschen, die unter dem Jungfraumond geboren wurden, das Verlässliche, das Beständige. Dafür geben sie auch viel: Verständnis, uneingeschränkte Hilfsbereitschaft und treue Zuwendung. In der Beziehung sind sie dennoch zurückhaltend, die – oft unbewusste – Angst, verletzt

> So sehr die Fähigkeit der Jungfraumonde geschätzt wird, den Dingen auf den Grund zu gehen und die Lage sachlich einzuschätzen, so wenig Begeisterung findet ihr manchmal vorhandener Hang zur Kleinlichkeit, zur Nörgelei und zum Pessimismus.

> **Gesundheitliche Problemzonen** sind bei den Jungfraumonden die Verdauungsorgane, vor allem Bauchspeicheldrüse, Leber und Galle, sowie Allergien.

oder emotional überfordert zu werden, lässt vertrauensvolle Bindungen nur langsam reifen. Leidenschaftliche Gefühle sind anfänglich eher selten; erst wenn sie sich der Dauerhaftigkeit der Beziehung sicher sind, offenbaren Jungfraumonde auch ihre sinnlichen Seiten.

Wenn der Geburtsmond in der Waage stand
CHANCE Harmonisch, kontaktfreudig, schöngeistig
RISIKO Empfindlich, weltfremd, konfliktscheu

Der Wunsch nach Frieden und Harmonie in der Gemeinschaft mit anderen prägt die grundlegenden Charaktereigenschaften der Menschen, deren Geburtsmond in der Waage stand.

Stets auf Ausgleich bedacht, bringen sich Waagemonde mit Charme und Fröhlichkeit in ihre Umwelt ein, stets bemüht, das Zusammengehörigkeitsgefühl zu stärken und Gegensätze zwischen den Mitmenschen abzubauen. Gelingt ihnen das, sind sie zufrieden, stoßen sie auf Widerstände, kann es geschehen, dass sie überkritisch oder sogar aggressiv reagieren und das Wir-Gefühl geradezu herbeizwingen wollen. Hervorzuheben ist die Fähigkeit der Waagemonde, die Dinge von verschiedenen Seiten zu betrachten, das Für und Wider sorgfältig abzuwägen und dann nach perfekten Lösungen zu suchen. Da dies nicht immer auf Anhieb gelingen kann, wird den Waagemonden zuweilen eine gewisse Unentschlossenheit nachgesagt, was aber meist nicht den Kern ihres Wesens trifft. Es handelt sich dabei wohl eher um den Wunsch, immer den »goldenen Mittelweg« zu finden und nicht anzuecken.

Wichtig ist es für Waagemonde, dass sie das Gefühl vermittelt bekommen, geschätzt und anerkannt, ja bewundert zu werden. Dann scheuen sie keine Mühe, die ihnen entgegengebrachte Wertschätzung auch zu rechtfertigen. In ihrem Bestreben nach Ausgleich und Harmonie stellen Waagemonde oft ihre eigenen Wünsche und Gefühle zurück, weichen notwendigen Konflikten aus und wollen die Realität manchmal nicht wahrhaben. Was und wie andere denken und fühlen, ist ihnen wichtiger, als ihre eigene Befindlichkeit auszuleben.

In einer Partnerschaft suchen Waagemonde die große Liebe, die auf Harmonie und Übereinstimmung in den Lebensansichten begründet sein sollte. Wann immer Unstimmigkeiten drohen, versuchen sie zu glätten, zu bagatellisieren, auch zu vertuschen. Da Waagemonde – oft unbewusst – fühlen, dass die Wirklichkeit nicht so ist, wie sie sein sollte, soll eine Partnerschaft für sie

---

Um sich Enttäuschungen zu ersparen, sollten Waagemonde bemüht sein, sich zwischenmenschlichen Konflikten zu stellen, der ungeschminkten Wirklichkeit zu begegnen und ihren eigenen Standpunkt zu finden und gelegentlich auch gegen die Interessen anderer durchzusetzen.

Gesundheitlich haben Menschen, die unter dem Waagemond geboren wurden, häufiger Probleme mit den Nieren, den Harnwegen und der Bauchspeicheldrüse. Auch für Hautkrankheiten besteht eine gewisse Anfälligkeit.

auch ein sicherer Hort der Harmonie sein, der sie vor der rauen Realität zu schützen vermag. So sehr sie deshalb die Nähe des Partners suchen, so wichtig ist ihnen aber auch ein gewisser Freiraum, in den sie sich mit ihren innersten Gefühlen zurückziehen können.

Wenn der Geburtsmond im Skorpion stand
CHANCE Gefühlvoll, leidenschaftlich, beständig
RISIKO Verschlossen, ängstlich, starrsinnig

Sehr tiefe, sehr intensive und sehr leidenschaftliche Gefühle kennzeichnen die Charaktereigenschaften eines Menschen, der unter dem Skorpionmond das Licht der Welt erblickte.

Weil sie selbst von Gefühlen beherrscht sind, haben Skorpionmonde die Gabe, hinter die Fassade ihrer Mitmenschen zu blicken und bis auf den Grund der Seele anderer Menschen zu schauen, zuweilen auch in deren Abgründe. Diese Stärke der Skorpionmonde kann auch eine Schwäche sein. Einerseits gibt ihnen diese Fähigkeit die Möglichkeit, den anderen in seinen Gefühlen zu stärken oder ihn zu heilen, wenn dessen Gefühle verletzt wurden; andererseits besteht durchaus die Gefahr, dass die Skorpionmonde ihre intimen Kenntnisse des Seelenlebens anderer dazu benutzen, die Gefühle ihrer Mitmenschen zu manipulieren oder gar zu missbrauchen.

Ein Mensch, dessen Geburtsmond im Skorpion stand, fühlt sich immer dann in seinem Element, wenn er sich mit seiner Tätigkeit, mit seinen Kollegen und auch mit seinen Vorgesetzten auf emotionaler Ebene auseinander setzen kann. Rein sachliche, bloß geschäftsmäßige Beziehungen sind ihm eher fremd – und doch flüchtet er sich zuweilen in solche ungeliebten Beziehungen. Das geschieht immer dann, wenn er befürchten muss, seine eigenen Gefühle zu zeigen. Im Wissen um die Macht der Emotionen hat er Angst, sich auszuliefern, die Distanz zu verlieren.

Damit Skorpionmonde mit ihrer intensiven Gefühlswelt in der Wirklichkeit gut bestehen können, ist es notwendig, dass sie lernen, Vertrauen zu geben und Vertrauen zu empfangen, sich auch einmal ganz auszuliefern und hinzugeben. Auch in einer Partnerschaft, in der unter dem Skorpionmond Geborene vor allem Innigkeit, Tiefe und Beständigkeit suchen, kann es dauern, bevor sie sich dem Partner gegenüber öffnen. Beim anderen sind Geduld und Behutsamkeit gefragt, um den empfindsamen Skorpionmond nicht zu verletzen und dadurch möglicherweise für immer zu verlieren.

Skorpionmonde sollten akzeptieren, dass ihnen negative Gefühle wie Neid und Hass nicht fremd sind, dass man aber lernen kann und muss, damit rational umzugehen.

Gesundheitliche Problembereiche liegen bei Menschen, die unter dem Einfluss des Skorpionmondes geboren wurden, vorwiegend im Bereich der Harn- und Sexualorgane.

Wenn der Geburtsmond im Schützen stand

CHANCE Aufgeschlossen, großzügig, tolerant
RISIKO Überheblich, ungeduldig, wirklichkeitsfremd

Großer Enthusiasmus, überschwängliche Gefühle und Aufgeschlossenheit für alles Neue sind grundlegende Charaktermerkmale der Menschen, deren Geburtsmond im Schützen stand. Sie erscheinen als glückliche Menschen, die andere leicht gewinnen und für ihre Ziele begeistern können. Dazu trägt auch bei, dass sie tief im Innern von sich überzeugt sind und sehr selten an dieser Überzeugung Zweifel aufkommen lassen.

Schützemonde lieben das Abenteuer, sie sind immer auf der Suche nach Neuem und Unbekanntem – dabei lassen sie sich nicht so sehr von rationalen Argumenten leiten, sondern vielmehr von ihrer lebhaften, zuweilen auch überschäumenden Phantasie. So sehr Schützemonde andere Menschen überzeugen und beeinflussen wollen, so vorsichtig sind sie doch, wenn es darum geht, sich festzulegen oder gar zu binden – ihre Freiheit und Unabhängigkeit lassen sie sich nicht nehmen. Was die Ausarbeitung von Plänen und Projekten angeht, sind Schützemonde kaum zu übertreffen. Wenn es allerdings an deren Verwirklichung, um die Überwindung praktischer Probleme, um konkrete Termine und Verpflichtungen geht, dann fällt es ihnen schon schwerer, sich dazu zu bekennen.

Manchmal steckt unter der fröhlich-optimistischen Fassade des Schützemondes allerdings ein Mensch, dessen Selbstwertgefühl nicht immer so groß ist, wie er anderen weismachen möchte. Dann kommt es vor, dass er seine Unsicherheit dadurch überspielt, dass er vor seinem Gegenüber mit schwer zu ertragender Überheblichkeit auftritt. Es fällt anderen oft nicht leicht, dies zu erkennen und richtig zu deuten, weil es kaum gelingt, an die innere Befindlichkeit eines Schützemondes heranzukommen. So bleibt manchmal der Eindruck eines eher oberflächlichen, zu sehr von sich überzeugten Menschen, der mit dem Alltag nicht so recht umgehen kann.

In der Partnerschaft mit einem Schützemond ist stets für Abwechslung und knisternde Spannung gesorgt. Die ganz große Liebe soll es sein – dieses Ideal wird ein Schützemond immer in seinem Herzen tragen, und er reagiert zuweilen enttäuscht, wenn es nicht jeden Tag gelingt, dieses Ideal zu verwirklichen. Gut, wenn der Partner diese Spannung aushalten kann; sollte er aber versuchen, den Schützemond einzuengen oder gar zu gängeln, kann es sein, dass der sich aus der Beziehung zurückzieht.

Gefühle, auch negative, bei sich und anderen zuzulassen, kann eine wichtige Lernaufgabe für einen Schützemond sein, der an der Stabilisierung seiner Persönlichkeit arbeiten will. Dazu gehört auch das Bemühen, einmal Angefangenes zu beenden und das Ergebnis selbstkritisch zu bewerten.

Gesundheitliche Probleme sind bei Menschen, die unter dem Mond im Schützen geboren wurden, nicht selten im Hüftbereich und an der Leber zu finden. Auch besteht eine Tendenz zu Übergewicht.

Wenn der Geburtsmond im Steinbock stand

CHANCE Ordentlich, ernsthaft, realistisch
RISIKO Verschlossen, misstrauisch, ängstlich

Klarheit, Beständigkeit und große Ernsthaftigkeit sind die herausragenden Charaktereigenschaften der Menschen, deren Geburtsmond unter dem Einfluss des Steinbocks stand.

Sie wissen, was sie wollen, und sie gehen Schritt für Schritt vor, um es am Ende auch zu erreichen. Vernunft und Zielstrebigkeit, dazu Disziplin und Verantwortungsgefühl – das schätzt man an ihnen, und das setzen sie auch ein, um andere Menschen zu beeindrucken. Es kann sein, dass dabei Romantik und Lebensfreude etwas zu kurz kommen, doch Steinbockmond-Geborene schätzen nun einmal das Reale. Ihre tiefen Gefühle schützen sie mit einem Panzer aus kühler Zurückhaltung, denn sie wissen sehr wohl, wie verletzlich ihre im Grunde sanfte und liebevolle Seele ist. Nur wer sich ihr Vertrauen – nach oft langer Dauer – endgültig erworben hat, dem offenbaren sie auch ihre geheimen Wünsche und Sehnsüchte.

> Steinbockmonde schützen ihr Inneres manchmal hinter einem Panzer aus kühler Zurückhaltung. Hat man aber ihr Vertrauen erworben, zeigen sie wahre und tiefe Gefühle.

Innere Sicherheit findet der Steinbockmond-Geborene in geordneten Verhältnissen – Regeln, Rituale, feste Strukturen engen ihn nicht ein, sie geben ihm Halt. Nichts ist schlimmer für ihn als das Gefühl, nicht gebraucht zu werden. Hat der unter dem Steinbockmond Geborene aber Verantwortung übernommen bzw. wurde sie ihm übertragen, dann geht er mit größter Konsequenz vor. Das bedeutet auch, dass er Macht, die er über andere Menschen hat, auch ausübt und manchmal auch ausnutzt. Hat er einmal die Führung, fällt es ihm schon schwer, sie wieder abzugeben. Für einen Steinbockmond kann es hilfreich sein, den »schönen Dingen des Lebens« – der Kunst, dem Sport, der Spiritualität – mehr Aufmerksamkeit zu widmen. Das könnte ein Weg sein, um die Emotionen leichter auszuleben und dadurch zu lernen, dass man sich seiner Gefühle nicht zu schämen braucht und dass man auf diese Weise leichter einen Weg zu anderen Menschen findet.

An eine feste Bindung in der Partnerschaft gehen Steinbockmonde oft nur zögerlich heran. Zu tief sitzt ihre Angst, vom Partner abhängig und beherrscht zu werden. Andererseits fällt es ihnen auch oftmals schwer, die tiefen Gefühle, die sie dem Partner gegenüber empfinden, diesem zu offenbaren. Haben sie sich dann aber einmal auch innerlich gebunden, gibt es kaum einen treueren Partner als einen Menschen, der unter dem Steinbockmond geboren wurde.

> Gesundheitliche Probleme haben bei Steinbockmonden häufig mit Steinleiden, Gelenkbeschwerden und Magenstörungen zu tun.

Wenn der Geburtsmond im Wassermann stand

CHANCE Stolz, tolerant, verständnisvoll
RISIKO Unnahbar, launisch, überempfindlich

Es ist nicht leicht, die Gefühlswelt und den Charakter eines Wassermannmondes auf einen Nenner zu bringen. Stolz, zuweilen unnahbar, verbirgt er seine Gefühle und erweckt den Eindruck, als nähme er an nichts und niemandem irgendeinen Anteil. Doch dieser Eindruck trügt in den meisten Fällen – oft verbirgt sich hinter der kühlen Maske ein überaus verständnisvoller, toleranter Mensch, der sehr wohl Verantwortung für seine Umwelt übernimmt.

Lebhafte Emotionen, gar Gefühlsausbrüche wird man bei Menschen, deren Geburtsmond im Wassermann stand, aber nur ganz selten erleben; sie wirken nicht nur kühl, nein, sie bleiben auch tatsächlich immer ein wenig auf Distanz, trennen konsequent Berufliches und Privates, meiden allzu große Nähe, auch bei Menschen, die ihnen vertraut sind. In diesem Zusammenhang verwundert es auch nicht, dass Wassermannmonde nicht das Zentrum der Gruppe oder der Gesellschaft suchen, sondern stets einen Rückzugsraum im Auge haben, um sich von allzu viel Nähe zu erholen.

Dass der Wassermannmond-Geborene lieber seinen eigenen Weg geht, als sich dem »mainstream« anzuschließen, ist gewiss kein Fehler. Originelle Ideen und eigenwillige Ansichten bewegen oft mehr als allgemeine Auffassungen und alles, was auf eingefahrenen Gleisen daherkommt. Wird diese Individualität von anderen anerkannt, geht es dem Wassermannmond gut, und er wird sich umso stärker engagieren. Mit Kritik an seinen Ansichten und auch an seiner Art, sich zu geben, kann der Wassermannmond allerdings nur schwer umgehen; wird diese Kritik zu massiv, dann kann es geschehen, dass er sich wieder zurückzieht. Der Individualist wird dann zum Einzelgänger, seine Einmaligkeit kann in die Einsamkeit führen.

Freiräume brauchen Wassermannmond-Geborene auch in einer Partnerschaft, und sie billigen sie auch dem Partner zu. Sie wollen so geliebt werden, wie sie sind, und sind auch bereit, den anderen so anzunehmen, wie er ist. Leider ist diese ideale Kombination nicht leicht zu finden; und sie hält auch nicht immer der Wirklichkeit stand. Deshalb kann es geschehen, dass sich Wassermannmonde lieber aus einer Beziehung zurückziehen, als sich in – zuweilen notwendige – Auseinandersetzungen mit dem Partner einzulassen.

Damit der Wassermannmond seine Lebensziele erfolgreich verwirklichen kann, sollte er lernen, eine ausgewogene Balance zwischen Distanz und Nähe zu finden. Das wird ihm umso besser gelingen, wenn er seinen – oft unterdrückten – Wünschen nach liebevoller Zuwendung und Intimität Raum gibt.

Gesundheitliche Problemzonen beim Wassermannmond sind häufiger die Blutgefäße, vor allem die Venen, sowie nervöse Störungen.

Geburtsmond Wassermann und Fische

Wenn der Geburtsmond in den Fischen stand

CHANCE: Intuitiv, verständnisvoll, geduldig
RISIKO Angepasst, leicht zu beeinflussen, weltfremd

Selbstlosigkeit, grenzenlose Hingabe und eine ausgeprägte Neigung zum Übersinnlichen prägen die Gefühlswelt der Menschen, deren Geburtsmond von dem Tierkreiszeichen Fische beeinflusst wurde.

Das Bedürfnis, für andere da zu sein, sie zu umsorgen, sie zu schützen, gehört für den Fischemond zu den wichtigsten Lebensmotiven. Das ist für ihn und den Umsorgten beglückend, birgt aber für den Fischemond die Gefahr, dass er sich einerseits bis zur Selbstaufgabe anpasst und andererseits den Einflüssen dessen, den er umsorgt, unterliegt. Damit kann aber aktive Anteilnahme zum passiven Dulden werden, Selbstlosigkeit zur Selbstverleugnung führen.

Was sie geben, möchten sie auch empfangen – Fischemond-Geborene sehnen sich nach menschlicher Nähe, zärtlicher Liebe und sicherer Geborgenheit. Finden sie diese, erblühen sie mit der ganzen Fülle ihrer romantischen und uneigennützigen Gefühle. Müssen sie diese Gefühle aber unterdrücken, weil sie von Kälte und rationaler Geschäftigkeit umgeben sind, ziehen sie sich aus dieser Realität zurück – manchmal in eine eigene kreative Welt, manchmal allerdings auch in eine tiefe Depression, die zur Krankheit werden kann. Für ihre Mitmenschen kommt es darauf an, dies möglichst rechtzeitig zu bemerken, damit eine menschliche Tragödie verhindert werden kann. Damit sie ihre wertvollen Fähigkeiten in erfüllender Weise einsetzen können, ist es für Fischemond-Geborene wichtig, sich immer wieder einmal auf sich selbst zu besinnen, ihre eigenen Wünsche und Bedürfnisse zu erspüren und zu befriedigen. Das verleiht ihnen die notwendige physische und emotionale Stärke, die sie brauchen, um anderen wirklich zu helfen. Gefragt sind zudem natürlich auch noch Realitätssinn sowie die Anerkennung von eigenen Schwächen und Fehlern.

Menschen, die unter dem Mond in den Fischen geboren wurden, sind auch in einer Partnerschaft voller Hingabe und haben oft die Sehnsucht, in dem geliebten Menschen aufzugehen, mit ihm zu verschmelzen. Für dieses Ziel opfern sie sich auf und übersehen oder verdrängen dabei bisweilen, dass dabei der Partner nicht immer die gleichen Ziele und Motive hat. Auf diese Weise geraten sie manchmal in tragische Verstrickungen, aus denen sie nur schwer entkommen können.

> Für Fischemonde ist es wichtig, sich immer wieder einmal auf sich selbst zu besinnen, die ganz persönlichen Wünsche zu erforschen und zu befriedigen.

> Gesundheit: Fischemonde sind öfter von depressiven Stimmungen bedroht, auch das Immunsystem, die Lymphen und Füße erweisen sich häufiger als Problemzonen.

Die Bedeutung der Mondphasen bei der Geburt

Aus fast verschollenen Überlieferungen der Astronomen des frühen Mittelalters kann man entnehmen, dass auch die Mondphase während der Geburt eines Menschen Einfluss auf sein künftiges Leben haben soll. Entsprechende Hinweise gibt es auch im traditionellen Wissensschatz der Sinti und Roma. Nachstehend sind diese Erfahrungen wiedergegeben.

Geburt im ersten Viertel

Wer in der Zeit zwischen Neumond und zunehmendem Halbmond geboren wurde, verfügt über viel Lebensenergie und Frische. Diese Menschen ergreifen gern die Initiative und haben Führungsqualitäten. Ihr Problem kann darin liegen, dass sie zu sehr von sich eingenommen sind, einen gewissen Starrsinn entwickeln und manche Dinge, die sie begonnen haben, nicht zu Ende führen.

In den Überlieferungen der Zigeuner findet man folgende Hinweise für diese Mondphase: Menschen, die im ersten Viertel des Mondes geboren wurden, haben ein langes Leben. Wer am ersten Tag des zunehmenden Mondes zur Welt kam, wird Glück haben; wer am zweiten Tag geboren wurde, wird großes Glück haben. Für die Geburt am dritten Tag dieses Viertels werden wichtige und einflussreiche Freunde vorhergesagt; wer am vierten Tag geboren wurde, wird zwischen Glück und Unglück schwanken. Für am fünften oder sechsten Tag Geborene kann ihr Stolz zum Lebenshindernis werden; wer am siebten Tag des ersten Viertels Geburtstag hatte, sollte seine Wünsche geheim halten, damit sie sich erfüllen.

Menschen, die bei Neumond geboren wurden, sollen besonders energisch und dynamisch sein, voller Leidenschaft und Schöpferkraft. Sie neigen aber auch zu einer gewissen Ruhelosigkeit sowie zu Überreaktionen in ihren Beziehungen zu anderen Menschen. Bei ihnen dominiert häufig die Vernunft über die Gefühle.

Geburt im zweiten Viertel

Ehrgeiz und große Zielstrebigkeit lassen Menschen, die in der Zeit zwischen zunehmendem Halbmond und Vollmond geboren wurden, oft schon in jungen Jahren sehr erfolgreich sein. Meist verstehen sie es, andere Menschen für ihre Ziele zu begeistern. Andererseits besteht die Tendenz, etwas rücksichtslos zu werden und die Gutmütigkeit anderer auszunützen.

Die Zigeunertradition besagt, dass es Menschen, die in dieser Zeit geboren wurden, einmal besser ergehen wird als ihren Eltern. Für die Geburt am ersten Tag des zweiten Viertels sagt sie voraus, dass der Betreffende zu Wohlstand gelangt; für den am zweiten Tag Geborenen prophezeit sie ein leichtes Leben und für

Die Mondviertel

den am dritten Tag Geborenen Reichtum durch Reisen. Am vierten und fünften Tag werden Menschen geboren, die besonders charmant und liebenswürdig sind. Der sechste Tag bringt mühelosen Erfolg, der siebte Tag viele einflussreiche Freunde.

Geburt im dritten Viertel

Menschen, die in der Zeit zwischen Vollmond und abnehmendem Halbmond geboren wurden, haben einen starken Bezug zu ihren Mitmenschen und deren Bedürfnissen und fühlen sich daher besonders wohl in einer Gruppe Gleichgesinnter. Problematisch kann eine zu geringe Selbstsicherheit sein, so dass sie leichter von anderen abhängig werden können und dadurch in der Entfaltung ihrer Möglichkeiten eingeengt bleiben.

Laut alter Zigeunerweisheit haben Menschen, die während dieses Abschnitts zur Welt kamen, in ihrem Leben mit mancherlei Schwierigkeiten zu kämpfen, die sie aber durch zähe Beharrlichkeit überwinden werden. Für die am ersten Tag des dritten Mondviertels Geborenen liegt der Erfolg in einem anderen Land; der zweite Tag verheißt geschäftlichen Erfolg. Für die am dritten Tag Geborenen gibt es Erfolge, die durch Intuition und Vorahnung erreicht werden. Wer am vierten Tag geboren wurde, zeichnet sich durch Tapferkeit aus. Bei einem Geburtstag am fünften Tag ist Vorsicht in Geldangelegenheiten angeraten. Wurde man am sechsten oder siebten Tag geboren, verfügt man über viel Kraft.

Wer unter dem Vollmond geboren wurde, soll ein eher harmonischer Mensch sein, der mit sicherem Instinkt einen guten Kontakt zu seinen Mitmenschen aufbauen kann. Er findet sich in nahezu jeder Situation zurecht, seine Gefühle sind oftmals stärker als die Vernunft.

Geburt im letzten Viertel

Wer im letzten Viertel des Mondlaufs, also zwischen abnehmendem Halbmond und Neumond, zur Welt kam, wird stets bemüht sein, anderen zu helfen, ist fürsorglich und ein guter Freund. Er wird seine eigenen Interessen zugunsten der Allgemeinheit zurückstellen. Er läuft aber Gefahr, aufgrund seiner idealistischen Vorstellungen den Bezug zur Wirklichkeit zu verlieren.

Nach Überlieferungen der Sinti und Roma ist den in diesem Abschnitt geborenen Menschen prophezeit, dass sie besonders liebevoll und aufrichtig sein werden. Wer am ersten oder zweiten Tag des letzten Viertels das Licht der Welt erblickte, soll in seinem Heim sehr glücklich sein. Der dritte Tag verheißt Zuverlässigkeit. Für den am vierten Tag Geborenen wird vorhergesagt, dass er sehr empfindlich und sensibel sei. Der fünfte Tag bringt besonders gute Mütter und Väter hervor. Am sechsten oder siebten Tag Geborene werden durch ihre Treue zu Wohlstand und Ansehen gelangen.

Anhang

Anhang

Um Ihnen, liebe Leserinnen und Leser, die Möglichkeit zu geben, das Gelesene in der Praxis zu überprüfen, wurden auf den nachfolgenden Seiten einige Tabellen zusammengestellt.

Mondkalender 2002–2012

Die verwendeten Symbole
- ● Neumond (NM)
- ◐ Zunehmender Mond (ZM)
- ○ Vollmond (VM)
- ◑ Abnehmender Mond (AM)
- ◉ Aufsteigender Mond
- ◉ Absteigender Mond

Aus diesen Tabellen können Sie für den genannten Zeitraum entnehmen, in welchem Tierkreiszeichen sich der Mond an einem ganz bestimmten Tag befand bzw. befinden wird. Dabei gilt, was schon an anderer Stelle erwähnt wurde: Angegeben ist das Tierkreiszeichen, in dem sich der Mond an diesem Tag mehr als zwölf Stunden aufhält. Wann genau der Mond in ein anderes Tierkreiszeichen wechselt, ist daraus nicht zu ersehen. Das ist für die meisten Anwendungen auch gar nicht so wichtig, da der Einfluss des Tierkreiszeichens, welches der Mond gerade verlassen hat, noch eine gute Weile nachwirkt, während sich die Wirkung des danach erreichten Tierkreiszeichens gerade erst entfaltet. Für alle, die es genauer wissen wollen, empfiehlt sich die Anschaffung eines guten Mondkalenders. Eine Auswahl finden Sie weiter unten auf dieser Seite.

- Widder
- Stier
- Zwillinge
- Krebs
- Löwe
- Jungfrau
- Waage
- Skorpion
- Schütze
- Steinbock
- Wassermann
- Fische

Mondphasen 1920–2005

Wer seinen Geburtsmond gefunden hat und nun noch nach der Mondphase sucht, findet diese in den Tabellen, die auf Seite 208 beginnen. Wenn auch dafür genauere Übergangs- bzw. Eintrittszeiten gewünscht werden – um sie beispielsweise mit der Geburtszeit zu korrelieren –, muss man eine astrologische Ephemeridentafel zurate ziehen, die im Buchhandel erhältlich ist.

Mondfinsternisse 1920–2012

Diese Liste zählt alle Mondfinsternisse in dem genannten Zeitraum auf.

Empfehlenswerte Mondkalender

Mit dem Mond leben, LUDWIG Verlag, München, erscheint Juli
Mondkalender für jeden Tag, LUDWIG Verlag, München, Juli
Der große Mondkalender, LUDWIG Verlag, München, Juli

Kontakt und Auskünfte: Lunanews2002@AOL.com

Mondkalender 2002

Mondkalender 2003

Mondkalender 2004

Mondkalender 2005

Tag	Jan.	Febr.	März	Apr.	Mai	Juni	Juli	Aug.	Sept.	Okt.	Nov.	Dez.
1	♍	♏	♏	♑	♒ ◑	♈	♉	♊	♌	♍	♏	♐ ●
2	♍	♏ ◑	♏	♑ ◑	♒	♈	♉	♋	♌	♍	♏ ●	♐
3	♎ ◑	♏	♐ ◑	♒	♓	♉	♊	♋	♍ ●	♎ ●	♏	♑
4	♎	♐	♐	♒	♓	♉	♊	♌	♍	♎	♐	♑
5	♏	♐	♑	♓	♈	♉	♋	♌ ●	♎	♏	♐	♒
6	♏	♑	♑	♓	♈	♊ ●	♋ ●	♌	♎	♏	♑	♒
7	♐	♑	♒	♓	♉	♊	♋	♍	♎	♐	♑	♓
8	♐	♒ ●	♒	♈ ●	♉ ●	♋	♌	♍	♏	♐	♒	♓ ◐
9	♑	♒	♓	♈	♊	♋	♌	♎	♏	♐	♒ ◐	♈
10	♑ ●	♓	♓ ●	♉	♊	♋	♍	♎	♐	♑ ◐	♓	♈
11	♒	♓	♈	♉	♊	♌	♍	♎	♐ ◐	♑	♓	♈
12	♒	♈	♈	♊	♋	♌	♍	♏	♑	♒	♈	♉
13	♓	♈	♉	♊	♋	♍	♎	♏ ◐	♑	♒	♈	♉
14	♓	♉	♉	♋	♌	♍	♎ ◐	♐	♒	♓	♉	♊
15	♈	♉	♉	♋	♌	♍ ◐	♏	♐	♒	♓	♉	♊ ○
16	♈	♊ ◐	♊	♋ ◐	♌ ◐	♎	♏	♑	♓	♈	♉ ○	♋
17	♈ ◐	♊	♊ ◐	♌	♍	♎	♏	♑	♓	♈ ○	♊	♋
18	♉	♊	♋	♌	♍	♏	♐	♒	♈ ○	♉	♊	♋
19	♉	♋	♋	♍	♎	♏	♐	♒ ○	♈	♉	♋	♌
20	♊	♋	♋	♍	♎	♐	♑	♓	♈	♊	♋	♌
21	♊	♌	♌	♍	♎	♐	♑ ○	♓	♉	♊	♌	♍
22	♋	♌	♌	♎	♏	♑ ○	♒	♈	♉	♊	♌	♍
23	♋	♌	♍	♎	♏ ○	♑	♒	♈	♊	♋	♌ ◑	♍ ◑
24	♋	♍ ○	♍	♏ ○	♐	♒	♓	♉	♊	♋	♍	♎
25	♌ ○	♍	♍ ○	♏	♐	♒	♓	♉	♋ ◑	♌ ◑	♍	♎
26	♌	♎	♎	♐	♑	♓	♈	♊ ◑	♋	♌	♎	♏
27	♌	♎	♎	♐	♑	♓	♈	♊	♋	♌	♎	♏
28	♍	♎	♏	♑	♒	♈ ◑	♉ ◑	♊	♌	♍	♎	♐
29	♍		♏	♑	♒	♈	♉	♋	♌	♍	♏	♐
30	♎		♐	♑	♓ ◑	♈	♊	♋	♍	♎	♏	♐
31	♎		♐		♓		♊	♌		♎		♑ ●

Mondkalender 2006

Mondkalender 2007

Mondkalender 2008

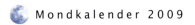

Mondkalender 2010

Mondkalender 2011

Mondkalender 2012

Mondphasen 1920–1925

Mondphasen 1920–2005

Die Abkürzungen

NM = Neumond
ZH = Zunehmender Halbmond
VM = Vollmond
AH = Abnehmender Halbmond

NM bis ZH = 1. Viertel
ZH bis VM = 2. Viertel
VM bis AH = 3. Viertel
AH bis NM = Letztes Viertel

	Jan.	Febr.	März	Apr.	Mai	Juni	Juli	Aug.	Sept.	Okt.	Nov.	Dez.
1920												
NM	21	19	20	18	18	16	15	14	12	12	10	10
ZH	28	27	27	25	24	23	22	21	20	20	18	18
VM	5	4	4	3	3	1	1/31	29	28	27	26	25
AH	13	11	12	11	11	9	9	7	5	5	3	2
1921												
NM	9	8	9	8	7	6	5	3	2	1/31	29	29
ZH	17	15	17	15	14	12	12	10	9	8	7	7
VM	24	22	23	22	21	20	20	18	17	17	15	15
AH	1/30	–	1/31	30	29	28	28	26	24	24	22	21
1922												
NM	28	26	28	27	26	25	24	22	21	20	19	18
ZH	6	5	6	5	4	2	1/31	29	27	27	26	26
VM	13	12	13	11	11	9	9	7	6	6	4	4
AH	20	18	20	19	18	17	17	15	14	13	12	11
1923												
NM	17	15	17	16	15	14	14	12	10	10	8	8
ZH	25	24	25	24	23	21	21	19	17	16	15	15
VM	3	1	3	1/30	30	28	27	26	25	24	23	23
AH	10	8	9	8	7	6	6	4	3	3	1	1/30
1924												
NM	6	5	5	4	4	2	2/31	30	28	28	26	26
ZH	13	12	13	12	12	10	9	8	6	5	3	3
VM	22	20	21	19	18	17	16	14	13	12	11	11
AH	29	27	27	26	25	24	23	22	21	20	19	19
1925												
NM	24	23	24	23	22	21	20	19	18	17	16	15
ZH	2/31	–	2	1	1/30	29	28	27	25	24	23	22
VM	10	8	10	9	8	6	6	4	2	2/31	30	30
AH	17	16	17	16	15	13	12	11	10	9	8	8
	Jan.	Febr.	März	Apr.	Mai	Juni	Juli	Aug.	Sept.	Okt.	Nov.	Dez.

Mondphasen 1926–1933

	Jan.	Febr.	März	Apr.	Mai	Juni	Juli	Aug.	Sept.	Okt.	Nov.	Dez.
1926 NM	14	12	14	12	11	10	10	8	7	6	5	5
ZH	20	19	21	20	19	18	18	16	15	14	13	12
VM	28	27	29	28	27	25	25	23	21	21	19	19
AH	7	6	7	5	5	3	2/31	30	28	28	27	27
1927 NM	3	2	3	2	1/30	29	28	27	25	25	24	24
ZH	10	9	10	9	8	7	7	5	4	4	2	2/31
VM	17	16	18	17	16	15	14	13	11	10	9	8
AH	26	24	26	24	24	22	21	19	18	17	16	16
1928 NM	22	21	21	20	19	17	17	15	14	13	12	12
ZH	29	28	28	26	26	24	24	23	22	21	20	20
VM	7	5	6	5	4	3	3	1/31	29	28	27	26
AH	14	13	14	13	12	11	10	8	6	6	4	4
1929 NM	11	9	11	9	9	7	6	5	3	2	1	1/31
ZH	18	17	18	16	15	14	13	12	10	10	9	9
VM	25	23	25	23	23	22	21	20	19	18	17	16
AH	2	1	3	2	2/31	30	29	27	26	25	23	23
1930 NM	29	28	30	28	28	26	25	24	22	21	20	20
ZH	8	6	8	6	5	3	3	1/31	29	29	28	28
VM	14	13	14	13	12	11	10	9	8	7	6	6
AH	21	20	22	20	20	19	18	17	15	15	13	12
1931 NM	18	17	19	18	17	16	15	13	12	11	9	9
ZH	27	25	27	25	24	23	22	20	18	18	17	16
VM	4	3	4	2	2/31	30	29	28	26	26	25	25
AH	11	9	11	9	9	8	8	6	5	4	3	2
1932 NM	8	6	7	6	5	4	3	2/31	30	29	28	27
ZH	15	14	15	14	13	11	11	9	7	6	5	4
VM	23	22	22	20	20	18	17	16	14	14	13	13
AH	1/30	28	29	27	27	25	25	24	23	22	21	20
1933 NM	26	24	26	24	24	23	22	21	19	19	17	17
ZH	3	2	4	3	2	1/30	30	28	26	25	24	23
VM	11	10	12	10	9	8	7	5	4	3	2	2/31
AH	19	17	18	17	16	15	14	13	11	11	10	10
	Jan.	Febr.	März	Apr.	Mai	Juni	Juli	Aug.	Sept.	Okt.	Nov.	Dez.

Mondphasen 1934–1941

	Jan.	Febr.	März	Apr.	Mai	Juni	Juli	Aug.	Sept.	Okt.	Nov.	Dez.
1934												
NM	15	14	15	14	13	12	11	10	9	8	7	6
ZH	22	21	23	21	21	20	19	18	16	15	14	13
VM	30	–	1/31	29	28	27	26	24	23	22	21	20
AH	8	7	8	7	6	4	3	2/31	30	30	29	29
1935												
NM	5	3	5	3	2	1/30	30	29	27	27	26	25
ZH	11	10	12	10	10	9	8	7	6	5	4	3
VM	19	18	20	18	18	16	16	14	12	12	10	10
AH	27	26	27	26	25	23	22	21	19	19	18	17
1936												
NM	24	22	23	21	20	19	18	17	15	15	14	14
ZH	1/31	29	29	28	28	26	26	25	23	23	22	21
VM	8	7	8	6	6	5	4	3	1/30	30	28	28
AH	16	15	16	14	14	12	11	9	8	7	6	5
1937												
NM	12	11	12	11	10	8	8	6	4	4	3	3
ZH	19	18	19	17	17	15	15	14	12	12	11	11
VM	26	25	27	25	25	24	23	22	20	19	18	17
AH	4	3	5	4	3	2	1/30	29	27	26	25	24
1938												
NM	1/31	–	2/31	30	29	27	27	25	23	23	22	21
ZH	9	8	9	7	6	5	4	3	1	1/31	30	29
VM	16	14	16	14	14	13	12	11	9	9	7	7
AH	23	22	24	22	22	21	20	18	17	16	14	14
1939												
NM	20	19	21	19	19	17	16	15	13	12	11	10
ZH	28	27	28	26	26	24	23	21	20	20	19	18
VM	5	4	5	4	3	2	1/31	29	28	28	26	26
AH	12	11	12	11	11	10	9	8	6	6	4	3
1940												
NM	9	8	9	7	7	6	5	3	2	1/30	29	28
ZH	17	16	17	15	14	13	12	10	8	8	6	6
VM	25	23	23	22	21	20	19	18	16	16	15	14
AH	2/31	–	1/30	29	29	27	27	26	24	24	22	22
1941												
NM	27	26	27	26	26	24	24	22	21	20	19	18
ZH	5	4	6	5	4	2	2/31	29	27	27	25	25
VM	13	12	13	11	11	9	8	7	5	5	4	3
AH	20	18	20	18	18	16	16	15	13	13	12	11
	Jan.	Febr.	März	Apr.	Mai	Juni	Juli	Aug.	Sept.	Okt.	Nov.	Dez.

Mondphasen 1942–1949

	Jan.	Febr.	März	Apr.	Mai	Juni	Juli	Aug.	Sept.	Okt.	Nov.	Dez.
1942												
NM	16	15	17	15	15	13	13	12	10	10	8	8
ZH	24	23	25	23	23	21	21	19	17	16	15	14
VM	2	1	3	1/30	30	28	27	26	24	24	22	22
AH	10	8	9	8	7	5	5	4	2	2	1	1/30
1943												
NM	6	5	6	4	4	2	2	1/30	29	29	27	27
ZH	13	12	13	12	12	11	10	9	7	6	5	4
VM	21	20	21	20	19	18	17	15	14	13	12	11
AH	29	27	29	27	26	24	24	22	21	21	19	19
1944												
NM	25	24	24	22	22	20	20	18	17	17	15	15
ZH	2	1	1/31	30	30	28	28	27	25	24	23	22
VM	10	9	10	8	8	6	6	4	2	2/31	30	29
AH	18	17	17	16	15	13	12	11	9	9	7	7
1945												
NM	14	12	14	12	11	10	9	8	6	6	5	4
ZH	21	19	20	19	18	17	17	16	14	14	13	12
VM	28	27	28	27	27	25	25	23	21	21	19	19
AH	6	5	7	5	5	3	2/31	30	28	27	26	26
1946												
NM	3	2	3	2	1/30	29	28	26	25	25	23	23
ZH	10	9	10	8	8	6	6	4	3	3	2	1/31
VM	17	16	17	16	16	14	14	12	11	10	9	8
AH	25	24	25	24	24	22	21	20	18	17	15	15
1947												
NM	22	21	22	21	20	18	18	16	14	14	12	12
ZH	30	28	29	27	27	25	24	23	22	22	20	20
VM	7	5	7	5	5	3	3	2/31	30	29	28	27
AH	14	12	14	13	13	11	11	9	8	7	5	5
1948												
NM	11	10	10	9	9	7	6	5	3	2	1/30	30
ZH	19	18	18	16	16	14	13	11	10	9	8	8
VM	26	24	25	23	23	21	21	19	18	18	16	16
AH	3	2	2	1	1/30	29	29	27	26	25	23	23
1949												
NM	29	27	29	28	27	26	25	24	22	21	20	19
ZH	7	6	8	6	5	4	3	1/30	29	28	27	27
VM	14	13	14	13	12	10	10	8	7	7	5	5
AH	21	20	21	20	19	18	18	16	15	15	13	13
	Jan.	Febr.	März	Apr.	Mai	Juni	Juli	Aug.	Sept.	Okt.	Nov.	Dez.

Mondphasen 1950–1957

	Jan.	Febr.	März	Apr.	Mai	Juni	Juli	Aug.	Sept.	Okt.	Nov.	Dez.
1950												
NM	18	16	18	17	17	15	15	13	12	11	10	9
ZH	26	25	26	25	24	23	22	20	18	18	16	16
VM	4	2	4	2	2/31	29	29	27	26	25	24	24
AH	11	9	11	9	8	7	7	5	4	4	3	2
1951												
NM	7	6	7	6	6	4	4	2	1	1/30	29	28
ZH	15	13	15	14	14	12	12	10	8	8	6	5
VM	23	21	23	21	21	19	18	17	15	15	13	13
AH	1/30	29	30	28	27	26	25	24	23	23	21	21
1952												
NM	26	25	25	24	23	22	22	20	19	18	17	17
ZH	4	2	3	2	2/31	30	30	28	26	26	24	23
VM	12	11	11	10	9	8	7	5	4	3	2	1/31
AH	20	18	19	17	16	14	14	12	11	10	9	9
1953												
NM	15	14	15	13	13	11	11	9	8	8	6	6
ZH	22	20	22	21	20	19	19	17	16	15	14	13
VM	30	28	30	29	28	27	26	24	23	22	21	20
AH	8	7	8	7	6	4	3	2/31	29	29	28	28
1954												
NM	5	3	5	3	2	1/30	29	28	27	26	25	25
ZH	12	10	11	10	9	8	8	6	5	5	3	3
VM	19	17	19	18	17	16	16	14	12	12	10	10
AH	27	26	27	26	25	23	23	21	19	18	17	17
1955												
NM	24	22	24	22	21	20	19	17	16	15	14	14
ZH	1/31	–	1/30	29	28	27	26	25	24	24	22	22
VM	8	7	8	7	6	5	5	3	2	1/31	29	29
AH	15	14	16	15	15	13	12	11	9	8	6	6
1956												
NM	13	11	12	11	10	8	8	6	4	4	2	2
ZH	20	19	19	18	17	15	14	13	12	11	10	10
VM	27	26	26	25	24	23	22	21	20	19	18	17
AH	4	3	4	3	3	1	1/30	29	27	26	25	24
1957												
NM	1/30	–	1/31	30	29	27	27	25	23	23	21	21
ZH	9	8	9	7	7	5	4	2	1/30	30	29	29
VM	16	14	16	14	13	12	11	10	9	8	7	7
AH	22	21	23	22	21	20	20	18	17	16	14	14
	Jan.	Febr.	März	Apr.	Mai	Juni	Juli	Aug.	Sept.	Okt.	Nov.	Dez.

Mondphasen 1958–1965

	Jan.	Febr.	März	Apr.	Mai	Juni	Juli	Aug.	Sept.	Okt.	Nov.	Dez.
1958												
NM	19	18	20	19	18	17	16	15	13	12	11	10
ZH	28	26	28	26	26	24	23	21	20	19	18	18
VM	5	4	5	4	3	1	1/30	29	27	27	26	26
AH	12	11	12	11	10	9	9	7	6	6	4	4
1959												
NM	9	7	9	8	7	6	6	4	3	2/31	30	29
ZH	16	15	17	16	15	14	13	11	9	9	7	7
VM	24	23	24	23	22	20	20	18	17	16	15	15
AH	2/31	–	2/31	29	29	27	27	26	25	24	23	23
1960												
NM	28	26	27	25	25	24	23	22	21	20	19	18
ZH	5	4	5	4	4	2	2/31	29	28	27	25	25
VM	14	12	13	11	11	9	8	7	5	4	3	3
AH	21	20	20	18	17	16	15	14	12	12	11	11
1961												
NM	16	15	16	15	14	13	12	11	10	9	8	8
ZH	23	22	24	22	22	21	21	19	17	17	15	14
VM	2/31	–	2	1/30	30	28	27	26	24	23	22	22
AH	10	8	10	8	7	5	5	3	2	1/31	30	30
1962												
NM	6	5	6	4	4	2	2/31	30	28	28	27	26
ZH	13	11	13	11	11	10	10	8	7	6	5	4
VM	20	19	21	20	19	18	17	15	14	13	11	11
AH	29	27	29	27	26	25	24	22	20	20	19	18
1963												
NM	25	24	25	23	23	21	20	19	17	17	16	16
ZH	3	1	2	1/30	30	28	28	27	26	25	24	23
VM	10	8	10	9	8	7	6	5	3	3	1	1/30
AH	17	16	18	17	16	14	14	12	10	9	8	7
1964												
NM	14	13	14	12	11	10	9	7	6	5	4	4
ZH	22	20	20	19	18	17	16	15	13	13	12	12
VM	29	27	28	26	26	25	24	23	21	21	19	19
AH	6	5	6	5	4	3	2	1/30	28	27	26	25
1965												
NM	2	1	3	2	1/30	29	28	26	25	24	23	22
ZH	10	9	10	9	8	6	5	4	2	2	1	1/31
VM	17	16	17	16	15	14	13	12	11	10	9	8
AH	24	23	25	23	23	22	21	20	18	17	16	15
	Jan.	Febr.	März	Apr.	Mai	Juni	Juli	Aug.	Sept.	Okt.	Nov.	Dez.

Mondphasen 1966–1973

		Jan.	Febr.	März	Apr.	Mai	Juni	Juli	Aug.	Sept.	Okt.	Nov.	Dez.
1966	NM	21	20	22	20	20	18	18	16	14	14	12	12
	ZH	29	28	29	28	27	25	24	23	21	21	20	19
	VM	7	5	7	5	4	3	2	1/31	29	29	28	27
	AH	13	12	14	12	12	11	10	9	8	7	5	5
1967	NM	10	9	11	9	9	8	7	6	4	3	2	1/31
	ZH	18	17	19	17	17	15	14	12	11	10	9	8
	VM	26	24	26	24	23	22	21	20	18	18	17	17
	AH	3	2	3	1	1/31	29	29	28	26	26	25	24
1968	NM	29	28	28	27	27	25	25	24	22	21	20	19
	ZH	7	6	7	6	5	4	3	1/31	29	28	27	26
	VM	15	14	14	13	12	10	10	8	6	6	5	5
	AH	22	21	21	19	19	17	17	16	14	14	13	13
1969	NM	18	16	18	16	16	15	14	13	11	11	9	9
	ZH	25	24	26	24	24	23	22	20	19	18	16	16
	VM	3	2	4	2	2/31	29	29	27	25	25	24	23
	AH	11	10	11	9	8	7	6	5	3	3	2	2/31
1970	NM	7	6	7	6	5	4	3	2/31	30	30	28	28
	ZH	14	13	14	13	13	12	11	10	8	8	6	5
	VM	22	21	23	21	21	19	18	17	15	14	13	12
	AH	30	–	1/30	28	27	26	25	23	22	22	21	20
1971	NM	26	25	26	25	24	22	22	20	19	19	18	17
	ZH	4	2	4	2	2	1/30	30	29	27	27	25	25
	VM	11	10	12	10	10	9	8	6	5	4	2	2/31
	AH	19	18	20	18	17	16	15	13	11	11	9	9
1972	NM	16	15	15	13	13	11	10	9	7	7	6	5
	ZH	23	21	22	20	20	18	18	17	15	15	14	13
	VM	30	29	29	28	28	26	26	24	23	22	21	20
	AH	8	7	8	7	6	4	4	2/31	29	29	27	27
1973	NM	4	3	5	3	2	1/30	29	28	26	26	24	24
	ZH	12	10	11	10	9	7	7	5	4	4	3	3
	VM	18	17	19	17	17	15	15	14	12	12	10	10
	AH	26	25	27	25	25	23	23	21	19	18	17	16
		Jan.	Febr.	März	Apr.	Mai	Juni	Juli	Aug.	Sept.	Okt.	Nov.	Dez.

Mondphasen 1974–1981

	Jan.	Febr.	März	Apr.	Mai	Juni	Juli	Aug.	Sept.	Okt.	Nov.	Dez.
1974												
NM	23	22	23	22	21	20	19	17	16	15	14	13
ZH	1/31	–	1/31	29	28	26	26	24	23	23	21	21
VM	8	7	8	6	6	4	4	3	1	1/31	29	29
AH	15	14	15	14	14	13	12	11	9	8	7	6
1975												
NM	12	11	13	11	11	9	9	7	5	5	3	3
ZH	20	19	20	19	18	16	15	14	12	12	10	10
VM	27	26	27	25	25	23	23	21	20	20	18	18
AH	4	3	4	3	3	2	1/31	30	28	27	26	25
1976												
NM	1/31	–	1/30	29	29	27	27	25	23	23	21	21
ZH	9	8	9	7	7	5	4	2	1/30	29	28	28
VM	17	15	16	14	13	12	11	10	8	8	7	6
AH	24	22	22	21	20	19	19	18	16	16	14	14
1977												
NM	19	18	19	18	18	16	16	14	13	12	11	10
ZH	27	26	27	26	26	24	23	22	20	19	17	17
VM	5	4	5	4	3	1	1/30	28	27	27	25	25
AH	12	11	12	10	10	8	8	6	5	5	4	3
1978												
NM	9	7	9	7	7	5	5	4	2	2/31	30	29
ZH	16	14	16	15	15	13	13	11	10	9	7	7
VM	24	23	24	23	22	20	20	18	16	16	14	14
AH	2	1	2/31	29	29	27	26	25	24	24	22	22
1979												
NM	28	26	28	26	26	24	24	22	21	21	19	19
ZH	5	4	5	4	4	2	2	1/30	29	28	26	26
VM	13	12	13	12	12	10	9	8	6	5	4	3
AH	21	20	21	19	19	17	16	14	13	12	11	11
1980												
NM	17	16	16	15	14	12	12	10	9	9	7	7
ZH	24	23	23	22	21	20	20	19	17	17	15	15
VM	2	1	1/31	30	29	28	27	26	24	23	22	21
AH	10	9	10	8	7	6	5	3	1	1/30	29	29
1981												
NM	6	4	6	4	4	2	1/31	29	28	27	26	26
ZH	13	11	13	11	11	9	9	7	6	6	5	4
VM	20	18	20	19	19	17	17	15	14	13	11	11
AH	28	27	28	27	26	25	24	22	20	20	18	18
	Jan.	Febr.	März	Apr.	Mai	Juni	Juli	Aug.	Sept.	Okt.	Nov.	Dez.

Mondphasen 1982–1989

	Jan.	Febr.	März	Apr.	Mai	Juni	Juli	Aug.	Sept.	Okt.	Nov.	Dez.
1982 NM	25	23	25	23	23	21	20	19	17	17	15	15
ZH	3	1	2	1/30	29	28	27	26	25	25	23	23
VM	9	8	9	8	8	6	6	5	3	3	1	1/30
AH	17	15	17	16	16	14	14	12	10	10	8	7
1983 NM	14	13	14	13	12	11	10	8	7	6	4	4
ZH	22	20	22	20	19	17	17	15	14	13	12	12
VM	28	27	28	27	26	25	25	23	22	21	20	20
AH	6	4	6	5	5	3	3	2/31	29	29	27	26
1984 NM	3	2	2	1	1/30	29	28	26	25	24	22	22
ZH	11	10	10	9	8	6	5	4	2	1/31	30	30
VM	18	17	17	15	15	13	13	11	10	10	8	8
AH	25	23	24	23	22	21	21	19	18	17	16	15
1985 NM	21	19	21	20	19	18	18	16	14	14	12	12
ZH	29	28	29	28	27	25	25	23	21	20	19	19
VM	7	5	7	5	4	3	2/31	30	29	28	27	27
AH	14	12	13	12	11	10	10	8	7	7	5	5
1986 NM	10	9	10	9	9	7	7	5	4	3	2	1/31
ZH	17	16	18	17	17	15	14	13	11	10	8	8
VM	26	24	26	24	23	22	21	19	18	17	16	16
AH	3	2	3	1	1/30	29	28	27	26	26	24	24
1987 NM	29	28	29	28	27	26	25	24	23	22	21	20
ZH	6	5	7	6	6	4	4	2	1/30	29	28	27
VM	15	13	15	14	13	11	11	9	7	7	5	5
AH	22	21	22	20	20	18	17	16	15	14	13	13
1988 NM	19	17	18	16	16	14	13	12	11	10	9	9
ZH	25	24	25	24	23	22	22	20	19	18	16	16
VM	4	2	3	2	2/31	29	29	27	25	25	23	23
AH	12	11	11	9	9	7	6	4	3	2	1	1/31
1989 NM	7	6	7	6	5	3	3	1/31	29	29	28	28
ZH	14	13	14	12	12	11	11	9	8	8	6	6
VM	21	20	22	21	20	19	18	17	15	14	13	12
AH	30	28	30	28	28	26	25	23	22	21	20	20
	Jan.	Febr.	März	Apr.	Mai	Juni	Juli	Aug.	Sept.	Okt.	Nov.	Dez.

Mondphasen 1990–1997

	Jan.	Febr.	März	Apr.	Mai	Juni	Juli	Aug.	Sept.	Okt.	Nov.	Dez.
1990												
NM	26	25	26	25	24	22	22	20	19	18	17	17
ZH	4	2	4	2	1/31	30	29	28	27	26	25	25
VM	11	9	11	10	9	8	8	6	5	4	2	2/31
AH	18	17	19	18	17	16	15	13	11	11	9	9
1991												
NM	16	14	16	14	14	12	11	10	8	7	6	6
ZH	23	21	23	21	20	19	18	17	16	15	14	14
VM	30	28	30	28	28	27	26	25	24	23	21	21
AH	7	6	8	7	7	5	5	3	1	1/30	28	28
1992												
NM	5	3	4	3	2	1/30	29	28	26	25	24	24
ZH	13	11	12	10	9	7	7	5	4	3	2	2
VM	19	18	18	17	16	15	14	13	12	11	10	10
AH	26	25	26	24	24	23	23	21	19	19	17	16
1993												
NM	22	21	23	22	21	20	19	17	16	15	13	13
ZH	1/31	–	1/31	29	28	27	26	24	22	22	21	20
VM	8	7	8	6	6	4	4	2	1/30	30	29	29
AH	15	13	15	13	13	12	12	10	9	8	7	6
1994												
NM	12	10	12	11	10	9	8	7	5	5	3	3
ZH	19	18	20	19	18	16	16	14	12	11	10	9
VM	27	26	27	25	25	23	22	21	19	19	18	18
AH	5	3	4	3	2	1/30	30	29	28	27	26	25
1995												
NM	1/30	–	1/31	29	29	28	27	26	24	24	22	22
ZH	8	7	9	8	7	6	5	4	2	1/30	29	28
VM	16	15	17	15	14	13	12	10	9	8	7	7
AH	24	22	23	22	21	19	19	18	16	16	15	15
1996												
NM	20	19	19	18	17	16	15	14	13	12	11	10
ZH	27	26	27	25	25	24	23	22	20	19	18	17
VM	5	4	5	4	3	1	1/30	28	27	26	25	24
AH	13	12	12	11	10	8	7	6	4	4	3	3
1997												
NM	9	7	9	7	6	5	4	3	2	1/31	30	29
ZH	15	14	16	14	14	13	12	11	10	9	7	7
VM	23	22	24	22	22	20	20	18	16	16	14	14
AH	2/31	–	2/31	30	29	27	26	25	23	23	22	21
	Jan.	Febr.	März	Apr.	Mai	Juni	Juli	Aug.	Sept.	Okt.	Nov.	Dez.

Mondphasen 1998–2005

	Jan.	Febr.	März	Apr.	Mai	Juni	Juli	Aug.	Sept.	Okt.	Nov.	Dez.
1998												
NM	28	26	28	26	25	24	23	22	20	20	19	18
ZH	5	3	5	3	3	2	1/31	30	28	28	27	26
VM	12	11	13	12	11	10	9	8	6	5	4	3
AH	20	19	21	19	19	17	16	14	13	12	11	10
1999												
NM	17	16	17	16	15	13	13	11	9	9	8	7
ZH	24	23	24	22	22	20	20	19	17	17	16	16
VM	2/31	–	2	1/30	30	28	28	27	25	24	23	22
AH	9	8	10	9	8	7	6	4	3	2/31	30	29
2000												
NM	6	5	6	4	4	2	1/31	29	27	27	26	25
ZH	14	13	13	11	10	9	8	7	5	5	4	4
VM	21	19	20	18	18	17	16	15	13	13	11	11
AH	28	27	28	26	26	25	24	22	21	20	18	18
2001												
NM	24	23	25	23	23	21	20	19	17	16	15	14
ZH	2	1	3	1/30	30	28	27	25	24	24	23	22
VM	9	8	9	8	7	6	5	4	2	2	1/30	30
AH	16	15	16	15	15	14	13	12	10	10	8	7
2002												
NM	13	12	14	12	12	11	10	8	7	6	4	4
ZH	21	20	22	20	19	18	17	15	13	13	11	11
VM	28	27	28	27	26	24	24	23	21	21	20	19
AH	6	4	6	4	4	3	2	1/31	29	29	27	27
2003												
NM	2	1	3	1	1/31	29	29	27	26	25	24	23
ZH	10	9	11	10	9	7	7	5	3	2	1/30	30
VM	18	17	18	16	16	14	13	12	10	10	9	8
AH	25	23	25	23	23	21	21	20	18	18	17	16
2004												
NM	21	20	20	19	19	17	17	16	14	14	12	12
ZH	29	28	29	27	27	25	25	23	21	21	19	18
VM	7	6	7	5	4	3	2/31	30	28	28	26	26
AH	15	13	13	12	11	9	9	8	6	6	5	5
2005												
NM	10	8	10	8	8	6	6	5	3	3	2	1/31
ZH	17	16	17	16	16	15	14	13	11	10	9	8
VM	25	24	25	24	23	22	21	19	18	17	16	15
AH	3	2	3	2	1/30	28	28	26	25	25	23	23
	Jan.	Febr.	März	Apr.	Mai	Juni	Juli	Aug.	Sept.	Okt.	Nov.	Dez.

Mondfinsternisse 1920–2012

Datum	Zeit	Art	Mond im Tierkreiszeichen	Datum	Zeit	Art	Mond im Tierkreiszeichen
03.05.1920	02.51	total	Skorpion	03.03.1842	01.21	total	Jungfrau
27.10.1920	15.11	total	Stier	26.08.1942	04.48	total	Fische
22.04.1921	08.44	total	Skorpion	20.02.1943	06.38	partiell	Jungfrau
16.10.1921	23.54	partiell	Widder	15.08.1943	20.28	partiell	Wassermann
03.03.1923	04.32	partiell	Jungfrau	25.06.1945	16.14	partiell	Steinbock
26.08.1923	11.39	partiell	Fische	19.12.1945	03.20	total	Zwillinge
20.02.1924	17.09	total	Jungfrau	14.06.1946	19.39	total	Schütze
14.08.1924	21.20	total	Wassermann	08.12.1946	18.48	total	Zwillinge
08.02.1925	22.42	partiell	Löwe	03.06.1947	20.15	partiell	Schütze
04.08.1925	12.53	partiell	Wassermann	23.04.1948	14.39	partiell	Skorpion
15.06.1927	09.24	total	Schütze	13.04.1949	05.11	total	Waage
08.12.1927	18.35	total	Zwillinge	07.10.1949	03.56	total	Widder
03.06.1928	13.10	total	Schütze	02.04.1950	21.44	total	Waage
27.11.1928	10.01	total	Zwillinge	26.09.1950	05.17	total	Jungfrau
13.04.1930	06.58	partiell	Waage	11.02.1952	01.39	partiell	Löwe
07.10.1930	20.07	partiell	Widder	05.08.1952	20.47	partiell	Wassermann
02.04.1931	21.08	total	Waage	30.01.1953	00.47	total	Löwe
26.09.1931	05.41	partiell	Jungfrau	26.07.1953	13.21	total	Wassermann
22.03.1932	13.32	partiell	Waage	19.01.1954	03.32	total	Krebs
14.09.1932	22.01	partiell	Fische	16.07.1954	01.20	partiell	Steinbock
30.01.1934	17.42	partiell	Löwe	29.11.1955	17.59	partiell	Zwillinge
26.07.1934	13.15	partiell	Wassermann	24.05.1956	16.31	partiell	Schütze
19.01.1935	16.47	total	Krebs	18.11.1956	07.48	total	Stier
16.07.1935	06.00	total	Steinbock	13.05.1957	23.31	total	Skorpion
08.01.1936	19.10	total	Krebs	07.11.1957	15.27	total	Stier
04.07.1936	18.25	partiell	Steinbock	03.05.1958	13.13	partiell	Skorpion
18.11.1937	09.19	partiell	Stier	24.03.1959	21.11	partiell	Waage
14.05.1938	09.44	total	Skorpion	13.03.1960	09.28	total	Jungfrau
07.11.1938	23.26	total	Stier	05.09.1960	12.21	total	Fische
03.05.1939	16.11	total	Skorpion	02.03.1961	14.28	partiell	Jungfrau
28.10.1939	07.36	partiell	Stier	26.08.1961	04.08	partiell	Fische
13.03.1941	12.55	partiell	Jungfrau	06.07.1963	23.02	partiell	Steinbock
05.09.1941	18.47	partiell	Fische	30.12.1963	12.07	total	Krebs

Mondfinsternisse 1964–2012

Datum	Zeit	Art	Mond im Tierkreiszeichen	Datum	Zeit	Art	Mond im Tierkreiszeichen
25.06.1964	02.06	total	Steinbock	17.08.1989	04.08	total	Wassermann
19.12.1964	03.37	total	Zwillinge	09.02.1990	20.11	total	Löwe
14.06.1965	02.49	partiell	Schütze	06.08.1990	15.12	partiell	Wassermann
24.04.1967	13.06	total	Skorpion	21.12.1991	11.33	partiell	Zwillinge
18.10.1967	11.15	total	Widder	15.06.1992	05.57	partiell	Schütze
13.04.1968	05.47	total	Waage	10.12.1992	00.44	total	Zwillinge
06.10.1968	12.42	total	Widder	04.06.1993	14.00	total	Schütze
21.02.1970	09.30	partiell	Jungfrau	29.11.1993	07.26	total	Zwillinge
17.08.1970	04.23	partiell	Wassermann	25.05.1994	04.30	partiell	Schütze
10.02.1971	08.45	total	Löwe	15.04.1995	13.18	partiell	Waage
06.08.1971	20.43	total	Wassermann	04.04.1996	01.10	total	Waage
30.01.1972	11.53	total	Löwe	27.11.1996	03.54	total	Widder
26.07.1972	08.16	partiell	Wassermann	24.03.1997	05.39	partiell	Waage
10.12.1973	02.44	partiell	Zwillinge	16.09.1997	19.47	total	Fische
04.06.1974	23.16	partiell	Schütze	28.07.1999	12.34	partiell	Wassermann
29.11.1974	16.13	total	Zwillinge	21.01.2000	05.44	total	Löwe
25.05.1975	06.48	total	Schütze	16.07.2000	14.56	total	Steinbock
18.11.1975	23.23	total	Stier	09.01.2001	21.21	total	Krebs
13.05.1976	20.54	partiell	Skorpion	05.07.2001	15.55	partiell	Steinbock
04.04.1977	05.18	partiell	Waage	16.05.2003	04.40	total	Skorpion
24.03.1978	17.22	total	Waage	09.11.2003	02.19	total	Stier
16.09.1978	20.04	total	Fische	04.05.2004	21.30	total	Skorpion
13.03.1979	22.08	partiell	Jungfrau	28.10.2004	04.04	total	Stier
06.09.1979	11.54	total	Fische	17.10.2005	13.03	partiell	Widder
17.07.1981	05.47	partiell	Steinbock	07.09.2006	19.51	partiell	Fische
09.01.1982	20.56	total	Krebs	04.03.2007	00.21	total	Jungfrau
06.07.1982	08.31	total	Steinbock	28.08.2007	11.37	total	Fische
30.12.1982	12.29	total	Krebs	21.02.2008	04.26	total	Jungfrau
25.06.1983	09.22	partiell	Steinbock	16.08.2008	22.10	partiell	Wassermann
04.05.1985	20.56	total	Skorpion	31.12.2009	20.23	partiell	Krebs
28.10.1985	18.42	total	Stier	26.06.2010	12.39	partiell	Steinbock
24.04.1986	13.43	total	Skorpion	21.10.2010	09.17	total	Zwillinge
17.10.1986	20.18	total	Widder	15.06.2011	21.13	total	Schütze
27.08.1988	12.05	partiell	Fische	10.12.2011	15.32	total	Zwillinge
20.02.1989	16.35	total	Jungfrau	04.06.2012	12.03	partiell	Schütze

Literaturverzeichnis, Bildnachweis, Impressum

Über die Autorin
Helga Föger beschäftigt sich seit vielen Jahren intensiv mit Mystik, Astrologie, alten vergessenen Denkformen und Kulturen. Die so erworbenen Kenntnisse setzt sie in ihrem alltäglichen, im Einklang mit den Rhythmen der Natur geführten Leben auch praktisch um und gibt sie an eine immer größer werdende Lesergemeinde weiter.

Hinweis
Das vorliegende Buch ist sorgfältig erarbeitet worden. Dennoch erfolgen alle Angaben ohne Gewähr. Weder die Autorin noch der Verlag können für eventuelle Schäden, die aus den im Buch gegebenen Hinweisen resultieren, eine Haftung übernehmen.

Bildnachweis
AKG, Berlin: 15 (Erich Lessing), 16, 17, 31, 36, 176–177; Astrofoto, Sörth: 10 (Nasa), 40–41 (Kohlhauf); Bavaria, München: Titel/2.v.u. (V.C.L.), Titel/2.v.o. (N.N.); Corbis Stockmarket, Frankfurt: 62 (Ariel Shelly); Image Bank, München: Titel/u. (N.N.), Titel/m. (Nick Nicholson), 8-9 (Mitchell Funk), 56 (Ulf E. Wallin), 66, 100–101 (Steve Satushek), 116 (David de Lossy); Look, München: 27 (Hauke Dressler), 94 (Ulli Seer); Pictor, München: Titel (N.N.); Premium, Düsseldorf: 19 (Schulz), 24–25 (O. Mackay), 39 (Orion Press), 43, 72 (Stock Image), 47 (Fiala), 84 (D. Esor), 87 (Tiedge); Photonica, Hamburg: 50 (Tenneson), 90 (Paul Vozdic); Superbild, München: 79 (Wiedl); Getty-one Stone, München: Titel/o. (Chad Ehlers) Illustrationen von Detlef Seidensticker, München

Literaturverzeichnis
Föger, Helga *Mond und Natur.* LUDWIG Verlag, 3. Auflage, München 1998
Föger, Helga *Praxisbuch Mond.* LUDWIG Verlag, 4. Auflage, München 2001
Föger, Helga/Pflugmann, Martin W. *Gärtnern im Einklang mit dem Mond.* LUDWIG Verlag, 3. Auflage, München 2001
von Au, Franziska *Natürlich abnehmen mit der Monddiät.* LUDWIG Verlag, München 2001
Broszath, Roswitha/Stiens, Rita *Die Lebenskraft des Mondes.* Südwest Verlag, 6. Auflage, München 1997
Paungger, Johanna/Poppe, Thomas *Vom richtigen Zeitpunkt.* Heinrich Hugendubel Verlag, München 1991
Paungger, Johanna/Poppe, Thomas *Das Mondlexikon.* Heinrich Hugendubel Verlag, München 2000
Paungger, Johanna/Poppe, Thomas *Der Mond im Haus.* Mosaik Verlag, München 2001
Graf, Claudia *Leben mit dem Mond.* Mosaik Verlag, München 1995
Lieber, Arnold L. *Im Rhythmus des Mondes.* Econ&List Taschenbuchverlag, München 1998
Fenton, Sasha *Im Zeichen des Mondes.* M&T Edition Astroterra, Sankt Gallen 1991

Impressum
© 2002 W. LUDWIG Buchverlag in der Ullstein-Heyne-List Verlag GmbH & Co. KG, München
Alle Rechte vorbehalten. Nachdruck – auch auszugsweise – nur mit Genehmigung des Verlags.

Redaktion Christoph Taschner, Nicola Härms
Bildredaktion Gabriele Feld
Umschlag N2/Andreas Lange
Innenlayout/DTP/Satz Jan-Dirk Hansen
Produktion Manfred Metzger, Annette Aatz
Druck und Bindung Westermann, Zwickau
Gedruckt auf chlor- und säurearmem Papier
ISBN 3-7787-5035-6

Register

Ackerbau 18, 78ff.
Aggressionen 43
Ährenfisch, kalifornischer 22
Alkoholkonsum reduzieren 42, 46
Allergierisiko 47
Anschaffungen 89
Artemis, Göttin der Jagd 15f.
Astrologie 18
Astronomie 10, 18
Auberginen 33
Augenbeschwerden 47
Ausflug machen 95f.
Aussaat 27, 69
Austern 21f.
Autokauf/-reparatur 99
Backen 60, 107
Bäder, diverse 52
Balkon/Terrasse 76f.
Bauen 7, 62ff., 105, 108f., 112,
   119, 124, 128, 133, 138, 143,
   148, 153, 158, 163, 168, 173
Baumobst 33
Beerensträucher 75
Behördengänge 88
Bergengruen, Werner 40
Beruf 7, 86ff., 105, 108, 110,
   112, 115, 121, 125, 129f., 135,
   139f., 144f., 149f., 155, 159,
   164f., 169, 174f.
Beton/Estrich gießen 63
Bewässerung 6, 28
Bewerbung 87
Blasenbeschwerden 47
Blätter sammeln/ernten 48, 107
Blattgemüse 27, 68
Blattkräuter 33
Blattpetersilie 33
Blattqualität 33
Blumen 27, 68, 75f.
Blumenkohl 33
Blüten sammeln/ernten 48, 107
Blütenqualität 33
Blütenstauden 33
Blutreinigung 44
Bohnen 33
Brennholz 85
Brennnesseln 49, 82

Brentano, Clemens 24
Brokkoli 33
Brown, Dr. Frank 21f.
Bügeln 60
Butterzubereitung 61
Chemische Reinigung 57
Chicorée 33
Christbäume 85
Christianisierung 17
Chronobiologie 23
Dach eindecken 64
Dachstuhl fertigen/aufrichten 64
Dauerwelle 54
Diätbeginn 42
Droste-Hülshoff, Annette von 100
Düngung 6, 28, 70f., 80
Ebbe und Flut siehe Gezeiten
Eingriffe, chirurgische 27, 37, 43,
   44f., 106
Eissalat 33
Eiweißtage 35
Ekliptik 13
Endiviensalat 33
Entgiftung/Entschlackung 27f.,
   43
Entspannung 43, 45, 98f., 104
Erbsen 33
Erdaushub 62f.
Erdbeeren 32, 75
Erde 10ff., 19, 30
Erdtage 34f.
Erdtrigone 31, 33
Erholung siehe Freizeit
Ernährung
   – an Fischetagen 171
   – an Jungfrautagen 142
   – an Krebstagen 132
   – an Löwetagen 137
   – an Schützetagen 157
   – an Skorpiontagen 152
   – an Steinbocktagen 162
   – an Stiertagen 123
   – an Waagetagen 147
   – an Wassermanntagen 167
   – an Widdertagen 118
   – an Zwillingetagen 127
Ernten/einlagern/konservieren 74

Fasttag 43f., 104
Feldsalat 33
Fenchel 33
Fenster
   – putzen 57
   – verglasen 64f.
Fest/Party feiern 96
Fetttage 35f.
Feuer (Element) 23, 30
Feuertage 33f., 35
Feuertrigone 30ff.
Fische 29f., 34, 36ff.
Fleckentfernung 57
Frauenleiden 47
Freizeit 7, 94ff., 105, 108,
   111f., 115, 121, 125,
   130, 135, 140, 145,
   150, 155, 160, 165,
   170, 175
Freunde besuchen 97
Früchte/Samen
   sammeln/ernten 49
Fruchtqualität 32f.
Fußbeschwerden 47
Fußpflege 55
Fußreflexzonenmassage 45, 107
Garten 105ff., 109, 111f., 114f.,
   119f., 124, 129, 134, 139,
   143f., 149, 154, 159, 163f.,
   169, 174
   – Spezialtipps 75ff.
Gärtnern mit dem Mond 66ff.
Geburtsmond
   – im Krebs 185f.
   – im Löwen 186f.
   – im Schützen 190
   – im Skorpion 189
   – im Steinbock 191
   – im Stier 183f.
   – im Wassermann 192
   – im Widder 182f.
   – in den Fischen 193
   – in den Zwillingen 184f.
   – in der Jungfrau 187f.
   – in der Waage 188f.
Geburtsmonde 178ff.
Gefühle, starke 27, 93

Register

Geldangelegenheiten 89, 97, 115
Gemüse 59f., 70, 74
Geschäftsbeziehungen 89
Geschlechtsbestimmung 39
Gesichtsmasken 51
Gesundheit 42ff., 104, 106ff., 110f., 113, 117f., 122, 126f., 131f., 136f., 141f., 146f., 151f., 156f., 161, 166f., 171f.
Gesundheitsrisiken 47
Getreide 33, 79
Gewicht 27
Gezeiten 19
Gezeitensignale 21f.
Gezeitentheorie, biologische 20f.
Gießen/wässern 69f.
Glücksspiel 99
Gravitationskräfte 19, 21
Gründüngung 71
Gurken 33
Gymnastik 43f.
Haarentfernung 54f.
Haarfärbung/-tönung 54
Haarpflege 53ff., 107
Haarschnitt 54
Haarwäsche 53
Hacken, richtiges 73
Halsschmerzen 47
Handpflege 55
Hausfassade tünchen 63f.
Haushalt 7, 56ff., 105, 107, 109, 111f., 114, 119, 123f., 128, 133, 138, 142f., 147f., 153, 157f., 163, 167f., 172f.
Hausputz 56
Hautpflege 43, 50f., 107
Heilbäder 43, 45, 52f., 107
Heilkräuter 107, 109ff., 113
 – trocknen/abfüllen 49
 – Wurzeln ausgraben 105
Heimwerken siehe Bauen
Heiserkeit 47
Heizen 61
Hekate, Göttin der Unterwelt 15f.
Hermes 14
Herz-Kreislauf-Probleme 47
Heustock ansetzen 79
Hexenschuss 47
Holzeinschlag 84f., 105
Holz-/Parkettböden feucht reinigen 56

Holzdielen/-decken verlegen 64
Homöopathie 6
Huf-/Klauen-/Krallenpflege 82
Hühneraugen 46
Hühnerzucht 82
Inhalationen 43
Impfen 162
Jahreskennzahlen 180
Jäten siehe Pflegen
Jonas, Dr. Eugen 39
Jungfrau 29f., 34f., 37f., 45
Kältetage 34
Kardinalzeichen 38
Karotten 33
Kartoffeln 33, 68, 80
Knoblauch 33
Kochen 98
Kohlenhydrattage 36
Kohlrabi 33
Kompost 71
Kopfsalat 33, 68
Kopfschmerzen 47
Körperkraft mobilisieren 88, 110
Kräuterkissen herstellen 49
Kräutersalben herstellen/abfüllen 49, 51
Kreativität 98
Krebs 29f., 34, 36ff.
Kultstätten, megalithische 14
Kunstgewerbe 98
Kürbis 33
Landwirtschaft 78ff., 105, 108f., 111f., 114, 120, 124, 129, 134, 139, 144, 149, 154, 159, 164, 169, 174
Lebensmittel konservieren 59f.
Leberbeschwerden 47
Lernerfolge 87
Lichttage 34f.
Liebe 7, 90ff., 105, 108, 111f., 115, 121, 125, 130, 135, 140, 145, 150, 155, 160, 165, 170
Lieber, Prof. Dr. Arnold L. 20f.
Löwe 29f., 35, 37f.
Luft (Element) 23, 30
Lüften, richtiges 58f.
Lufttage 34
Lufttrigone 31, 33
Magenbeschwerden 47
Mais 33
Mangold 33

Mariä Himmelfahrt 17
Massagen 43, 45f., 107
Meditation 43, 98
Menstruation 6, 15
Metalle reinigen 57
Migräne 47
Milchverarbeitung 83
Monatskennzahl 180
Mond
 – abnehmender 12, 28, 43ff., 86, 112ff.
 – absteigender 13, 26, 29
 – aufsteigender 13, 26, 29
 – Entstehung 10
 – im Krebs 131ff.
 – im Löwen 136ff.
 – im Schützen 156ff.
 – im Skorpion 151ff.
 – im Steinbock 161ff.
 – im Stier 122ff.
 – im Wassermann 166ff.
 – im Widder 117ff.
 – in den Fischen 171ff.
 – in den Zwillingen 126ff.
 – in der Jungfrau 141ff.
 – in der Waage 146ff.
 – Wirkung 18ff.
 – zunehmender 11, 27, 42, 44ff., 86, 106ff.
Mondbahn 10f.
Monddaten, wichtige 11
Mondfest der Heng-gno 15
Mondfinsternisse 13, 219f.
Mondgötter/-innen 14
Mond/Holzregeln 84f.
Mondhoroskop 178ff.
Mondin als Mutter der Natur 15f.
Mond-Jahresrhythmus 95
Mondkalender 14, 103, 116, 197ff.
Mond/Kräuter 48f.
Mondphasen/-zyklen 6, 11, 14, 18f., 23, 26ff., 90, 102, 104ff., 208ff.
Mondphasen und Geburt 194f.
Mondpraxis 100ff.
Mondtage 116ff.
Mondtagebuch 103
Mulchen 68
Museumsbesuch 96
Muskelschmerzen 47

Register

Nägel, eingewachsene 45, 55
Nagelpflege 55
Naturmedizin 6
Nervosität 28, 43
Neumond 11ff., 17, 19f., 26f., 42, 44, 78, 86, 104ff.
Nippzeit 19
Obst 27, 59f., 70, 74
Obstbaumveredelung 72
Ohrenschmerzen 47
Operationen 29
Opern-/Konzertbesuch 96
Ostern 17
Paprika 33
Partnerschaft 7, 90ff.
Pastinaken 33
Peeling 51, 109, 113
Pferderennen 99
Pflanzen 21f., 34, 66ff.
Pflanzen/Gehölze schneiden 72
Pflegen/jäten 72f.
Pflücksalat 33
Projektplanung 88
Psyche 43
Putzmörtel aufbringen 63
Radieschen 33
Rasenpflege 76
Rasur 55
Rauchen abgewöhnen 42, 46, 104
Re, Sonnengott 14
Rechtsangelegenheiten 88
Reisen 96
Renovieren 99
Reproduktionszyklen 22
Restaurantbesuch 97
Rettich 33
Rheumatische Beschwerden 47
Rhythmen, organische/biologische 6f.
Rosenkohl 33
Rote Bete 33
Rotkohl 33
Rückert, Friedrich 176
Säen und pflanzen 68f.
Salztage 35
Saunabäder 52f., 111, 113
Schädlingsbekämpfung 73f.
Schimmel beseitigen 58, 105
Schlafstörungen 28, 43, 47
Schnittsalat 33
Schöllkraut 46

Schönheits-/Körperpflege 50ff., 107, 118, 123, 127f., 132, 137, 142, 147, 152, 157, 162, 167, 172
Schönheitsreparaturen 65
Schopenhauer, Arthur 8
Schreiben/Lesen 87, 98
Schuhe putzen 58
Schulmedizin 6
Schurtermine (Schafe) 82, 108
Schütze 29f., 35, 37f., 44
Schwarzwurzel 33
Selbstheilungskräfte 27
Selene, Mondgöttin 15ff.
Sellerie 33
Sexualität 90
Shopping 97
Skorpion 29f., 34, 36ff.
Sommerblumen 33
Sonne 10ff., 19
Sonnenbäder 53
Sonnenfinsternis 13
Sonnensystem 10
Spargel 33
Specials 48, 84
Spinat 33
Sport treiben 97
Springzeit 19, 21
Stallpflege 83
Steinbock 29f., 34f., 37f., 44f.
Stier 29f., 34f., 37f., 45
Stonehenge 14
Strauchobst 33
Stress 20
Tag-Nacht-Rhythmus 21
Tag-Nacht-Zeichen 38
Tanzen gehen 96
Theaterbesuch 96
Thot, Mondgott 14
Tiere 21f., 34, 81ff.
Tierhaltung/-pflege 81ff., 108f., 111f., 114f.
Tierkreiszeichen 18f., 23, 26, 29, 30ff., 91ff.
– Bedeutung 43ff.
– Impulse 91ff.
– Kennzahlen 181
– männliche 38f.
– und Körper 36f.
– und Nahrung 34ff.
– und Pflanzen 32f.

– und Wetter 33f.
– weibliche 38f.
Tomaten 33
Trächtigkeits-/Brutzeit in Tagen 81
Umpflanzen/umtopfen/veredeln 71f.
Umzug 99, 105
Ungezieferbekämpfung 6
Unkraut siehe Pflegen/jäten
Unruhe 28
Venenbeschwerden 47
Verdauungsstörungen 35, 43, 47
Verhandlungen führen 89
Verkäufe 89
Verwandtenbesuch 97
Viehzucht 18
Vollmond 12f., 16f., 19ff., 26, 27f., 43, 78, 86, 104, 110ff.
Vorstellungsgespräch 87
Waage 29f., 34f., 37f.
Wachstum, oberirdisches 27, 106
Wärmetage 33f.
Warzen entfernen 46, 109, 113
Wäsche 57
Wasser (Element) 23, 30
Wasserableitung (Drainage) 63, 108
Wassermann 29f., 34f., 37f., 44
Wassertage 34, 36
Wassertrigone 31, 33
Weinbau 80, 108
Weißkohl 33
Werbung 88
Widder 29f., 35, 37f.
Wirsing 33
Wundheilung 27ff., 43
Wurzelgemüse/-kräuter 28, 60, 68
Wurzeln sammeln/ernten 48
Wurzelpetersilie 33
Wurzelqualität 33
Zahnbehandlungen 46, 109, 113
Zeichen
– fixe 38
– veränderliche 38
Zimmer-/Balkonpflanzen 61
Zäune/Pfosten 77
Zucchini 33
Zwiebeln 33
Zwillinge 29f., 34f., 37f., 44

Tierkreiszeichen und Zuordnungen

Tierkreis-zeichen	☽/☾	Element	Pflanzen-teil	Nahrung	Witterungs-qualität	Körper	Männl./Weibl.
Widder	☾	Feuer	Frucht	Eiweiß	Wärme	Kopf, Gesicht	M
Stier	☾	Erde	Wurzel	Salz	Kälte	Kiefer, Hals, Nacken	W
Zwillinge	☾☽	Luft	Blüte	Fett	Helligkeit	Schultern, Arme, Hände	M
Krebs	☽	Wasser	Blatt	Kohlenhydrate	Feuchtigkeit	Magen, Lunge Galle, Leber	W
Löwe	☽	Feuer	Frucht	Eiweiß	Wärme	Herz, Kreislauf, Blutdruck	M
Jungfrau	☽	Erde	Wurzel	Salz	Kälte	Stoffwechsel, Verdauung	W
Waage	☽	Luft	Blüte	Fett	Helligkeit	Hüfte, Nieren, Blase	M
Skorpion	☽	Wasser	Blatt	Kohlenhydrate	Feuchtigkeit	Sexualorgane, Harnleiter	W
Schütze	☽☾	Feuer	Frucht	Eiweiß	Wärme	Oberschenkel, Venen	M
Steinbock	☾	Erde	Wurzel	Salz	Kälte	Knie, Haut, Knochen	W
Wassermann	☾	Luft	Blüte	Fett	Helligkeit	Unterschenkel, Venen	M
Fische	☾	Wasser	Blatt	Kohlenhydrate	Feuchtigkeit	Füße, Zehen	W

Zeichenerklärung: ☾ aufsteigender Mond, ☽ absteigender Mond